★ 二战风云人物 ★

麦克阿瑟

严明贵◎著　于之伟　郭岭松◎主编

中国华侨出版社

图书在版编目(CIP)数据

麦克阿瑟 / 严明贵著.—北京：中国华侨出版社，2015.2

(二战风云人物 / 于之伟，郭岭松主编)

ISBN 978-7-5113-5203-3

Ⅰ.①麦… Ⅱ.①严… Ⅲ.①麦克阿瑟,D.(1880~1964)-生平事迹 Ⅳ.①K837.125.2

中国版本图书馆 CIP 数据核字(2015)第 036137 号

二战风云人物：麦克阿瑟

著　　者 / 严明贵
责任编辑 / 文　筝
责任校对 / 志　刚
经　　销 / 新华书店
开　　本 / 787 毫米×1092 毫米　1/16　印张/19　字数/255 千字
印　　刷 / 北京军迪印刷有限责任公司
版　　次 / 2015 年 5 月第 1 版　2020 年 5 月第 2 次印刷
书　　号 / ISBN 978-7-5113-5203-3
定　　价 / 68.00 元

中国华侨出版社　北京市朝阳区静安里 26 号通成达大厦 3 层　邮编：100028
法律顾问：陈鹰律师事务所
编辑部：(010)64443056　　64443979
发行部：(010)64443051　　传真：(010)64439708
网址：www.oveaschin.com
E-mail：oveaschin@sina.com

前言

第二次世界大战，是迄今为止人类历史上最为惨痛的一场浩劫，给整个世界造成了巨大的灾难。据估计，死亡人数超过6000万，各类损失超过40000亿美元。在这场关系到人类前途和命运的斗争中，正义力量最终取得胜利，人类文明得以延续，和平得以恢复。

从和平到来的那一刻起，人们就开始不断反思与战争有关的一切，试图寻找制止人类自相残杀的方法和途径。时至今日，第二次世界大战结束已经整整70年了，这种反思还在继续。令人遗憾的是，以人类现有的历史智慧，不仅没有找到彻底消弭战争的方法，而且随着世界政治格局的进一步发展，全球各地的军事冲突不断，战火频仍，甚至在个别地区有愈演愈烈之势。有人甚至担心，是否会爆发新的世界大战！

事实上，这种担心是完全没有必要的。

二战造成的影响极为深远，涉及政治、经济、文化、科技等各个领域，给世界带来了天翻地覆的变化。特别是东西两大对立阵营的出现，彻底改变了近两百年来由资本主义支配世界的格局。随着苏联的解体，表面上这种对立已不复存在，但它所留下的阴影仍然存在于全球各个角落，当代世界全局性矛盾的焦点仍然集中于此。不过，经过战后70年的历史演变，人们基本可以形成这样一个共识：任何一方都不可能通过军事手段一举消灭对方，并存和互相竞争的局面已经形成。换句话说，就是从政治、经济、文化等诸方面较量彼此实力和影响力等手段已经成为世界范围内竞争的主流。军事手段虽然没有被完全抛弃，但是爆发世界大战的可能性微乎其微，基本可以忽略不计。

正值二战胜利70周年之际，我们策划、出版这套《二战风云人物》丛书的目的也在于此。丛书共10册，收入了二战期间"同盟国"和"轴心国"将领各5人，分别是：艾森豪威尔、巴顿、麦克阿瑟、朱可夫、蒙哥马利、隆美尔、邓尼茨、曼施泰因、古德里安和山本五十六。丛书没有止于对人物在二战期间经历的单纯记述，而是从宏大的历史战争画卷入手，就人物的性格、军事指挥艺术以及世界潮流发展进行深入分析与阐释，总结得出一个结论：邪恶势力或许凭借个人能力或物质基础而嚣张一时，但最终都无法改变正义必将战胜邪恶这一亘古不变的真理。

愿战争不再，和平永驻。

鉴于水平有限，丛书中难免会出现疏漏或错误，敬希读者批评指正。

目录

第一章 | 饮恨菲律宾

山雨欲来风满楼 / 003

重返美国陆军现役 / 012

太平洋战争到来了 / 024

遭遇菲律宾"滑铁卢" / 034

马尼拉,不设防的城市 / 041

巴丹!巴丹! / 047

巴丹,我还会回来的 / 057

第二章 | 移师澳大利亚

失败将军的落魄 / 065

巴丹的陷落 / 072

重整山河——武装澳大利亚 / 080

第三章 | 揭开反攻的帷幕

太平洋战争的伟大转折 / 087

米尔恩湾战役 / 093

布纳战役大捷 / 104

第四章 | 决战太平洋

"蛙跳"战术：全速向前跃进 / 121

俾斯麦海战：打开胜利之门 / 130

出色的莱城战役 / 136

抛出一枚一枚"硬币" / 146

奇袭霍兰迪亚 / 163

威瓦克争夺战 / 170

珍珠港会晤：赢得主动权 / 179

第五章 | 重返巴丹，一诺万钧

莱特湾登陆 / 197

莱特湾大海战 / 210

莱特岛大决战 / 221

"菲律宾，我回来了！" / 229

夺占马尼拉：雪耻第一步 / 237

重返巴丹：诺言兑现 / 248

第六章 | 最后的胜利

冲绳战役：雪耻第二步 / 257

致命的炸弹 / 265

日本无条件投降 / 276

盟军最高统帅：梦寐以求的荣耀 / 278

别出心裁的签字 / 288

第一章

饮恨菲律宾

1939年9月1日，希特勒治下的纳粹德国对波兰发动"闪电战"，9月3日，英、法对德宣战，标志着第二次世界大战全面爆发。

在远东地区，日本帝国主义早在1937年7月7日便挑起"卢沟桥事变"，发动了全面侵华战争。到第二次世界大战爆发时，日本侵占了大半个中国，其扩张气焰日益膨胀。身在菲律宾的麦克阿瑟更加紧迫地感受到日本的威胁。

在日本帝国主义陷入中国战场"泥淖"、与中国抗日国军陷入战略相持阶段时，菲律宾的军事建设却出现了犹豫不决、徘徊观望的怪象。还有一个更令人沮丧的局面——至少在麦克阿瑟看来是这样的——奎松与麦克阿瑟之间开始发生直接的争执，起因是奎松突然对麦克阿瑟的防务建设计划失去了兴趣。他们之间曾经拥有着长达几十年的友谊，之前彼此的合作也可以用"完美"来形容。但是，现在，情况却发生了转变，这使局势变得更加危急，对菲律宾防务而言无疑是雪上加霜。奎松在没有征得麦克阿瑟同意的情况下，强行进一步削减军事预算，甚至走得更远，竟公开表示："即使每一个菲律宾人都用现代化武器武装起来，菲律宾也无法保卫。"这种悲观情绪无疑会令菲律宾面临更为严峻的局面。面对这种形势，麦克阿瑟始终坚持自己的立场，毫不动摇。一天，当有人问他："如果菲律宾落入日本人之手，你担心什么呢？毕竟，你个人已经尽了最大的努力。"麦克阿瑟信誓旦旦："就我个人而言，我一定不会失败！世界的明天在很大程度上依赖于这里（菲律宾）的成功。也许它不是控制太平洋的门户，甚至不是这个门户的锁，但是，对于美国来说，它确实是打开门户的钥匙，我决不会让这把钥匙轻易丢失的！"后来的历史证明，这正是麦克阿瑟所具有的远见卓识。

山雨欲来风满楼

1939年对于麦克阿瑟来说，注定是令人沮丧的一年。在菲律宾，世界大战的硝烟近在咫尺，日本现实的威胁就在眼前，但除了麦克阿瑟心急如焚以外，所有人似乎都对此漠不关心。而这一年底，一件令麦克阿瑟更加郁闷的事儿发生了，曾经是他的得力助手的德怀特·艾森豪威尔离开了菲律宾，离开了他。

麦克阿瑟

艾森豪威尔与麦克阿瑟的分歧由来已久。麦克阿瑟的性格要求他的军事参谋处的属下们对自己绝对忠诚，这种忠诚甚至不能低于对军队的忠诚程度。由此可见，麦克阿瑟在马尼拉的军事参谋处并不比18、19世纪的"家族式"管理更具现代元素。以麦克阿瑟孤傲的个性，他如此做法显然是在着力打造自己的"军事团队"，一个在需要时就可以招之即来的小圈子。与艾森豪威尔亲如兄弟的好友兼同事詹姆斯·奥德参谋于1937年夏回美国向陆军部寻求物资和资金援助之际，有传闻说奥德假公济私，在国内积极为将来的工作谋划。无论这一传闻是否属实，对于麦克阿瑟而言，这都是不可原谅的。因此，麦克阿瑟当着自己的副官T.J.戴维斯的面，痛斥某些参谋人员"不切实际，一切以自我为中心的态度"。这无疑导致了麦克阿瑟与艾森豪威尔的间隙的形成。二者在不少问题上都曾经存在着分歧，这些分歧促使艾森豪威尔最终下定决心离开麦克阿瑟——他曾经十分景仰和尊敬的导师和上司。1939年11月13日，是艾森豪威尔离开的日子。当天，麦克阿瑟偕夫人琼·费尔克洛思来到船上送别。麦克阿瑟与艾森豪威尔互诉别离之情，此时此刻的两人似乎没有丝毫的嫌隙。虽然两人关系不再像从前那般友好，但此后的岁月里他们仍时有联系，还相互给对方写信，至少还保持着起码的友情。艾森豪威尔回忆道："我们之间的矛盾被人为地夸大了。毕竟，在一起亲密地共事7年，两个人必然是割不断的。"

艾森豪威尔的继任者理查德·K.萨瑟兰是一位年富力强的参谋官，聪明过人，具有坚忍不拔的工作精神。但萨瑟兰有一个致命的问题，即总是给上司挡驾，还常常越俎代庖，做出本应由麦克阿瑟本人做出的决定，甚至一度将他的上司给架空。因此，在一段时间内，菲律宾的军官们，甚至连吕宋最有资历的将军们都发现，想通过萨瑟兰同麦克阿瑟交流变得异常困难。由于萨瑟兰的缘故，麦克阿瑟有种脱离现状的危险。

从1939年秋到1941年7月的近两年时间里，对于麦克阿瑟将军来说，是一段极其困难的时期。不仅是艾森豪威尔的离去，还有更令他沮丧的事在等着他。1939年秋，罗斯福总统任命弗朗西斯·B.塞耶为美国驻菲律宾高级专员。对于麦克阿瑟而言，塞耶的到来，是一个坏消息。他们原本就不和，现在，奎松总统更加怀疑麦克阿瑟，甚至请塞耶帮忙将麦克阿瑟赶回美国去。当然，这件事最终并未发生，麦克阿瑟将军得以继续做他的菲律宾军事顾问兼陆军大元帅。原因在于，虽然塞耶对麦克阿瑟一点儿都不感冒，但是在没有菲律宾政府正式申请函的条件下，塞耶是不可能帮这个忙的；而作为一个政治老手，奎松同样不会留下任何书面材料作为把柄，他可不想被说成是一个卑鄙小人。

按照麦克阿瑟制定的菲律宾防御计划，每年为菲律宾打造3个师，每个师7500人。这样，到1946年时菲律宾将拥有可供作战的预备役师30个。麦克阿瑟坚称，这是菲律宾保障国家安全的底线。他的战略可以概括为"滩头防御"，即在敌人刚刚登陆菲律宾时，也就是说在敌人力量最为薄弱时，给予其最猛烈的痛击。按照他设想的训练方式进行建设，如果能够达到标准要求，那么他相信，日本想要征服菲律宾必将付出巨大的代价。根据麦克阿瑟的估计，这个代价是50亿美金和50万士兵被击毙。虽然这个结论看起来有些儿夸大其词，而且乎所有的人都在怀疑这一计划，但麦克阿瑟却矢志不渝地坚持他的构想。

在塞耶就任美国驻菲高级专员不久，菲律宾总统奎松对麦克阿瑟的怀疑越来越重。他问麦克阿瑟："即便我们拥有了30万军队，但在1946年菲律宾独立，后如果日本人开始大举入侵的话会有怎样的结果？"麦克阿瑟在略微沉吟之后回答，如果弹药和重要物资装备都能够实现充足供应的话，菲律宾可以抵抗日军半年时间。在奎松询问"如何保证弹药和重要物资装备实现充足供应"时,麦克阿瑟回答:"从外部源源不断地输入。"听到此话,奎松感到了无力和无助:"我们连海军都没有,在日本人侵略之际,怎么输入物资?"另外,奎松还想知道,一旦日本入侵成真,那么棉兰老岛怎么办。麦克阿瑟的防御计划中包括棉兰老岛在内吗?对此,麦克阿瑟只能诚实地回答:不包括!这令奎松十分错愕,棉兰老岛是菲南部最大的岛屿,将军这项宏伟的防御计划居然没有把棉兰老岛涵盖在内,这简直令人不可接受。奎松不死心地继续追问:"怎样才能阻止日本人攻下甚至无限期地占领棉兰老岛?"对此,麦克阿瑟依然无法给奎松任何保证。话虽如此,麦克阿瑟却仍然信誓旦旦,他公开宣称其防御计划正在顺利进行,菲律宾群岛的所有岛屿都可以守住。对此,奎松只能向美国的专员塞耶抱怨:"麦克阿瑟的公开声明简直是'幻想',只能证明一件事,麦克阿瑟将军真是疯了!"

菲律宾总统奎松

对处于困境中的麦克阿瑟将军而言,也有几则好消息令他不至于太过绝望。1940年6月,倾向于脱离美国传统的外交孤立主义的共和党人积极游说,他们强调美国应该介入战争，以帮助英国，共同抵抗纳粹德国的军事进攻。他们的努力没有白费，罗斯福总统最终被成功说服，这直接导致了长期以来奉行孤立主义政策的陆军部部长哈里·伍德林的下台。新上任的陆军部长亨利·L.史汀生虽然对麦克阿瑟没有丝毫益处，不过新任陆军参谋长的乔治·C.马歇尔将军却是麦克阿瑟的福音。时间证明，在此后的若干年中，马歇尔和麦克阿瑟保持着相当友善的关系，这对于麦克阿瑟来说确实是一个好消息。另一个好消息是，海军上将托马斯·哈特被海军部委任为美国亚洲舰队司令官。在得知这一消息时，麦克阿瑟或许有过一闪而过的想法，认为终于有了一个理解自己、愿意聆听自己说话的人。毕竟，哈特将军与麦克阿瑟相识已经有40载的光阴。

1940年11月，当麦克阿瑟仍处于极其压抑的时刻，《时代》周刊记者西奥多·H.怀特来到菲律宾拜会麦克阿瑟。此时的麦克阿瑟将军已年届61岁，他的双手微微有些发抖，情绪激动时说话的声音也会变得相当刺耳，但是仍保持着一位将军精力充沛、行事果敢的风范。

潘兴将军麾下英姿飒爽的青年才俊乔治·马歇尔，到二战爆发时已经成长为美国陆军参谋长

在与怀特会面的过程中，麦克阿瑟用雪茄指点江山，慷慨陈词。他的左手重重地擂着家具，右手则挥舞着烟斗，滔滔不绝地道出有关兵力、火力、里程、吨位及空中力量和海上力量的一大堆数字，这不禁令怀特目瞪口呆，甚至开始怀疑麦克阿瑟的真实年龄。紧接着，在怀特仍在发蒙时麦克阿瑟又开始历数自己那些令人难以置信的传奇故事。这些故事已经大多为人所知：生于军队长于军队的童年，在西点军校的点点滴滴，在菲律宾击毙伏击自己的两名菲律宾人，在维拉克鲁斯战役中深入敌后盗取机车头，"一战"时西线战场的恐怖战斗，夺取夏提隆高地的战役，在西点实施教学变革，在和平时期将濒于毁灭的陆军拯救出来，为奎松打造一支像模像样的军队等。麦克阿瑟对怀特说道："我已经做好准备。一旦战事来临，我将指挥美国的远东远征军。"是的，麦克阿瑟始终坚信以日本的野心，战争不可避免。怀特在抵达马尼拉之前也得出了相同的结论，因此两人有一种相见恨晚的感觉，庆幸有他们这两个美国人，或许只有他们两个，认识到了日本给美国的和平与安全所带来的巨大威胁。

太阳坠入马尼拉湾时麦克阿瑟与怀特的会面才告结束。在会面的最后时刻，麦克阿瑟停止了踱步，他转过身看着怀特，说："怀特，是命运把我们带到了此地。上帝作证，是命运把我带到了马尼拉。是的，此时此刻这一切都是命运女神的旨意。"

时间在进入到1941年时，似乎正如麦克阿瑟所宣称的那样，命运女神开始关注到他。当时有新闻报道称，罗斯福总统正在考虑要把塞耶从菲律宾召回国内。这对于麦克阿瑟来说，确实是一个好消息。麦克阿瑟很快行动起来，他给总统的助手史蒂芬·艾利写了一封内容很长的信，几乎是在用乞求的方式谋求得到塞耶的职位。在信的开头，麦克阿瑟写道："在这个如此重要的时刻，我写信向总统请命，请求给予我更多责任。"紧接着，麦克阿瑟向艾利申明其所构想的菲律宾防御计划所取得的成就，他声称自己在菲律宾很受大家的爱戴，他对远东地区的局势和日本人在中国的扩张行为了如指掌，并且"与东方所有的重要人物都建立了不错的私交"。当然，出于礼貌性的考虑，麦克阿瑟在这封信的结尾处不忘来上一段对总统先生的虚情假意的赞美，他说，罗斯福总统是"我们（这个时代的）最伟大的政治家……最伟大的军事家"。

将军的一系列努力没有白费，虽然塞耶先生没有如新闻报道的那样被征召回国，但麦克阿瑟从他的老朋友——罗斯福总统的军事顾问埃德温·P.华生那里得到了一封令人激动不已的回信："总统让我写信给你……他想让我告诉你，因你的卓越的军事才能，他想让你，而不是其他人继续留在菲律宾。"对于麦克阿瑟来说，这封信实在太重要了。准确地说，这是麦克阿瑟长久以来第一次得到总统先生的鼓励，所以出现万分激动的心情也就能够理解了。在兴奋之余，将军也不忘及时给予回复："很高兴总统愿意让我继续施展我的军事才华而非管理才干。这也正是我自己的选择。因此，我将继续建设菲律宾陆军以防万一……"

还有一件令麦克阿瑟将军心情转好的消息。在得到总统鼓励的消息之后不久，麦克阿瑟曾致信马歇尔，提出自己的打算：计划终止菲律宾的防御计划，而要尽早实现菲律宾陆军的联邦化，从而使之能够直接受美国陆军部的指挥。在1941年6月20日回信中，马歇尔明确告诉麦克阿瑟，他的设想时机尚未成熟。但是，马歇尔同时向麦克阿瑟宣告的好消息是，陆军部长史汀生将军和他本人共同决定："以你（麦克阿瑟将军本人）卓越的军事才华以及在菲律宾无人能及的丰富经历，如果形势急转直下的话，你将是陆军驻菲律宾总司令的最佳候选人。部长告诉我，他会在适当的时候向总统提出这一建议,我认为总统一般会批准他的建议。"这对近两年来处于人生"低谷"的麦克阿瑟而言,无疑是十分利好的消息。一切都在向好的方向发展。时间将证明,其人生的真正辉煌阶段即将到来。

当然,我们也要同时强调,即便是在麦克阿瑟将军不甚得意时,他的家庭生活仍然十分美满。将军和夫人的感情十分融洽,可以尽情享受着他们三口之家的天伦之乐。虽然麦克阿瑟每周的七天时间都要到办公室去履行他的军事顾问职责,但他还是会陪伴自己的妻子琼和绰号"中士"的儿子小阿瑟在楼顶房屋内度过令人欢愉的休闲时光,或者读读书,或者在楼顶平台上散散步,俯瞰风光旖旎的马尼拉湾。这是多么温馨的时刻,这一刻成为麦克阿瑟在工作中能够保持饱满的精神状态的重要源泉。麦克阿瑟将军身为父亲,对小阿瑟来说是一个十分溺爱孩子的人,而不像是一位整天板着面孔的严厉的将军。他是如此骄傲,又是如此疼爱他的孩子,从一篇祷文中可以略窥一二。

玉米芯烟斗、墨镜早已成为麦克阿瑟的标志性装饰,
即便是在菲律宾丛林中人们也能一眼认出他

啊，上帝！请给我造就这样一个儿子，他将坚强得足以认识自己的弱点，勇敢得足以面对恐惧。在遇到正当的挫折时能够昂首而不卑躬屈膝，在胜利时能够谦逊而不趾高气扬。

请给我造就这样一个儿子，他不会用愿望代替行动，将牢记您的教诲——认识自己是世界的奠基石。

我祈求，请不要把他引上平静安逸的道路，而要把他置于困难和挑战的考验和激励之下，让他学会在暴风雨中挺立，让他学会对那些失败者富于怜悯。

请给我造就这样一个儿子，他将心地洁净，目标高尚；他将在征服别人之前先征服自己；他将拥有未来，但永远不会忘记过去。

我祈求，除了上述的一切之外，请赐给他以足够的幽默感，这样他可永远庄重，但不至于盛气凌人；赋予他以谦卑的品质，这样他可永远铭记在心，真正的伟人也要率真真诚，真正的贤人也要虚怀若谷，真正的强者也要温文尔雅。

那么，作为他父亲的我就将敢于对人低语："我这一生没有白白度过。"

从这篇祈祷文的字里行间，我们可以深深体会到麦克阿瑟将军对于儿子的爱是多么深沉、多么伟大。当然，这也正是作为一名正直的军人所具有的伟大力量所在！

重返美国陆军现役

世界大战的形势瞬息万变。1940年，大战规模越打越大，战火越烧越旺。德、意法西斯侵略势头锐不可当，到1941年6月苏德战争爆发，希特勒的军事胜利不禁让人们的恐惧心理越来越强烈。作为纳粹德国在东方的盟友，日本人的侵略气焰也越来越嚣张。1940年7月，近卫文麿上台组阁。近卫内阁奉行更加积极的扩张主义路线，因此在组阁后立即制定了《基本国策纲要》和《适应世界形势演变的时局处理纲要》，重申了日本一直以来所奉行的"建设大东亚新秩序为根本"的基本国策，并提出要尽可能地利用国际形势的变化，抓住时机，向南进发。同年8月1日，日本外相松冈洋右首次抛出了其臭名昭著的"大东亚共荣圈"这一扩张概念，把东亚、东南亚、南亚及西太平洋的广大地区都划归日本的势力范围。按照松冈的解释，所谓的"大东亚共荣圈"就是以"皇道的根本精神"为指导原则，建立以日本为盟主的经济集团，它应用在国际关系上就变成日本一统天下的国家主义。对此，松冈曾厚颜无耻地宣称："日本正在扩张，试想有哪个正在扩张中的国家没拿它的邻国开过刀？问问那些美洲印第安人和墨西哥人吧，看看年轻的美利坚合众国在多年以前是怎样残忍地折磨他们的。"实际上这不仅是松冈的个人想法，也代表了当时日本政府的亚洲观。

1940年9月27日，德、意、日"三国轴心"正式形成。1941年7月初，日本借助于纳粹德国的帮助胁迫法国维希政府屈从，从而取得了自由进出印度支那的领空及海军基地的资格。日本由此获得了其在东南亚巧取豪夺强大的军事优势。对于麦克阿瑟来说，日本在远东地区的扩张预言不幸言中。菲律宾，这个麦克阿瑟一直以来所致力于构建战略防御的重点，在日本的扩张行径面前，显得那么弱小无助。我们相信，面对这样的局势，麦克阿瑟将军一定是心急如焚。但他唯一能做的，就是等待。是的，等待，等待着罗斯福总统下决心！

世界大战欧洲战场的不断扩大，特别是法国的迅速崩溃，给一直奉行"中立"政策的美国带来巨大震动。美国人认识到，纳粹德国现实威胁是那么切近。在这一背景下，美国政府开始认真检讨其孤立主义外交，在冷静地分析世界形势的基础上，制定了范围广阔的新的全球性军事战略。该战略最大的特点在于"先欧后亚"，即美国认识到希特勒德国才是美国的头号强敌，美国应首先粉碎纳粹德国，然后再击败日本。这是因为，罗斯福认识到如果英国沦陷，那么美国将成为德国的下一个侵略目标。对于罗斯福总统来说，与其等到希特勒进攻美国时坐以待毙，不如现在就对英国施以援手，以使之免于毁灭，从而牵制德国。基于这样的分析，美国的态度开始转变。1940年6月起，美国政府开始向英国提供大量的武器装备，公开支持英国对抗德、意法西斯的侵略。正是因为总统先生将美国的战略重心主要放在欧洲战事上，对于远东地区的形势，最终确立的作战计划规定："如果日本发动战争，在远东要实施防御战略"。即美国选择了对日本的妥协。

虽然美国选择了对日本的暂时性妥协，但对于日本的扩张行动也不会熟视无睹。为了阻止日本的扩张，罗斯福总统已经在行动上采取了相应的措施，如限制对日本废旧金属的出口；再如针对日本在印度支那的行动，美国政府全面禁止了对日本的油运，以切断日本的主要原油进口渠道。这一做法在麦克阿瑟将军看来简直是大错特错，他相信，这么做只会造成一个结果，即日本人会为了自身的原油战备储蓄而将侵略矛头转向荷属东印度群岛，而这将置菲律宾及整个远东地区美国的利益于险境。麦克阿瑟清醒地意识到，罗斯福总统的这一决定无异于在向日本挑衅；如果总统执意如此，那么他至少应该首先确保菲律宾的防务安全。对于麦克阿瑟的这一看法，首先产生共鸣的是陆军部长史汀生将军。1941年7月25日，史汀生致信罗斯福总统："鉴于当前的远东局势，应该采取一切可能的措施增强菲律宾群岛的防御……最紧迫的措施之一就是立即动员菲律宾共同体的军队进入战备状态……"

1941年3月11日，美国参、众两院通过的《租界法案》经罗斯福总统签署后生效，该法案的通过彻底结束了美国多年来在外交上奉行的孤立主义政策。从此以后，美国为战斗在第一线的反法西斯国家提供了源源不断的战斗和生活物资

直到此时，华盛顿方面才意识到菲律宾的军事力量是多么微不足道，而这正是一直以来麦克阿瑟将军所始终强烈要求改变的现状。罗斯福和史汀生都认识到，当初美国的"橙色计划"根本无法完成（1922年，美国制定的一个以日本为假想敌的防御计划，该计划内容主要有：当吕宋岛遭到敌军海上袭击时，驻守该群岛的美国守军将在亚洲分舰队的支援下坚持半年时间，以拖延敌人的军事扩张行动，然后再撤退至巴丹半岛和科雷希多坚守，等待美国本土的救援。同时，美国太平洋舰队会立即赶来增援，最后和敌人进行决战。这一计划的构想，公正地说，具有一定的合理性，但在实际操作层面却又缺乏可行性。）因此从1941年7月份开始美国政府便着手采取紧急措施，迅速增加菲律宾的军事力量，先期对菲律宾陆军展开动员；大批步兵武器和

给养也在源源不断地从美国本土运往菲律宾。华盛顿下令动员编制表上的12个菲律宾陆军步兵团，与美国驻菲守备部队合并。7月26日，麦克阿瑟正在用早餐，便接获了两封标示着"紧急"字样的电报。一封来自马歇尔，内容是："即日起，成立美国陆军远东军司令部……你就此被任命为美国远东军司令，授予中将军衔，命令于1941年7月26日生效。"新的司令部下辖菲律宾共同体武装部队和菲律宾战区司令部。第二封电报是由罗斯福总统亲自签发的命令，电报以醒目的字样写道："着令远东陆军司令麦克阿瑟立即整编菲律宾共同体军队，准备应战！"

麦克阿瑟将军终于又重回陆军，这令将军阁下激动不已。回到家里的麦克阿瑟兴奋地告诉妻子琼："老了老了，终于又能重操旧业了！"

麦克阿瑟中将和萨瑟兰参谋长随即开始工作，整合各支队伍，包括将从菲律宾本地刚征招来的新兵安排到受过严格训练的美国正规军，将其合并打造成为一支可以抵御日本侵略的统一军事力量。在给马歇尔的回函电文中，麦克阿瑟写道："我向你保证，我很有信心完成你交给的任务。"此前不久的夏天，他在给前副总参谋长乔治·F.莫斯利的信中说："如果战争来临，我对群岛的防御也充满信心。"人们不禁要问：麦克阿瑟的话是真的吗？他真的那么有信心吗？或许事实并非如此。就连萨瑟兰对此都持十分怀疑的态度。虽然十分清楚当前的局势但无论怎样，麦克阿瑟都将毫不退缩，他视军人的职责为最高的荣耀，他的骄傲不允许他有丝毫的懈怠。因为，哪怕他只是透漏出一丁点儿对菲律宾群岛的防御有所担忧或者仅仅只是迟疑的情绪，他所进行的冒险恐怕就将立刻崩塌。因为麦克阿瑟清醒地知道，要使菲律宾达到阻止日本侵略的目标，还有相当的距离，还有更多的事务需要他这个新任远东军司令去做。他的短期策略就是通过虚张声势地宣称菲律宾群岛的防御体系足够强大，来达到暂时性的吓退敌人进犯的意图；一旦这一短期策略奏效，即日本被吓退，或者因为某种顾虑而停滞不前时，他即可利用这个宝贵的喘息机会将先前的虚张声势转变成真枪实弹，将欺骗敌人的防御体系，化为自己能够真正可以依赖的防御体系，达到最终的防御效果。

针对菲律宾防务一片混乱的现实，麦克阿瑟上任后，开始了大刀阔斧的行动，紧张备战。他组建统一的指挥机关，把星罗棋布的菲律宾群岛划分为不同的防区，统一部署兵力。

北吕宋部队：这是麦克阿瑟战略中担负最重要任务的部队，主要负责防守阿帕里和维甘的登陆海滩及马尼拉以北的林加延湾开阔的海滩，由麦克阿瑟的老朋友、得力干将乔治·温赖特将军指挥。

南吕宋部队：主要负责巴丹半岛到莱加斯皮的海岸防守，由琼斯将军指挥。

卢塞纳部队：防守比科尔半岛，由帕克将军指挥。

中央岛部队：由切诺尔韦斯将军指挥。

棉兰老岛部队：主要负责棉兰老岛的全部防务，由威廉·夏普将军指挥。

驻菲律宾远东航空兵大队：以克拉克机场为基地，由布里尔顿将军负责。

另外，作为重要的一环，科雷吉多尔港口的防务由穆尔将军负责指挥。

远东地区的战争危险与日俱增，麦克阿瑟向华盛顿要求提供足够的武器装备和作战部队的紧急求援没有遭到拒绝。罗斯福总统从应急资金中拨出1000万美元，作为麦克阿瑟动员和整编菲律宾军事力量的费用；陆军部也很快行动起来，向菲律宾紧急运送武器装备。美国本土这些卓有成效的工作给麦克阿瑟很大的激励。参谋长马歇尔专门给麦克阿瑟发来电报，向他保证将大大加强菲律宾的空军力量，将优先为菲律宾提供340架新式轰炸机（崭新的B-17和B-24型）及130架新式战斗机（也是崭新的P-40型）。而且，美国政府下令进一步加强亚洲舰队的力量。哈特海军上将的任务是在美国舰队到达之前，根据"橙色计划"尽可能地迟滞日本从海上对菲律宾的进攻。亚洲舰队的主要进攻性武器是十几艘潜艇，这被视为当时最好的"近海防御"武器系统。之前，亚洲舰队装备落后得可怜，而现在这支舰队新增加了11艘新式舰队潜艇。到1941年10月，海军部又接连派来了12艘新式舰队潜艇和1艘潜艇供应舰。这样，美国亚洲舰队的潜艇部队一跃成为当时美国最大的一支潜艇部队，拥有6艘旧式潜艇和23艘新式舰队潜艇。这也成为太平洋战争打响后美国海军手中的一股强大战斗力。当然，这对于日本人而言，则是一个梦魇。

哈特和麦克阿瑟这一对拥有几十年友谊的将军，现在终于可以稍稍宽慰一些了。两位将军都非常重视这支潜艇部队。理由在于，舰队潜艇装备有在极端保密情况下研制成的磁雷管引爆鱼雷。如果敌人的入侵舰队向菲律宾海岸靠近，潜艇可驶向大海歼灭它。

另外，哈特海军上将在菲律宾还有另一致命性的撒手锏：由密码破译员和日语语言学家组成的熟练的技术侦察分队。陆军破译员破译了重要的日本外交密码——"紫色"密码。海军破译员揭开了日本海军JN-25密码的机密所在。马尼拉密码破译分队装备了阅读"紫色"密码和JN-25密码的机器。据称，这支以"卡斯特"闻名的破密队在搜集和预报远东日军舰船行动等重要情报方面，具有不可估量的价值。而事实证明，在实战中，情报破译工作确实在美军战胜日本人的过程中发挥了无与伦比的巨大作用。有了破密员的预报，美军就可以提前做好战斗准备，制定出恰当而行之有效的应对之策。

1940年8月15日，麦克阿瑟召集了一次由全体驻菲律宾的美国陆军高级军官参加的会议，其中包括菲律宾师师长乔纳森·温赖特准将。麦克阿瑟向与会军官们表明了他将为保卫菲律宾全境而战的决心。针对"橙色计划",麦克阿瑟再次表达了他的反对态度。对此,温赖特准将表示完全赞同。在此次会议上,麦克阿瑟也向与会军官们传达了对整个防御作战的意见,他决定将在菲律宾征招7.6万人的菲律宾陆军预备役,编组成10个陆军师;依靠现有的一个菲律宾陆军正规师,将其拆分到新组建的10个师进行培训,这样到11月底前,能够派往海岸线阻击日军的人数就可以达到8.5万人。按此进度顺利实施的话,到1942年春,人数将再增4万。

到了1941年秋天,由于军事力量迅速增强,麦克阿瑟很受鼓舞。他高估了己方的实力,认为一旦战事发生就要执行退守巴丹半岛的"橙色计划"未免太消极了。因此,当年10月1日,麦克阿瑟向华盛顿提出了新的作战计划。他声称,他的远东军已经做好了在菲律宾滩头击退任何入侵者的准备,而无须在吕宋岛放马后炮,也不必撤退至巴丹半岛,就能保卫整个菲律宾群岛。基于对自己实力的过高估算,麦克阿瑟认为,只要给养和飞机能及时抵达菲律宾,并迅速动员菲律宾约20万人的陆军,答应增派的美军能够赶到,那么到1942年4月时完全能够遏制住日军进攻的势头。在麦克阿瑟乐观情绪的感染下,美军参谋长联席会议于11月初同意了他的方案,并答应给菲律宾提供更多的装备。

10月末,美国制定了全局作战计划的最新版本——"彩虹-5"号计划。该计划兼顾世界各地。但是,该计划涉及菲律宾部分几乎与"橙色计划"毫无二致:海军撤离,陆军阻击。而海军何时能够回来救援却没有任何说明。这也暗示着远东军所扮演的是悲剧性的绝望角色,其命运就是光荣地战死,但要尽可能地拖延时间,奋战到底。在获悉这一计划时,麦克阿瑟被彻底激怒,他立即给马歇尔回电,激烈地抗议说菲律宾陆军的建立已经使得保卫菲律宾群岛变为可能,陈旧的"橙色计划"早就过时了,因此他极力催促修改"彩虹-5"号作战计划。他还将空军力量的增强作为菲律宾防御能够成功的另一个重要原因。此时,美国空中力量正在日益成熟。陆军航空兵正在加速研制B-17轰炸机,并声称此类轰炸机能够发现数百海里外来犯的敌军舰艇,并将之击沉。这样的话,空中堡垒就可以把阿拉斯加、夏威夷、巴拿马及菲律宾群岛变成固若金汤的前哨阵地。起初,麦克阿瑟一直对空中力量持怀疑态度,这当然并非是他对空军的仇视,而是基于他的经验——航空兵总是吹的多,做到的却极少。而这一态度的转变是由新任远东军航空兵司令刘易斯·布里尔顿少将带来的。11月4日,布里尔顿将两份材料转交给麦克阿瑟。一份是来自马歇尔的信件,在信中麦克阿瑟获知了"彩虹-5"号作战计划正在修改,这对他来说无疑是一个好消息;另一份则是来自陆军航空兵总司令哈普·阿诺德上将的备忘录,上面密密麻麻地列出了当年冬天将运往菲律宾的增援物资清单。看完这两份文件之后,61岁的将军激动得像一个小孩子似的跳起来。"刘易斯,你像五月的鲜花那样招人喜爱。"他一面高兴地说着,一面兴奋地从办公桌后面转出来跑到布里尔顿跟前紧紧地抱住了对方。这倒把布里尔顿吓了一跳。与此同时,他还对他的参谋长萨瑟兰喊着:"边克,他们要给我们所要的一切东西!天啊,这实在太令人难以置信了。"

  随后,布里尔顿将自己的主要精力放在了修建更多的机场以容纳即将涌入的飞机。机场建设主要由麦克阿瑟聘请的首席工程师休伊·J.卡西负责设计建造,这项工作确实非常了不起,充分体现了麦克阿瑟慧眼识才的能力。随着卡西的机场建设工程的快速推进,通过这些机场进入菲律宾的飞机架次不断攀升,菲律宾的空中防御力量在这个冬天取得了令人欣喜的明显进步。

  受到麦克阿瑟将军战斗意志的感染,亚洲舰队司令哈特海军上将对于局势的态度也发生了变化。10月底在给海军部作战处长罗德·B.斯塔克上将的信中哈特表示，如果日本发动对菲律宾的进攻，他将不会撤退至新加坡。相反，他将以马尼拉湾为基地，与日军展开对攻。海军部对哈特的想法进行了长达3周的仔细研究，最后得出的结论是命令哈特继续执行"彩虹-5"号作战计划条款，在日本入侵时后撤。在海军部对哈特的意见展开细致分析的同时，陆军部已经越来越感受到与日本开战成为不可避免的现实。11月中旬，马歇尔为此举行了一场非正式记者会，出席的记者大多都很有声望。马歇尔告诉在座的记者，美国和日本已经处于战争的边缘："在高度机密的情况下，总统正在增强菲律宾的防御力量……麦克阿瑟将军每天都在从船上卸下大批战备物资，并在纵深处守卫延伸的地方修建机场……我们正在为日本即将发动的军事进攻做准备，而日本人却认为我们只会守卫菲律宾本岛……我们在那里有35处空军基地——这是我们在全球最大的集结地……"马歇尔强调，"美国并不想与日本发生战争，如果与日本作战，我们的力量就会面临不得不分散的尴尬，但是我们会给予日本无情的痛击。战机将立即从空军基地起飞，对日本的战略目标进行摧毁性的打击。"马歇尔还对忙着做记录的记者们滔滔不绝地介绍B-24轰炸机，声称这种新型轰炸机的飞行高度要远远高于日本战机，将可以很好地避免日军战机的攻击，并称B-24型即将大量投产。然而，事实却要严酷得多，实际上，满负荷的B-24轰炸机的飞机高度甚至比B-17还低，并且因为其底部没有装配塔炮而极易被敌机击落。而当时的主力机型B-17轰炸机只有C、D两型，机头机尾都未配置机枪，也没有自动密封的油箱。因此，指望B-17轰炸机编组来完成对抗日本人简直是痴人说梦。

麦克阿瑟与马歇尔相比，对空中力量的认识则要现实得多，他并不对空军抱有不切实际的幻想。恰恰相反，他很清楚那些都是什么玩意儿，就像他非常了解 A-24 俯冲轰炸机不过是一堆废铁而已一样。11 月 22 日，马歇尔告诉麦克阿瑟，随着菲律宾空中力量的增强，"彩虹-5"号作战计划将"适时修改……将强大的空中行动包括在内"，并授权给麦克阿瑟可以按照自己的方式来捍卫菲律宾群岛，甚至可以对日本发动进攻。至此，一直以来就令麦克阿瑟痛恨不已的"橙色计划"终于可以放进档案馆了，这实在是一个值得开心的好消息。不过，麦克阿瑟还来不及庆贺，因为战争的危险真的越来越加剧了。

相关链接：

隐形杀手潜水艇

潜艇或称潜水船、潜舰，是能够在水下运行的舰艇。潜水舰被称为隐形杀手，种类繁多，型制各异，小到全自动或一两人操作、作业时间数小时的小型民用潜水探测器；大至可装载数百人、连续潜航 3~6 个月的俄罗斯台风级核潜艇。按体积可分为大型（主要为军用）、中型或小型（袖珍潜艇、潜水器）和水下自动机械装置等。潜艇也是较早期就有的匿踪载具。

大型潜艇多为圆柱形，船中部通常设立一个垂直结构（舰桥），早期称为"指挥塔"，内有通讯、感应器、潜望镜和控制设备等。如今的深海潜艇或专业潜艇通常已无此设计。

自第一次世界大战后，潜艇得到广泛运用，在许多大国海军中占有重要位置，其功能包括攻击敌人军舰或潜艇、近岸防护、突破封锁、侦察和掩饰特种部队行动等。潜艇也被用于非军事用途，如海洋科学研究、抢救财物、勘探开采、科学侦测、维护设备、搜索援救、海底电缆维修、水下旅游观光、学术调查等，超级富豪甚至用为海下移动豪宅。

第二次世界大战期间，潜艇战术技术性能有很大改进。其排水量增加到2000余吨，下潜深度100—200米，水下最大航速7—10节，水面航速16—20节，续航力达1万余海里，自给力1—2个月，装有6—10个鱼雷发射管，可携带20余枚鱼雷，并安装1—2门火炮。战争后期，潜艇装备雷达、雷达侦察仪和自导鱼雷，德国潜艇还安装用于柴油机水下工作的通气管。潜艇战斗活动几乎遍及各大洋，担负攻击运输舰船、水面战斗舰艇和侦察、运输、反潜、布雷和运送侦察、爆破人员登陆等任务，共击沉运输船5000多艘（2000多万吨），大、中型水面舰艇300余艘。战争中反潜兵力和兵器也得到很大加强和发展，被击沉的潜艇达到1100多艘。

潜艇是公认的战略性武器（尤其是在裁军或扩军谈判中），其研发需要高度和全面的工业能力，目前只有少数国家能够自行设计和生产。

太平洋战争到来了

几天后，美国从"紫色"密码机破获的日本外交电报中发现，与日本进行的外交谈判已是徒劳无益。日本的"南进"战略已经不可更改。早在1941年7月2日，日本内阁会议就确定了其"南进"战略方针；八九月间，日军大本营根据这一战略制定出了更为详尽而周密的军事进攻计划，将南进战争划分为三个阶段，而且确定这些计划在5个月内完成：第一阶段，在突袭珍珠港美国太平洋海军基地的同时，对菲律宾和马来亚发动进攻，并占领关岛、威克岛和香港等地；第二阶段，夺取爪哇岛、苏门答腊岛、婆罗洲（即今天的加里曼丹岛）及俾斯麦群岛；第三阶段，占领缅甸、安达曼群岛和尼科巴群岛。在这些作战目标中，菲律宾的重要性不言而喻，它位于日本通向南方的海上要道的一侧，是东南亚和西南太平洋之间的枢纽，也是其前往南太平洋上的马来亚、婆罗洲和新几内亚的一条直接航道，是日本南进战略的一块绝佳的战略跳板。对于这一点，日军大本营了然于胸。日本陆军省军务局长武士明曾非常露骨地表示:"日本决定入侵菲律宾的一个重要因素是日本总参谋部害怕菲律宾防御的10年计划。现在该计划正处于它的第6个年头,(如果任其发展下去)这无疑会对大日本帝国的战略构成巨大的挑战,我们当然不能容忍它的存在。我们不得不在危险到来之前就把它毁灭!"于是,菲律宾这个"被美国人摆在日本门前石阶上的一块绊脚石"已经被牢牢地锁定在日本人所瞄准的靶心上。为了能顺利执行这一作战计划,日军本部强调要实施突然袭击,以最快的速度摧毁对方的海空力量和基地设施,夺取领海和领空的控制权。为此,日军将驻扎在夏威夷珍珠港的美国太平洋舰队作为首要打击目标。虽然美国拥有"紫色"密码机,虽然美军情报系统工作效率惊人,但在日本人作战意图方面的判断上却产生了偏差。此时美国方面认为,日本的首要进攻目标将是菲律宾和关岛,日本舰队的主要任务是为其南进战略提供海上支援。因此,它没有能力实施远距离、单独的航母突袭,故而也就把日军偷袭珍珠港的可能性排除了。这一战略误判的直接后果是日本人用实际行动告诫美国:偷袭珍珠港没有什么大不了的!美国历史上那个"永远蒙受耻辱的日子"就这样到来了!

偷袭珍珠港的作战计划是由日军联合舰队司令山本五十六制定的。山本五十六是一个美国通,早年曾就读于美国哈佛大学,还担任过日本驻美国大使馆的海军武官。在美求学和任职的数年中,山本五十六曾对美国作了广泛而深入的考察,对美国的工业生产能力尤其印象深刻。他非常清楚,美国拥有丰厚的军事潜力,生产一旦转入战争轨道,很快就能成为谁也打不倒的战争巨人。基于这一认识,山本五十六告诉自己,只有在美国还在懒洋洋地打盹时,一次性摧毁美国海军主力,让它从此再也无法东山再起,日本的胜利才能够得到保障。

山本五十六

11月3日,裕仁天皇批准了袭击珍珠港的计划。为掩护其进攻的突然性,东条英机内阁大放和平烟幕弹,指令日本驻华盛顿大使野村和特使继续与美方交涉谈判。

11月27日,海军部给哈特海军上将发来电报:

这封电报可视为战争警报。与日本进行的(旨在保持太平洋现状的)谈判已经陷入僵局。日本在几天后就可能采取侵略行动。日军的数目和装备及海军特混舰队的组成都表明,日本要对菲律宾、泰国、克拉克半岛,或许还有婆罗洲,发动两栖进攻。你们要采取适当的防御措施……

同一天,马歇尔将军向麦克阿瑟发出同样的警告:

看来，与日本的谈判业已中断，谈判已无任何实质意义。日本政府不可能再回到谈判桌上来继续谈判。日本今后如何行动很难预料，但随时都可能出现敌对行动。如果敌对行动不可避免，注意用词为不可避免，美国希望日本先公开采取行动，打响第一枪。现命令你做好必要的事先侦察工作……

这些判断在很大程度上是基于"紫色"密码破译机所截获的情报作出，在华盛顿看来，战争已不可避免。但是，日本会选择在哪里开战还说不准。在华盛顿，谁也没预料到日本人会首先选择拿珍珠港开刀。

大战在即，麦克阿瑟还是像往常一样边踱步边陷入沉思应如何应对现在急速转换的、已经几近失控的局势。他曾下赌注说他会将菲律宾防御计划的那些虚张声势的恫吓转变成真实战斗力，他也曾发出过许多连他自己都不相信的话。至少到目前为止，那些话还是一堆唬人的东西，那么如果时间真的允许呢……显然，现实来不得假设。麦克阿瑟现在思考的当然不是他曾经说过什么，他的真实想法在他踱步时一直萦绕在头脑中。在11月27日接到马歇尔的战争警告后，麦克阿瑟立即给他的战地指挥官们发出警报："目前情况下无法断定日本将采取何种行动"，但我们必须"对任何可能的进攻做好必要的应急准备"。同时，麦克阿瑟还让希德·哈夫给他的父亲老阿瑟留下来的那把老式双发大口径手枪配备了几发子弹，以备不时之需。每天早上，麦克阿瑟都会将子弹上了膛的枪放进裤子口袋里，到了晚上再塞到枕头下面。12月7日晚，他携枪而卧，似乎受到直觉的指引——战火即将引爆！

11月26日,执行偷袭珍珠港任务的日本特混舰队在南云忠一中将指挥下,从千岛群岛秘密起航。在出发前,山本五十六给南云的最后指示是"如果同美国的谈判获得成功,特混舰队将立即调头返回本土"。经过12天持续航行,南云的舰队于夏威夷时间12月7日拂晓到达瓦胡岛珍珠港以北230海里区域。由于在向珍珠港进发过程中日本特混舰队严格地保持无线电静默,美国密码破译员没有拿出什么有效情报。他们错误地向上报告说日本航空母舰仍在港口里停泊。因此,全美上下都没有意识到大战一触即发,战争的巨魔正在向珍珠港太平洋舰队张开它罪恶的巨口。

夏威夷时间1941年12月7日晨6时整,南云中将下达袭击珍珠港的命令。整个袭击行动持续了大约2个小时,日军的轮番轰炸给美军造成了重创:击毁击伤太平洋舰队停泊在港内的全部8艘战列舰及其他10艘主要舰只,美军还损失了188架飞机,伤亡3500人以上;而日军付出的代价却要小得多,只损失29架飞机和5艘小型潜艇。

日军突袭珍珠港,美国海军"海伦娜"号驱逐舰被击中

遭袭后的珍珠港一片狼藉，机场上的海军飞机全部成了破烂，几乎没有一架能保持完整的！唯一令美国人庆幸的是，太平洋舰队的损失实际上并非如想象中的那样惨重，其三艘大型航空母舰因外出执行任务而幸免被炸，这样，整个舰队的核心力量得以保存。另外，港口设施损失也比较有限，造船厂和鳞次栉比的储油罐基本上完好无损，为太平洋舰队重整旗鼓回击日军提供了很好的根基。

珍珠港事件对于美国而言，无疑是一场巨大的灾难。12月8日下午4时，罗斯福在对日宣战书上签字，标志着太平洋战争的全面爆发。

珍珠港事变当天，美国总统罗斯福在国会对日宣战

1942年12月8日凌晨3点40分，马尼拉还沉浸在拂晓前的寂静中，熟睡中的麦克阿瑟将军突然被一阵急促的电话铃声吵醒，萨瑟兰汇报说日本袭击了珍珠港。麦克阿瑟对此难以置信。当他还没醒过神来，电话铃声再起。这次打来电话的是陆军部作战处长伦纳德·杰罗准将，他告诉麦克阿瑟，珍珠

港遭到日军偷袭,损失情况尚未明确。麦克阿瑟立刻震惊得目瞪口呆、手足无措,他尖声大叫:"珍珠港?那不是我们最强大的据点么!"杰罗还提醒他:"如果过不久日本人向你发起进攻,那是不会出人意料的。"麦克阿瑟说:"不用担心,我们这里没问题。"在得到确切消息之后,远东军总部内笼罩在一片震惊之中。没有人对日本刚刚发动的袭击感到意外,但是没有谁,包括麦克阿瑟在内,会想到第一枪竟然会打响在珍珠港。为什么不是菲律宾呢?为什么不是他们远东军呢?

和杰罗通完电话,麦克阿瑟赶到位于维多利亚大街1号的远东军总部,他的助手们正在焦急地等待着。隔壁的作战室内异常忙碌,四壁挂满了巨幅军用地图,上边醒目地标示着日本向南进攻的符号,电话铃声此起彼伏,一个个表情严峻的参谋人员进进出出……

在和几个主要助手简单交换意见之后,麦克阿瑟向驻守在菲律宾各岛的部队下达了作战命令。其实,直到此时,麦克阿瑟仍然不相信日本人会很快进攻菲律宾。他打心眼里瞧不起日本兵。麦克阿瑟一直认为,如果战争爆发,首先受挫的应该是日本人,而非美国。日本不可能会在西太平洋如此广阔的地区同时动手,因此,菲律宾仍然有一定的备战时间。从中可以看出,麦克阿瑟对在开战的最初几个时间里日军袭击的危险缺乏足够的警惕性,以致疏于防范,甚至做出了贻误战机的决定。在他向杰罗将军说"这里没有问题"时,一方面说明他已有所准备,但另一方面也反映出他犯了致命的麻痹轻敌错误。这是在战争最初阶段菲律宾不断溃败的主要因素吗?没有人能够给出明确的答案。但毫无疑问,麦克阿瑟应该对此负主要责任,至少他在日军袭击菲律宾的最初时间内指挥失当是一个不争的事实。

8日上午5时,远东军空军司令布里尔顿将军在命令他的飞行员进入战备状态后，从设在尼尔森机场的空军司令部赶到总部办公室。当他得知日本人先发制人，偷袭珍珠港的消息后，便决定以牙还牙，空袭日本的后方——中国台湾。但这想法却很快被萨瑟兰参谋长否决了。现在看来，布里尔顿将军的计划或许不失为一个明智的选择，它很可能会打乱日本人入侵菲律宾的时间表，从而从总体上扭转败局，使驻菲美军所处的劣势得以转化。因为当天台湾的气候条件十分恶劣，停在那里的400架日本军机无法正常起飞，日本人深恐美国轰炸机此时从菲律宾袭来。对日本人来说，实在是太幸运了，他们所担心的突袭并未发生。这是麦克阿瑟的错吗？有人将这一过失直接归咎于萨瑟兰的头上，但我们不应该忘记，麦克阿瑟才是远东军最高统帅！当然，麦克阿瑟可能会说，他也是苦主，因为陆军部没有授权让他可以主动攻击日本人！无论怎样，历史已经成为过去。在贻误了大好战机的情况下，菲律宾的沦陷似乎已经不可避免。而克拉克机场的遭袭则直接决定了菲律宾远东军的失败命运。

相关链接：

航空母舰中的"灰色幽灵"——企业号航母

企业号航空母舰，美国海军赫赫有名的功勋舰。该舰于1936年10月3日下水，1938年5月12日服役。企业号被亲昵地称为"大E（Big E）"或"幸运E（Luckily E）"。它还有一个称号"灰色幽灵（Gray Ghost）"。在太平洋战争中，企业号航母取得了20颗战斗之星奖章，并成为第一艘荣获总统集体嘉奖的航母，也是美国"二战"中唯一一艘同时荣获总统集体嘉奖和海军集体表彰的航母。在企业号光辉的历程中，共航行44万多公里，击沉敌舰71艘，击伤192艘，击落敌机911架。在美国海军中没有任何一艘军舰能与之相比，企业号象征着美国海军的战斗精神。

基本参数：建成时标准排水量19800吨，满载排水量25500吨。舰长246.7米，飞行甲板宽33.4米，满载排水时水线长232米，水线宽25.4米，吃水7.9米。9台锅炉，4座帕森斯蒸汽轮机，4轴，主机输出功率12万马力。最高航速32.5节，续航力12500海里/15节。武备8座单管127毫米炮，4座4联装28毫米机关炮，24挺12.7毫米高射机枪。舰载机90架左右。1941年编制人员2217名。

企业号采用开放式机库，拥有前、中、后三台升降机；舰桥、桅杆、烟囱一体化的大型岛式建筑位于右舷，木制飞行甲板前端装有1台蒸汽弹射器。紧急情况下，飞机还可以通过设在机库中部的横向弹射器从机库里直接弹射起飞。

1942年1月11日，哈尔西海军中将指挥以企业号为核心的TF8编队与TF17编队协同，完成增援萨摩亚岛的作战，共向岛上输送兵员5000人。1942年2月1日，返航途中，TF8编队对日占马绍尔群岛中防御最坚固的罗伊岛、夸贾林环礁、沃特吉环礁和马洛埃拉普环礁上的日军基地进行了空袭，击沉日军小型舰艇4艘，击毁飞机18架，连第6根据地队的八代佑吉少将也被炸死。这是美军自太平洋战争开始以来第一次有组织的反攻，企业号由此享有反击前锋的美誉，而哈尔西也成为美国公众心目中的英雄人物。

1942年6月，中途岛海战中，企业号协同大黄蜂号、约克城号，一举击沉日本海军机动舰队的4艘航空母舰。

1942年8月24日的所罗门以东海战中，1942年10月26日的美日圣克鲁斯海战中，企业号航母两次受重创，但是仍然奋勇作战，战功卓著。

1943年5月26日，企业号返回珍珠港，接受尼米兹海军上将代表罗斯福总统颁发的总统集体嘉奖。在所有参加"二战"的美军海军舰艇中，企业号是第一艘获此殊荣的航空母舰，也是唯一的一艘。

1944年6月，美日海军在马里亚纳海域展开战略决战，日本海军损失3艘大型航母和600余架飞机，两年来惨淡经营的航空兵力量损失殆尽。而美军仅损失飞机130架，76名飞行员阵亡（其中在夜间着陆时，损失飞机77架，44名飞行员阵亡）。

1944年10月25日，企业号舰载机协助友舰击沉日军超级战列舰武藏号、航母瑞鹤、瑞凤和千岁号。此役中，企业号是少数几艘对栗田、小泽、西村舰队均实施攻击的美国航母。

1945年三四月间，企业号参与了压制日本九州地区岸基航空兵和击沉超级战列舰大和号的作战行动。1945年5月14日，企业号被日军神风战机撞中，前升降机全毁，于2天后退出了战斗返回美国大修。在修理期间，日本宣布投降。此后，它参加了胜利庆典活动和载运驻欧洲美国军事人员回国的任务。

1947年2月17日，企业号正式退役。

遭遇菲律宾"滑铁卢"

1941年12月8日，是一个特别的日子，至少在麦克阿瑟看来，终生难忘。清晨5点30分，正在麦克阿瑟为珍珠港遭袭而不知所措地在远东军总部内等待上级的进一步指示时，陆军部终于发来一封电报，内容是命令他立即执行"彩虹-5"号作战计划，这意味着麦克阿瑟得到授权指挥对日作战。但麦克阿瑟并没有下定向日本开战的决心，因此，当远东军空军司令布里尔顿请求空袭日本驻中国台湾的军事目标时，萨瑟兰参谋长秉持一贯的做派没有向麦克阿瑟将军请示，而是直接就将这一设想给否决了。事后，萨瑟兰才向麦克阿瑟汇报了布里尔顿的作战请求，麦克阿瑟的态度和萨瑟兰是一致的，不过他的理由要更充分一些。在麦克阿瑟看来，这一主动进攻的战略同美国总部对日的总体防御战略不符，这从他告诉萨瑟兰的话"我们的决策是防守，听候命令吧！"中可以清晰地判断出来。另一方面，麦克阿瑟不支持布里尔顿从空中采取进攻行动的理由在于由没有作战经验的飞行员驾驶的15架或18

架轰炸机编队,在没有战斗机掩护的情况下执行轰炸台湾的任务,完全是"自杀"行为。而中国台湾驻有日本的数百架飞机,并且高度戒备,可随时升空作战,因此B-17轰炸机长途奔袭台湾显然是不切实际的妄想。公允地看,麦克阿瑟的这一判断是十分恰当而准确的。

鉴于当时的有关因素及实际情况都不明确,布里尔顿和萨瑟兰似乎都没有考虑到B-17轰炸机会遭受日本人攻击的可能性问题,因此也就未予及时处置。当时最佳的处置方案应该是将克拉克机场上的18架B-17全部部署到日本轰炸机攻击范围之外,即转移到远在棉兰老岛上的德尔蒙特机场;当局势日渐明朗、头脑冷静下来之后,根据战争形势的变化,如果需要攻击台湾或别的地方的日军,轰炸机则可以随时从德尔蒙特出动,只需在克拉克机场加油即可执行轰炸任务。这一方案还有一大益处,撤走全部B-17后即可以将克拉克机场腾空,以便于P-40战斗机有更多的回旋空间,减少混乱。

刚过8点,设在马尼拉以北约140公里伊巴机场的一部雷达发现朝吕宋岛飞来的日军飞机。日军飞行员认为吕宋像驻台湾的日军一样处于全面戒备状态而感到紧张和恐惧,按照原定计划,他们此次攻击行动准备和袭击珍珠港同时展开,但因台湾天气不好,攻击才推迟了数小时。在得知日军袭击的消息后,布里尔顿命令战斗机紧急起飞,命令克拉克机场上的18架B-17升空以免被摧毁。飞机升空后只是在盘旋,而没有飞往德尔蒙特,这说明布里尔顿仍在固执地准备攻击台湾。日本人却并未采取进一步的攻击行动,而只是进行了一次小规模的空中骚扰后扬长而去。在空中盘旋着的18架B-17在10点至11点间返回克拉克机场,停在地面加油和保养。这似乎只是美国远东军的一场虚惊。在日本人的飞机撤离之后,吕宋岛上的美军指挥官们紧绷的神经一下子松弛下来。直到此时,他们仍然没有意识到巨大的危险越来越逼近克拉克机场。而历史以事实证明,美国人在珍珠港和在克拉克犯下了同一个错误,他们错误估计了日本人夺取菲律宾以达成其南进战略目标的决心。

到了中午,飞行员都去吃午饭了。此刻的吕宋岛上呈现出一片涣散慵懒的景象。暴风雨来临前总是透着一片诡异的宁静。12点刚过,吕宋岛还没有恢复往日张弛有序的氛围,伊巴机场的雷达发现大批敌机来袭,并及时向克拉克机场作了报告。此时,正在就餐的航空兵第30飞行中队的饭厅里,机械师和轰炸机组成员们正在边吃饭边收听KMZH电台唐·贝尔广播。恰巧,此时广播中正在播放这样一则消息:"据未经证实的消息称,(日本军机)正在轰炸克拉克机场。"这则消息在现场引起了哄堂大笑和怪叫。在他们听来,这实在太荒诞了,许多人都认为那不过是电台虚张声势的臆测,其目的不过是想要人人保持警惕罢了。

与此同时,克拉克机场的一名军官接到了伊巴机场发来的警报:日军飞机来了!然而,还没等他拉响警报,大批日军战斗机和轰炸机已飞抵克拉克机场(伊巴机场也遭遇了相同的袭击)。3架装满了侦察器材的R-17轰炸机已在滑向机场跑道起飞线时,被日军飞机投掷的高爆炸弹炸毁,现场一片火海。在克拉克机场边上,正围坐在37毫米高炮旁吃午饭的海岸炮兵的200名新墨西哥州国民警卫队成员中有人突然高喊了一声:"他们来啦!"有人拿起了相机拍照,大家都还没有搞清楚到底发生了什么。有人问:"他们扔锡箔干吗?"有人立即否定了前者的判断:"那不是锡箔。"这时,其中一个机灵的军士尖叫道:"那是日本佬,天杀的日本鬼子来啦!"

在机场的另一边,第20迫击中队的一个机长发现了敌机来袭,他大喊:

"天哪，他们来啦！"乔穆尔中尉快步跑向他的P-40战斗机，他的中队里的6名飞行员紧随其后。他把飞机滑行到起飞的位置后即刻起飞，拼命抬高机身向高空攀升；另外两名飞行员驾驶着战斗机也起飞成功；但是，后面的4架战斗机最终没能幸免，被击中炸毁。

空袭警报尖厉的鸣叫划破长空，可是那些地勤人员似乎被这突如其来的阵势给吓蒙了，他们呆呆地盯着天空呈V字队形的日军机群，直到一串串炸弹如倾盆大雨般朝他们倾泻而下。高射炮阵地上，国民警卫队的年轻战士们还是头一次见到这种阵势，他们对武器装备的操作还谈不上熟练。不过，他们此时的心情既紧张，也带有人生第一次实战的兴奋和激动。毕竟平时在训练时，他们往往不是轰击拖靶、木箱，就是射击木制模型，现在终于可以朝着敌人的战机开火，这种满足感实在是对他们的一种奖赏。

机场上空盘旋着大量的日本军机，日本人似乎正在复制着十几个小时前在珍珠港的一幕。侵略者将机关炮的火舌、一串串炸弹倾泻在机场停机坪上那些停放得整整齐齐的美军飞机身上。现场剧烈的爆炸声、燃油燃起的熊熊大火，加剧了这场空袭行动给人们留下的深刻印象。当日军飞机撤离后，那些可怜的高炮射手们一下子发现天空中没有了射击的目标。突如其来的宁静令人不禁愕然。班长德伍德·布鲁克木然起身，两眼茫然地走向停机坪，映入班长眼帘的到处都是抛撒的残肢断臂，同胞的死令他稍稍清醒一些。一个只有19岁的波兰小伙子倒在壕沟里，一颗炸弹把他炸得像放了气的皮球，惨不忍睹。士兵们像梦游般从战壕里爬出来，一时似乎对伤员们的呻吟也听而不闻了。库房仍在燃烧，机场一侧的油库浓烟滚滚。这一切都在告诉人们，刚刚的袭击并不是他们在做梦。

在未遇抵抗的情况下，经过近1小时的狂轰滥炸，克拉克机场的18架

B-17 轰炸机和伊巴机场的 55 架 P-40 战斗机全部被炸毁，只剩下 17 架 P-40 战斗机。经过这次打击，日军实际上已消灭了麦克阿瑟在菲律宾的空军力量，使他失去了对日军入侵舰只和空中力量进行侦察的能力，更遑论组织有效的抵抗和反击了。

这实在是一次完美的偷袭行动，它再一次证明日本人偷袭战略的有效性。对于美国人来说，克拉克机场成为珍珠港第二。日本人何以在珍珠港和克拉克这样两个完全不同的地方成功实施针对同一战略目标的袭击行动呢？这是一个值得每一个人深思的问题。但是，这对于麦克阿瑟而言，却已经显得不那么重要了。面对日军从此控制了入侵菲律宾的制空权，麦克阿瑟现在急需面对的是如何拯救菲律宾。

现在，麦克阿瑟赖以对抗日本人的空中力量就这样被摧毁了。美国能用来阻止日本在东南亚取胜的最大的屏障、对日本最强大的军事威慑力量居然在一天之内，就荡然无存了。

在此后不久，残存的几架美军战斗机逐渐被日本人消灭了。由于没有战斗机掩护，德尔蒙特机场的 17 架 B-17 轰炸机向敌人发动的几次进攻，对于整体战局而言已经于事无补，而且损失很大。麦克阿瑟只得命令剩下的飞机朝南飞往澳大利亚，以免被日本人全歼。布里尔顿少将后来因与麦克阿瑟发生矛盾，被调离菲律宾。

麦克阿瑟（左一）接见在巴丹保卫战中表现英勇的菲律宾空军上尉

对于美驻菲律宾空军飞机大量被歼一事，美国总部方面狠狠地斥责了布里尔顿少将，麦克阿瑟则公开地站出来替布里尔顿辩护。这样做的原因，一方面是因为这是麦克阿瑟一贯的作风。作为上级体恤下属、维护自己指挥作战团队的整体利益，符合长远的需要，一个将领如果连这一点都做不到，还如何令下属为其效命呢？而麦克阿瑟向来以"护短"著称，所以他为布里尔顿出头也就在情理之中了。另一方面，他还有深一层的顾虑，如果这件事不及时制止，极有可能会扩大事态，进而牵涉到自己身上。真正追究责任的话，麦克阿瑟心里清楚得很，自己才是真正的罪魁祸首。

现在看来，麦克阿瑟的责任是不能推卸的。新增派的空军飞机是他手中掌握的唯一的重要力量，布里尔顿是他手下最重要的指挥官。让人不能理解的是，麦克阿瑟竟没有立即同布里尔顿当面商量这样一件最重要的事情：如何保护这些轰炸机。显然，他授权萨瑟兰处理这样重要的事情，是严重的失职，为此他应被立即解职，甚至送交军事法庭审判。但是他是幸运的，因为随之发生的一系列重大事件使调查工作无法进行。不然的话，他很可能像珍珠港的海军司令赫斯本德·金梅尔海军上将和陆军司令沃尔特·肖特将军一样，早就身败名裂、销声匿迹了。

马尼拉，不设防的城市

1941年12月10日清晨，阳光明媚，但是菲律宾却被战争的阴霾所笼罩。日军的两支突击舰队直插吕宋岛北面的各个登陆点。宽阔的洋面上，6艘运兵船的日军士兵在1艘轻型巡洋舰、6艘驱逐舰和3艘扫雷舰的炮火支援下，开始像蝗虫一般蜂拥而上抢滩登陆。麦克阿瑟下令仅存的所有轰炸机向登陆的日军实施空中打击。应当说，这次上帝站在了麦克阿瑟一边，晴好的天气有助于美军飞机的空中行动。只付出极小的代价，美军就击沉了日军的1艘扫雷舰，炸毁其中的3艘运兵船。在滩头上立足未稳的日军士兵只得纷纷泅水逃命，被赶回海上。日本人的此次登陆行动宣告失败。而在另一边，在吕宋岛西北面的海岸，日本人的另一支登陆部队也遭遇了失败。其原因则是气候条件不佳，当天预定登陆的区域大浪滔天，日本人只得暂时放弃了登陆的计划。当然，日本人不会因为一两次不成功的登陆就放弃了其南进战略。两天后，日军在南部的莱加斯皮发动了更大规模的登陆行动，同样遭到了失败。

在菲律宾战争爆发的第一周内，日军总共发动了14次空袭，还组织了一些分散的登陆作战行动,甚至还试图在林加延湾地区登陆,但都被驻菲律宾的美国远东军击溃。但这所有的一切在麦克阿瑟看来,都不过是日本人初步的军事试探,敌人还没有完全显示出其自身足够的力量,不过只是为了保护主要攻击方向的,因此只是日军的局部行动。在这一基本判断之下,麦克阿瑟决定暂时应该按兵不动,因为依照麦克阿瑟的估算,若调派温赖特的北吕宋部队防守阿帕里和维甘,一旦日军主力登陆,他们就没有了退路。他对自己的判断有着盲目的自信,认为日军主力将会在吕宋西部的林加延海湾的某处海滩登陆。因此,麦克阿瑟决定放弃对阿帕里和维甘的防守计划,他下令将部下的陆军分散于整个菲律宾群岛,准备实施"滩头作战计划",在滩头阻击日军。同时,他又下令将吕宋北部山中矿业公司的炸药收集起来,并炸毁所有通往南部的桥梁与码头。在空中力量遭到巨大损失后,作为一名优秀的统帅,麦克阿瑟本该及时反思"滩头作战计划"的可行性,回归到此前的"彩虹-5"计划上,并应该及时将他的部队撤退到巴丹半岛和科雷吉多尔。倘若麦克阿瑟采取了如此行动,他就能够有充足的时间去完成这一计划中最困难的两项任务,在巴丹半岛储备粮食弹药和构筑牢固的防御阵地。当然,麦克阿瑟的性格决定了他不会轻言撤退,他始终坚持战斗的想法。在他看来,未经战斗就主动撤退对自己的人生是一大污点,有损军人的荣誉。或许,在他的内心深处可能还有一丝侥幸存在,期待着奇迹发生。

对于麦克阿瑟将军而言,他的满心期待最后只能化为泡影。无谓的坚持不是好事,而是十足的顽固不化。在一切救援希望都不可能的情况下,麦克阿瑟只得选择接受现实。12月中旬,根据"橙色计划",美国海军主动将主要舰艇撤往新加坡和婆罗洲等地,正在驶往菲律宾增援的护航舰队在得知日本在菲律宾海域部署有强大的舰队后不得不转道开往澳大利亚。这让麦克阿瑟原来的期待彻底幻灭。或许，他还可以说："我这么做是为了顾全大局！"实际上，这是他无奈的选择，而且是他现在唯一的选择，只能被迫接受一直以来被他诟病的"橙色计划"。

12月16日，日军直接轰炸了马尼拉码头。这次轰炸令马尼拉整个陷入了一片惶恐之中。为了安抚马尼拉市民的惊惧心理，在经过深思熟虑的思考后，菲律宾英文报纸《马尼拉先驱报》编辑和发行人卡洛斯·罗莫洛担负起宣传的责任。第二天早上，罗莫洛身着一套借来的军装到远东军总部报到。他的主要任务是要让马尼拉人民了解形势，反驳全城危机四伏的谣言。"让他们了解实情，"麦克阿瑟叮嘱道，"但不要危言耸听。告诉人们真相就行！"

麦克阿瑟现在所面对的局势十分危急，如果日军登陆并进攻马尼拉，那么他别无选择，只能放弃这座城市。只要不给日本人留下马尼拉湾内的军用码头，城市本身丝毫没有什么战略价值。因此，他目前就是要说服自己，最终放弃马尼拉。当然，要撤退的还包括菲律宾政府要员及美国在菲的重要人员。

麦克阿瑟让奎松总统和塞耶高级专员马上转移至科雷吉多尔。对此，奎松十分震惊，他从未想过自己会被迫离开马尼拉。因此，奎松要求直接会见麦克阿瑟。当晚，两人会面时奎松对于要求自己撤离马尼拉的意见十分愤怒。落荒而逃去寻求庇护的政治家，将他的人民抛弃给残忍而贪婪的敌人，这是多么不可接受！因此，奎松对麦克阿瑟抗议道："我要和我的人民在一起，与他们同呼吸，共存亡！"说这话时，奎松透露出坚定与决绝！但是，麦克阿瑟也毫不示弱："总统先生，我知道您这样勇敢的人是会这样回答的。"他告诉奎松，如果马尼拉落入日本人手中，危害的将不只是奎松个人的安危，而是整个菲律宾政府的存亡。他以不容置疑的口吻告诉奎松："我的责任就是保证您的安全。"言外之意不言自明，奎松已经别无选择，只有撤离马尼拉一途！

12月20日，日军在棉兰老岛的达沃登陆。当晚有报告称，日军大型舰队正驶向林加延湾，后经确认这一消息有误。21日傍晚，南中国海深处，亚洲舰队"红鱼"号潜艇此刻正在离林加延湾50海里的海中执行巡逻任务。他们追踪到一支大约由70多艘运兵船组成的日本海军编队，可以肯定，这是日军的主力。

12月22日凌晨，日军陆军本间雅晴中将指挥的日本第14集团军在马尼拉西北180公里的林加延湾东岸发起了进攻。乔纳森·温赖特指挥北吕宋部队的2.8万人抵抗本间8万人的突击部队。温赖特的部队在滩头与日军接火，几乎是一触即溃。训练不良、武器低劣的菲律宾师根本无法抵挡住日军富有作战经验的正规部队。他们向后撤退，狼狈不堪，惊恐万状。数以千计的菲律宾士兵丢掉手中的老式步枪，争先恐后地向山里逃窜。唯一顽强抵抗的部队是那支菲律宾童子军组成的第26骑兵团。战斗持续到第二天，日军的坦克、大炮等重型装备及士兵像潮水一般抢滩登陆。到了中午，日军轻而易举地取得了林加延湾登陆战的胜利。他们就像平时演习一样，异常轻松地向滩头阵地纵深处快速挺进。到傍晚时分，日军所有步兵及半数以上的坦克都上了岸，沿着3号公路向马尼拉进军。

12月22日早上，来自华盛顿的任命下达，麦克阿瑟晋升为陆军上将。得知这一消息后，哈特海军上将致电表示祝贺。麦克阿瑟先是表示谢意，同时回复道："我很高兴恢复了我的军衔。"早在1930年，麦克阿瑟就任陆军参谋长时就被临时授予陆军上将的军衔，因而有此一说。这句话一方面说明对于这一升职，麦克阿瑟早已成竹在胸，同时也反映出此时的麦克阿瑟复杂的心理，毕竟现在的战场形势实在令人高兴不起来！当天，麦克阿瑟办公桌上的电话整整响了一天，战地指挥官们不断地汇报前线战事进展情况。电话间隙，麦克阿瑟便在办公室内垂头踱步，整个人显得神情焦虑，满脸布满了皱纹，脸色也白得吓人。

12月23日清晨，在得知日军从林加延湾登陆后快速向内陆挺进的消息后，麦克阿瑟才不得不接受失败的现实。他立即给陆军部发了一封急电，其中透露出一定的悲观情绪，但他仍没有认输。他估计入侵的日军大约在8至10万人左右："我方在吕宋岛仅有约4万军队，且装备不足……兵力悬殊迫使我方败退……退守到巴丹半岛的最后防线，从而保卫科雷吉多尔岛……我准备撤走高级专员并转移（菲律宾）政府，固守科雷吉多尔。"来自林加延湾失利的消息不断地从前线传到远东军总部，但不到最后一刻，麦克阿瑟不愿意接受失败的结果。他要继续抵抗下去，坚持到救援部队的到来。

当天一大早，麦克阿瑟不顾个人安危，急匆匆赶往位于林加延湾的前沿阵地，打算亲眼看看日本人是如何轻而易举地就能够向马尼拉推进的。还没等到麦克阿瑟进入指挥所，就响起了温赖特将军疲惫而嘶哑的嗓音。经过一天紧张、激烈的战斗，温赖特已经明显消瘦下去。他四处奔走，企图力挽狂澜，但是却无济于事。在见到麦克阿瑟的一刻，温赖特抑制不住自己的情绪，冲动地向他的顶头上司抱怨着，他的部队几乎没有一支能够完全机动的，战前没有一个师或一支部队集合起来进行过训练。目前，自己部队中的多数菲律宾士兵没有钢盔，没有挖掘战壕的工具，没有毛毯等基本的步兵装备，简直就是一帮乌合之众。说到这里，温赖特几乎是在乞求，请麦克阿瑟允许他把唯一的美军师顶上去！麦克阿瑟没有松口，眼前的形势容不得他不格外慎重，在目前的局面下，作出任何一项决定都是十分困难的。

回到司令部的麦克阿瑟面对着作战地图上显示出的敌我双方态势，心里平添了许多的无奈与苦楚。他心里比谁都清楚，帕克将军指挥的南吕宋部队比起温赖特的北吕宋部队还要差，只有两个菲律宾民兵师，根本无法抵挡日本人的进攻，从这里突入的日军将会更快速地向马尼拉进发。显然，本间雅晴的战略意图已经十分明了，他发起的两个钳形攻势是要把麦克阿瑟的远东军合围后歼灭。麦克阿瑟意识到，要避免被日军消灭，出路只有一条，那就是迅速向巴丹和科雷吉多尔撤退。

形势已然极其严峻，吕宋岛已经无险可守，马尼拉注定失陷。麦克阿瑟当机立断地决定执行撤出吕宋岛的"橙色行动"计划，该计划是原有的"彩虹-5"计划的一部分。基于对战略形势的预估，麦克阿瑟预见到一旦马尼拉失守，日军就会从两个方面向中央平原地带推进，以压缩自己的战略空间。在此情况下，自己必须把部队撤到巴丹半岛，最大限度地利用美军的机动性，争取赢得一些主动权。根据"橙色行动"计划的安排，温赖特从北方的林加延湾到南方的巴丹半岛的各条战线上，对南下的敌人进行阻击，这是整个撤退计划的关键。温赖特将被打得七零八落的残余部队重新集合起来，沿途设置起五道临时防线，边战边退，边攻边守，为工兵部队炸毁桥梁、设置路障、破坏道路、阻断交通等争取时间，从而更有效地延滞日军的推进速度。以此为掩护，琼斯的南吕宋部队可以从马尼拉和中央平原地带撤退到巴丹，筑起防御工事，使部队有栖身之所。在这里，美菲军队可以充分利用对地形熟悉的优势，同日军进行周旋。23日上午10点，麦克阿瑟首先命令南吕宋部队撤至巴丹半岛。这样，南部的战斗还没有打响就结束了。同时，开始着手准备于当日晚间将远东军司令部迁到科雷吉多尔岛。

12月24日凌晨，日军又向吕宋岛投入了7000精锐部队，在距离马尼拉东南110公里的拉蒙湾强行登陆。小乔治·帕克准将指挥南吕宋部队和1.6万民兵投入战斗。这些民兵根本不是日本人的对手，很快溃退下来。日本人得以迅速向马尼拉推进。

巴丹！巴丹！

12月24日傍晚，西方传统的圣诞节平安夜，麦克阿瑟新任随从副官锡德尼·赫夫奉命到马尼拉饭店接麦克阿瑟的妻子琼和儿子小亚瑟撤离马尼拉。

晚上6点，距离渡轮出发还有一个小时，麦克阿瑟来到罗莫洛的办公室，低声地告诉他，自己马上就要离开，去科雷吉多尔建立新的美军前方指挥部。他告诉罗莫洛，副参谋长理查德·J.马歇尔会暂时留在马尼拉，罗莫洛也要留在这儿以处理新闻事宜。他交给罗莫洛一个密封的信封，告诉对方这封信只能在接到命令时打开。然后，麦克阿瑟紧紧握住罗莫洛的手，以低沉的语气反复强调："我会再回来的，卡洛斯。"他回到自己的办公室，仔细地环顾了一圈，然后同萨瑟兰一起快步离开。临走前，麦克阿瑟对萨瑟兰说："好了，迪克，我想我们该走了。这里我们已经没什么可做的了。"他们乘车穿过浓烟滚滚的院子离开了，身后的院子中央的一堆大火正在吞噬着成千上万的机密文件。7点刚过，麦克阿瑟一行乘坐的"唐·伊斯特班"号渡轮出发了,向着科雷吉多尔岛驶去。这一切都像在做梦一样,失败的情绪在渡轮的上空弥漫着。麦克阿瑟独自一人坐在休息室内,双手抱头,沉浸在深深的难以抑制的悲痛中。这是他从军以来最为伤感的一刻吗?对于拥有着骄傲与强烈责任感的将军而言,失败是不可接受的!无疑,这将是他军事生涯中的一大污点。

科雷吉多尔岛是距马尼拉仅30海里的蝌蚪状小岛,位于马尼拉湾内,长约4英里,距巴丹半岛南端不过2英里。该岛的西端是马林塔山,麦克阿瑟在山中修了一条长达1500码的坑道,既高又宽。山顶是一个小城堡,旁边建有阅兵场、营房和六七座军官住房,这个地方叫"上坡"。麦克阿瑟一家住进了一栋小而舒适的白房子里,他的办公室则在混凝土营房边上的一侧。12月26日,麦克阿瑟向留在马尼拉的罗莫洛发布命令,让他打开撤退前留给他的那封密封的信件,并公布其内容。信件的内容是麦克阿瑟于12月22日拟就的一个声明,它向全世界宣布:马尼拉为不设防城市。这么做的唯一目的,就是在明知马尼拉防御已经不可能的情况下,为了尽可能地减少日军对马尼拉的蹂躏与屠杀。在声明中,麦克阿瑟强调:

为使马尼拉地区免遭空中或地面攻击的毁坏,特此宣告马尼拉为一个无军事目标特征的不设防城市。为了不给予可能产生的错误以任何借口,美国高级官员、共和国政府和所有的军事作战设施都必须以最快的速度撤出它的城区和市郊。市政府连同它的保安部队和警察将继续行使职责,使生命和财产得以保护。市民必须服从当局的管理并继续进行正常的业务活动。

日军占领马尼拉，大量盟军士兵被俘

最初的一周，日军向马尼拉推进的速度相当缓慢，这使得麦克阿瑟仍可以与马尼拉之间保持着电话与定期往返的渡轮联络。日本人没有想到麦克阿瑟会主动选择撤退，本间雅晴还准备在吕宋中央平原上与麦克阿瑟展开一场大战。后来盟军缴获的日本大本营的文件中有这样的记载："这是一次优越的战略行动。我们没有料到美军向巴丹的撤退，故未放进计划里。当时认为决定性的战斗将在马尼拉进行，麦克阿瑟将军在马尼拉周围重要地区的部署，将尽力长期坚守此城。因此，这次作战出乎我们的意料之外，使我方非常惊讶。我军司令部未能对这种情况立即采取应对措施。"显然，日本人打算为控制马尼拉而进行决战，却没有料到麦克阿瑟会主动撤走，这一意外行动打乱了日军在太平洋上的作战计划部署。

自日本人发动空袭菲律宾以来，战局始终处于日本人的掌控之下。与本间雅晴相比，麦克阿瑟实在是输得够惨。但是，拥有着曾经出任过美国陆军部总参谋长经历的麦克阿瑟更善于从战略全局的高度运筹帷幄，筹划整个战局的布局。现在，他在助手们的协助下，巧妙地实施着由他精心设计的号称"远东敦刻尔克大撤退"计划。当然，现在执行这个计划，更加困难重重。面对步步进逼的强大敌人，部队要撤离，后勤部队要向巴丹运送足够部队几个月所需的食物和弹药。这些任务都得在日军轰炸机的弹雨下急速完成。虽然任务艰巨，但必须争分夺秒地实施。出乎预料的是，这一计划的第一部分——撤离部队，竟获得惊人的成功。尽管日本人紧追不舍，在整个撤退过程中美军的损失并没有想象中的那样严重。一共有8万美军和菲律宾部队安全地撤退到了巴丹半岛，还有2.6万菲律宾难民也转移到那里。退守巴丹半岛看似是一个无奈之举，但却是麦克阿瑟在指挥菲律宾的防御战中所做的最为正确也是最重要的决策之一，而且也可以说是整个太平洋战争中的关键性的选择。这使得美军有了转圜的余地，休养生息，重新在澳大利亚组织起有效的防御。历史学家认为这是一次"英明"的行动。麦克阿瑟后来在回忆录中掩盖了对实施这一计划的延误，只说："向巴丹撤退的决定是我做出的最重要、最关键的决策之一。"

对于能够成功撤退至巴丹半岛，麦克阿瑟无疑是非常骄傲的，因此，才有了上述回忆录中的表述。但是，麦克阿瑟似乎高兴得太早了，由于撤退的命令下得太晚，错过时机，致使运送粮草的行动十分仓促，原本足够部队食用5年的稻谷被迫丢弃。结果巴丹守军到达时，发现那里只有很少的粮食、弹药和药品。1942年1月5日，麦克阿瑟不得不命令他的部队只发一半的口粮。

12月29日，日军飞机空袭科雷吉多尔岛。据赫夫回忆，那天听到空袭警报后，琼抱起小亚瑟就跑到住房附近的坚固掩体里去了。麦克阿瑟无所畏惧地待在院子里，站在住房附近，数着日军飞机的架数。麦克阿瑟一家住在"上坡"营房的一套房子被夷为平地。后来，麦克阿瑟一家搬到"下坡"的营房里去住，距马林塔地道入口约1.6公里，麦克阿瑟的司令部就设在那里。每遇空袭，琼和小亚瑟都是乘吉普车从住处到防空地道躲避。有一次，麦克阿瑟正在家中办公，日机又来空袭，子弹穿过窗户打到他身边的墙上。副官慌忙冲进来请他出去躲避。看到副官进来，他若无其事地问道："有什么事？"副官惊魂未定，傻里傻气地说："谢天谢地，将军，我还以为你已被打死了。"他回答说："还没被打死，谢谢你进来看望。"这沉着的语气有一种令人敬畏的气势，也在很大程度上稳定了军心。奎松总统得知此事后，立即给他写了一封信，劝他要对人民和军队负责，不要冒不必要的风险，以防不测。后来麦克阿瑟说："在战争期间，必须与部下共同分担突然死亡的风险，这样才能在官兵之间结成患难与共的兄弟关系。"

12月28日，马歇尔通知麦克阿瑟："（罗斯福）总统已亲自命令海军尽一切支援你。请放心，陆军部也将全力以赴，在远东以最快速度建立具有绝对制空权的空中力量。"得知这一消息后，麦克阿瑟情绪高涨起来，似乎看到了胜利的曙光。次日，罗斯福总统发来了更鼓舞人心的电报，其态度乐观、坚定，以不容置疑的口吻说道："我向菲律宾民众庄严地保证，菲律宾人民将重获自由……全美国人民都会遵守这一承诺，以美国所有的资源为后盾……美国海军正在与日军进行一场激烈的、计划周详的大会战，这将形成保卫菲律宾的有利态势。"

后来，马歇尔将军建议用潜艇把琼和小亚瑟从科雷吉多尔撤出。麦克阿瑟和妻子琼商议此事，但她拒绝离开。于是他给马歇尔复电："我和我的家庭将同守岛部队共命运。"不久之后，麦克阿瑟把一支只有巴掌大的小手枪拿给赫夫看，这正是他父亲在菲律宾时使用的手枪，但没有这种子弹了。副官赫夫费了很大的劲儿才帮着找到两粒合适的子弹。"谢谢！"麦克阿瑟对他说，"锡德，这样他们就不能把我活捉了。"

自珍珠港事件以来，日本人在不到一个月时间里无所顾忌地向南横扫关岛、威克岛、马来亚半岛、中国香港和新加坡。日本人还摧毁了麦克阿瑟的空军，并于1942年1月2日攻占了马尼拉，使麦克阿瑟在巴丹半岛的地面部队处于孤立无援的境地。现在，以棉兰老岛为跳板，日军把进攻的矛头指向菲律宾以南的婆罗洲、爪哇和苏门答腊。美国及其盟友们在太平洋战场已经输得所剩无几。

在一些人看来，现在太平洋诸岛上唯一值得关注的大约只有一个此前一直名不见经传的巴丹半岛了。这里已经成为麦克阿瑟阻挡日军向太平洋进军的唯一屏障。巴丹半岛位于马尼拉湾与苏比克湾之间，是吕宋岛向南突出的一个半岛，是扼守马尼拉湾的要塞。整个半岛呈西高东低之势，是一个易守难攻的地方。半岛北部是一片狭窄的丘陵起伏的丛林，纳蒂布火山横卧其中，将半岛与吕宋岛分隔开来，给半岛守卫形成了良好的屏障。巴丹半岛与南端的科雷吉多尔岛前后簇拥在马尼拉湾入口处的一侧，从地形上有效地控制着马尼拉。麦克阿瑟根据地形特点及兵力情况，将驻巴丹半岛的部队重新整编，分成左右两支防御军团：由温赖特指挥的北吕宋部队改编为第1军，负责左翼环形防线，仍由温赖特指挥；原南吕宋军改编成第2军，由帕克指挥，负责右翼作战。

对于巴丹半岛上被围困的部队，华盛顿发表声明说，已经进行了积极的援助。高级专员塞耶在对菲律宾人民的广播讲话中说："援助正在到来，援助的力量是足够强大的，必须把侵略者从我们的国土上赶出去……"麦克阿瑟十分相信这些声明，他在1月6日巡视巴丹半岛时，对部队说："援助肯定无疑地正在到来。我们必须坚持到援兵的到来。"

实际上华盛顿虽然对巴丹也采取了一些增援措施，但是效果是小得可怜的。事实上，华盛顿方面已经在思想上放弃了巴丹半岛上的守军。

1942年1月9日，在麦克阿瑟紧锣密鼓地调兵遣将之际，本间雅晴已经迫不及待地发起了攻势，本间下令从台湾新调来的日军第65步兵师团向巴丹半岛发动进攻。但是，第65师团指挥官奈良过分自信，对于战斗的严酷性缺乏估计，对自身兵力劣势判断发生偏差，更低估了麦克阿瑟的力量。65师在向纳蒂布山山梁上的阿布凯发动冲锋时，遭到了美军猛烈的炮火袭击，最终不得不沮丧地败退；另一个企图从侧翼迂回到美军防线后方发动突然袭击的团陷于热带丛林中难以自拔长达一周之久。这是日本人自挑起战争以来，在陆上进攻中遭到的第一次失败。日本人开始意识到麦克阿瑟持久抵抗的影响，日本历史这样记述道："有一种影响，一种精神上的影响，是从巴丹的抵抗中发挥出来的。它不仅使（日本）国内普遍担心美国的抵抗会持久，而且也表明美国人没有抛弃他们，而且会继续援助他们。"

本间雅晴不甘心此次进攻的失利，他想运用心理战取得战场上未能收获的胜利。第二天，麦克阿瑟收到日军司令部的一封信："你的末日将临，你心中清楚。你们的给养严重缺乏，不能坚持多久了。你的部队一直在英勇作战，我钦佩你本人和你的部下的斗志。你的声誉已经保住了。为了挽救你的防线，避免不必要的流血，我奉劝你投降。"对于这封劝降信，麦克阿瑟不予理睬。眼见心理攻势未能奏效，本间雅晴于1月12日大举进攻帕克的部队。残酷的战斗中，菲律宾民兵第51师土崩瓦解，停止了抵抗。一个星期以后，日军以同样猛烈的攻势攻打温赖特的防区，菲律宾部队的一个营被打得七零八落，但其他部队仍然在坚持战斗。到1月20日，萨瑟兰到前线视察时，巴丹半岛上的部队显然坚持不住了。他建议向半岛中部撤退。到1月26日，部队完成了这次艰难的行动。这条防线部署就绪后，麦克阿瑟打电报给马歇尔，表示他的部队将"奋力全歼进犯之敌"。

  日本人虽然仍在向前推进，但其攻势减弱。显然，日本人大大低估了美菲联军的实力和顽强的战斗意志。经过一个多月的艰苦战争，日军已精疲力竭了，本间的后勤供应也出现了很大困难，正准备要求东京派遣增援部队。后来，本间透露，当时他正在考虑放弃战斗，避开巴丹半岛继续向南推进。在此后的近2个月中，巴丹战场上呈现出诡异的平静状态。由于巴丹半岛的暂时性胜利，麦克阿瑟又恢复了他一贯的乐观情绪，有点飘飘然。他兴高采烈地宣称，日本人的进攻被制止了。不仅仅是麦克阿瑟，一直以来被珍珠港失利阴云所笼罩的美国国内也在欢呼雀跃。罗斯福总统得知消息后，发来热情洋溢的贺电："对于你的顽强抵抗，我从公私两方面都表示庆贺。关于各位的光辉业绩，我将念念不忘。谨向你们表示由衷的敬意，并预祝你们今后取得成功。"陆军总参谋长也来电表达自己的欣喜："你与你的部下陆、空军的官兵们不屈而有效的战斗，给予美国国民以非常的感动，并使我们增加了对你指挥能力的认识。我们正在做着一切努力，总统、陆军部长，还有美国公民们对你阻挡日军的抵抗，深受感动。对于你做出的新的兵力部署，我予以认可。昨天，总统已明确告知海军支持你。空军将以最快的速度在远东建立空军，夺取制空权，请你放心。"

麦克阿瑟在巴丹半岛和科雷吉多尔岛的顽强作战不仅挫败了日军南进的计划，而且赢得了美国人民的敬仰，人们理所当然地把麦克阿瑟视为英雄，因为相对于整个战局而言，唯一令人稍感安慰的也只有他的远东军给予日军以痛击，并以可怜的军事力量拖住了日本人，这无疑是一大胜利。因此，麦克阿瑟在国内的地位不断上升，甚至说如日中天也毫不夸张。一些国会议员在激动之余，向当局提出将麦克阿瑟调回国内以担任陆军最高指挥官。

罗斯福总统和陆军部也在考虑麦克阿瑟的去留问题。为了加强西南太平洋地区的军事力量，加强新几内亚和澳大利亚的防御，以确保澳大利亚这一反攻基地，罗斯福总统和马歇尔一致认为有必要组建一个司令部并任命一位强有力的将军担任盟军总司令。在马歇尔看来，这个职位的不二人选当然应该属于麦克阿瑟。虽然罗斯福并不怎么喜欢麦克阿瑟，但鉴于他在战场上的卓越表现及马歇尔的极力推荐，罗斯福最终认识到牺牲这位众望所归的英雄，在远东战场形势危急的背景下，需要冒很大的政治和军事风险，所以决定接受这一建议。麦克阿瑟用他的英勇无畏赢得了一个证明自己军事指挥才华的机会，担任盟军总司令无疑是他人生中非常关键的转折点，是其军旅生涯迎来又一个高峰的契机。在担任盟军总司令期间，麦克阿瑟始终不忘自己的荣誉与责任，谱写了许多极具传奇色彩的篇章，为其军旅生涯添光增彩。

虽然在对抗日军的战场上取得了一定的成效，但局势却一点儿也没有改善。麦克阿瑟眼前还面临着一系列灾难性的危机。除了战略物资的匮乏、日军的威胁与日俱增外，更令麦克阿瑟忧心忡忡的是最高统帅部的种种允诺变为一纸空文。这不仅令原本信心满满的麦克阿瑟都怀疑自己的坚强是不是装出来的，更严重的问题是巴丹守军的信心倍受打击，失败感笼罩在每一个人的心头。在此背景下,身患肺病住在地道里的奎松总统因失望而对罗斯福总统越来越感到气愤:他允诺的援助在哪里?如果注定是要失败的,还有什么必要为抵抗日军入侵而牺牲那么多同胞?于是,奎松和他的内阁于2月8日起草了一份异乎寻常的决定:美国当局应当立即承认菲律宾完全独立;实现菲律宾中立化;与日本达成协议,日本和美国的部队都从菲律宾撤走;菲律宾陆军予以解散。

麦克阿瑟收到奎松的文件后,同高级专员塞耶进行了紧急磋商。塞耶认为,如果美国的援助"无法到达,或不能及时到达而发挥作用",那么不排除奎松的建议"是一条正确的解决途径"。麦克阿瑟把奎松的决定和塞耶的观点电告罗斯福,并汇报了巴丹-科雷吉多尔的严酷形势:"由于我没有空军或海军的支援,我这个司令部随时都有可能被摧毁。你要尽快做出决定,是采纳奎松的权宜计划还是要我继续坚持战斗,来进一步执行阻击任务……"一封接一封的电报飞越太平洋,向华盛顿发出了强烈的呼吁:菲律宾战场正在十字路口,要么战,要么和。这些电报在华盛顿引起了强烈的震动。当时美国的一家报纸形容,这些电报就"像一颗炸弹一样落在了罗斯福总统和(陆军部)史汀生部长的办公桌上"。罗斯福总统立即回复麦克阿瑟和奎松,拒绝了这个方案;但是,他同意菲律宾部队在必要时可以投降。对麦克阿瑟,罗斯福命令他坚守誓言,只要还有抵抗的可能,美国部队就不要投降。麦克阿瑟答复说,他根本就没有投降的念头:"我打算在巴丹岛战斗到底,在科雷吉多尔也这么做。"

后来有人分析说,麦克阿瑟实际上是想通过转送奎松的电文,来逼迫华盛顿方面尽快运送必要的补给品。

巴丹，我还会回来的

此时，种种迹象显示，巴丹是太平洋战场的一个磨盘。随着局势的变化，华盛顿认为巴丹半岛上的形势已无希望，陷落只是个时间问题。第一个迹象是海军部长金海军上将接到了命令，要他解散有价值的"卡斯特"密码破译分队，拆除科雷吉多尔岛上的全部装备和机器；第二个迹象是华盛顿建议把军政领导人员（及其家属）都撤离科雷吉多尔。罗斯福建议麦克阿瑟在最后时刻到来之前，把妻子和儿子转移到安全的地方。麦克阿瑟回电说，他同意把奎松和塞耶以及他们的随员送走，但他自己拒绝离开。他把总统的建议转告给妻子，琼断然拒绝，她对丈夫说："我们一家三口人同饮一杯水，永远也不分开。"她也不愿把小阿瑟送走。麦克阿瑟给华盛顿发电报说："我非常感激把我的家属也列入这个名单，但我们已经决定与守岛部队共存亡。"

经过详细讨论后，马歇尔和罗斯福都认为，身为上将的麦克阿瑟在美国拥有很大的影响力，一旦落入日军手中，将会对美国的政治和军事造成恶劣的影响,而且对美国人民的信心也会带来巨大的冲击。于是,罗斯福在2月8日以国家的名义,命令麦克阿瑟及其家属撤离菲律宾,并允诺让麦克阿瑟到澳大利亚担任盟军总司令指挥反攻。面对这一命令,麦克阿瑟十分抵触。在此时撤离无异于临阵脱逃,发誓要与士兵共存亡的麦克阿瑟承担不了背叛的痛苦,而且也会让一直视荣誉为无上崇高的麦克阿瑟颜面尽失。2月22日,罗斯福直接下达了撤离科雷吉多尔的命令。麦克阿瑟回电说同意撤兵,但要求推迟撤离日期,以免因自己的匆忙撤退而造成军中的混乱。

按照撤退计划,奎松偕同他的家人和副总统等人,早于2月20日已经乘"旗鱼"号潜艇撤离。"旗鱼"号潜艇返回后,又将高级专员塞耶一家及随行人员送到澳大利亚。

麦克阿瑟决定3月11日乘着夜色乘鱼雷快艇离开。虽然部下建议麦克阿瑟乘坐潜艇离开,但他却不愿乘潜艇,而是决定乘鱼雷快艇撤离,他的决定显得十分不可理喻。这种铤而走险的选择吓坏了随员们,大家都在想方设法说服他不要乘鱼雷快艇。可是,麦克阿瑟是个根本听不进劝说的人。他要冒险用鱼雷快艇去冲破日军的海上封锁线,以证明冲破敌人的封锁是多么轻而易举。这种撤退方式一旦成功,必然会使美国海军陷入难堪的境地。后来有人说,这是麦克阿瑟为使美国海军难堪而故意要的花招:请看,我冲破日军封锁是多么容易!你们海军为什么就不能把补给品运进来呢?

随着撤退时间的临近,麦克阿瑟的情绪越来越低落。10日上午,麦克阿瑟和温赖特将军进行了会面。他首先给温赖特解释他要走的原因:"根据总统的一再命令……事已至此,我要么服从,要么离开陆军。我想让你告诉所有的人,我是在不断抗议下被迫离开的。"这些话听起来虽然有些夸张,但也基本符合事实。温赖特安慰他："当然，我会的，道格拉斯。"麦克阿瑟接着说，他将继续指挥菲律宾的战斗，只不过是从澳大利亚重新开始。"如果我能顺利到达（澳大利亚），我将尽力率领更多的人马尽早打回来！"麦克阿瑟最后向温赖特保证道。"你会顺利到达的。"温赖特答道。

"我还会回来的！一定会！"麦克阿瑟语气坚定地表明自己的决心。历史也将证明，麦克阿瑟给自己定下的誓言，他将用实际行动来守护。

1942年3月11日傍晚，鱼雷快艇指挥官约翰·巴尔克利将PT-41号鱼雷快艇开进了科雷吉多尔港。甲板上高高地堆放着备用的汽油桶。温赖特来到码头同麦克阿瑟等人告别。麦克阿瑟走后，巴丹和科雷吉多尔的部队由他指挥。同温赖特的告别场面令人感到心酸。两人握过手，麦克阿瑟将一盒香烟和两瓶刮脸膏作为礼物送给温赖特。他再次重复了头一天的话："我还会回来的！（乔纳森）你得在这里坚守。"然后，麦克阿瑟举起他的软式战斗帽，向送行的人致意告别，便登上了鱼雷快艇。PT-41号鱼雷快艇上的乘客一共有9人：麦克阿瑟、琼、小亚瑟、阿珠、赫夫、萨瑟兰和其他三名军官。他们都在拥挤的快艇后部安顿下来。巴尔克利启动发动机，驾艇启程。

这是一个漆黑的夜晚，这对于撤离行动无疑是十分有利的。鱼雷快艇高速航行在茫茫的大海上。因为小亚瑟和阿珠占了铺位，麦克阿瑟和妻子只得坐在下层后舱木地板上。赫夫回忆说鱼雷快艇像"软木塞"一样在海面上颠簸着。除琼和赫夫之外，其他人都或多或少晕船，弄得狼狈不堪。一路上，麦克阿瑟竭力想减轻自己的负罪感，这难道不是一次可耻的逃跑吗？回忆起近20年来自己的人生经历，仿佛像做梦一般，有荣耀，更有痛苦。在漫长的20年岁月中，自己殚精竭虑，始终为祖国的荣誉而不懈努力，为此他远离故乡，在菲律宾奋战。但是，美国政府却没有给予他足够的资金、支持和理解，什么都没有。这是多么令人悲怆！想到此，他实在无法排解自己的负面情绪，只好找来赫夫，向他倒苦水。后来，赫夫回忆说，那天晚上他经历了一生中"最不可思议的两个小时"。大约在午夜时分他刚打了个盹，麦克阿瑟把他叫醒了，滔滔不绝地同他说了两个多小时。麦克阿瑟回顾了近 6 年来在菲律宾的工作情况，他为加强防御力量所做的努力，战争的爆发和吕宋的抵抗运动。他大概"把想到的话都说出来了"。赫夫回忆说，此事"有点离奇"，"很富于戏剧性"，"很使人伤感"。"他一定是认为自己被人们从顶峰上推了下来"。

当和赫夫谈到此次自己不得不奉命撤离科雷吉多尔时，麦克阿瑟的情绪几近失控。当意识到自己的失态时，麦克阿瑟有点儿不自然地对赫夫致歉。不过，在他们谈话的最后，麦克阿瑟显现了他一贯的不服输的神情，对赫夫说，他一定会再回到菲律宾的。赫夫注意到，他的顶头上司在说这句话时，面色紧绷，像岩石一样坚毅。

麦克阿瑟一行避开了日军巡逻舰的重重封锁，在海上颠簸了 35 小时后终于安全到达棉兰老岛的卡加延。麦克阿瑟在离开 PT-4 鱼雷快艇前，一再感谢负责此次撤离行动的指挥巴尔克利．"指挥员阁下，是你救了我的命，我将终生不忘。"然后他又对巴尔克利表达自己的决心："你会接到夏普将军的命令，在棉兰老岛北部水域打一场对抗日本帝国的防御战。"驻棉兰老岛空军司令威廉·夏普准将为麦克阿瑟一行接风洗尘，并准备了丰盛的酒菜以示庆贺。

在卡加延等待救援飞机期间，麦克阿瑟得知奎松总统就藏在附近的内格罗岛，不禁大惊失色，立即派人给奎松送信，催促他到棉兰老岛以便和自己一起撤退到安全之所。可是，奎松却固执地不想遵照麦克阿瑟的意见到棉兰老岛来。无奈之余，麦克阿瑟只得再次写信，告诉奎松："美国正在调集军队进入南太平洋地区，那时肯定会有一次大规模的向日军进攻的行动。部队将在澳大利亚集结……这些部队将迅速集结起来，并希望他们赶在巴丹—科雷吉多尔的形势恶化前进行一次大规模的突进……当你接到此信时，我已经赶赴澳大利亚。我希望你和你的全家跟我一起到那里去。"这次麦克阿瑟直接委托巴尔克利送信，并强调此行只许成功不得失败。"不管你如何做到，"麦克阿瑟说，"一定要成功！"巴尔克利顺利地完成了使命，几天后他带着奎松来见麦克阿瑟。当然，他之所以能不负重托地完成此次任务，多少有点儿像在进行一场"绑架"行动。

在离开棉兰老岛后，麦克阿瑟等人乘坐飞机辗转飞往达尔文机场。在快飞到澳大利亚时，麦克阿瑟得到消息，说日军飞机正在空袭达尔文机场。于是，飞机只得临时调整航向，调头飞往距达尔文80公里的巴切勒机场。飞机于3月17日9点30分着陆，随后他们转乘火车，前往本次行动的目的地——位于澳大利亚南部的墨尔本。在乘坐火车途中，应记者的要求，麦克阿瑟发表谈话：

"美国总统命令我冲破日本人的防线，从科雷吉多尔岛来到澳大利亚。就我所知，总统是要我在此组织美军对日本的反攻，主要目标就是救援和解放菲律宾。现在我出来了，我还会回去的！"

麦克阿瑟一生中说话无数，有时甚至还会夸大其词，但这一句却是最具号召力的话。这句话包含了太多的复杂情感，对他的部下，对菲律宾，甚至是对日本的强烈憎恶。他当然会回去，而且一定会回去。他必须反败为胜，拯救他的士兵，解放菲律宾，战胜邪恶。"我还会回来的！"也成为第二次世界大战中的一句名言和鼓舞士兵的战斗口号。它被写在海滩上、涂在墙壁上、打在邮件上，日益成为将士们心中的寄托。不仅如此，这句话还在教堂、修道院里广泛传诵，成为世界人民不屈服于法西斯战争恐怖的一种巨大的怒吼。也正是在这样的信念支撑下，麦克阿瑟强烈渴望着胜利，他要回去，回到巴丹，回到马尼拉！

　　麦克阿瑟成功撤离科雷吉多尔的消息不胫而走，立即成为人们谈论的中心，更是成了"二战"期间一个鼓舞人心的故事。当时是美国历史上暗淡的时期，军事上一事无成，麦克阿瑟竟然耍弄了狡诈的日本人，使大家感到很兴奋。再加上罗斯福授予他荣誉勋章，更给他的事迹增添了光彩。

第二章

移师澳大利亚

刚到澳大利亚，麦克阿瑟就迫不及待地着手研究马歇尔在电报中所说的组建一支强大的陆军的提议。早在1942年1月，马歇尔就在一封电文中提到要将部队扩充至4万人。这些电文令麦克阿瑟倍受鼓舞，他曾信心满满地让夏普的部下们相信一定会打回到棉兰老岛去："我会帮助你们的。"

在墨尔本火车站，当地群众把麦克阿瑟视为救星一样热烈欢迎。麦克阿瑟受到现场气氛的感染，向澳大利亚人民发表了激动人心的演讲："我很高兴和澳大利亚人民直接合作。早在第一次世界大战中，我就已经深深地了解了澳大利亚战友，真诚地敬重你们。我相信我们共同的事业一定能取得胜利，最终战胜敌人。对于这一点，我深信不疑。但是，在近代战争中要想获得成功，需要比勇气更高的牺牲精神，需要更充足的物质准备，才能拥有抵抗敌人的强大战斗力。将军不打无准备之仗……我希望贵国政府给予我信赖和支持。不论怎样，我都将尽力而为，忠于军人的职守。"麦克阿瑟的到来，给澳大利亚带来了希望，改变了这个国家的气氛。美国驻澳大利亚大使纳尔逊·T.约翰逊对这种变化感到震惊。"将麦克阿瑟派到这儿来真是一个天才的举动……他让低落的士气重新振作起来……"此次墨尔本之行，令麦克阿瑟坚定了必胜的信心，他的情绪也基本得到了平复。

失败将军的落魄

到澳大利亚后的最初一段时间，是麦克阿瑟一生中倍感消沉的日子。虽然华盛顿方面为了表彰麦克阿瑟在菲律宾的英勇作战，特授予他国会荣誉勋章，这是麦克阿瑟等了28年才得到的最高奖赏。麦克阿瑟和他父亲一样，都获得了国会荣誉勋章，这种父子都获得同一荣誉勋章的事，在美国历史上是绝无仅有的。可实际上，在荣誉与名望的背后，麦克阿瑟的内心正在忍受着烦恼和痛苦的煎熬，这些都是不被他人所了解的，就像有一只蛰伏在他体内的小虫子，时刻撕咬着他的灵魂。他的内心倍受折磨，撤退一直都是他内心深处无法愈合的伤疤。麦克阿瑟经常会给他所能见到的每一个人谈起巴丹，因为巴丹既是失败的象征，也是他誓言返回的承诺。在一个视荣誉比生命更重要的人看来，承诺就意味着责任。因此，麦克阿瑟必须担负这样的责任，而不是逃避。

麦克阿瑟满怀希望地来到澳大利亚，期待着能从这里率领一支强大的陆军和空军，打回菲律宾去，解救被围困在巴丹和科雷吉多尔的部队。但现实却异常冷酷：澳大利亚的军事防御力量本来就薄弱得可怜，只有不到2.5万名陆军和空军人员，而且大部分是工兵和后勤部队，甚至连一个作战师也没有。空军总共只有大约250架飞机，仅有一小部分能用。盟国海军有6艘重巡洋舰和轻巡洋舰，以及美国亚洲舰队的25艘潜艇。这些潜艇都需要彻底检修；艇长和乘员经过4个多月的战斗生活都感到精疲力竭了，大肆吹嘘的所谓超级鱼雷其实根本无用，也使士气一落千丈。当然，澳大利亚也有值得骄傲的军事力量，不过此时都在为其宗主国英国反抗纳粹德国而战：澳大利亚共有4个精锐师在北非，但需要很长时间才能返回本土；澳大利亚装备最精良的皇家空军还在中东，皇家海军精锐部队也在地中海地区。所谓远水解不了近渴，澳大利亚人急需的是同盟国能帮他们的国家脱离险境。

面对这样一支羸弱得连自身都处在危险中的澳大利亚军事力量，巴丹和科雷吉多尔注定是要沦陷了。麦克阿瑟仿佛五雷轰顶，他脸色苍白，双膝颤抖、嘴唇抽搐着，好久说不出话来。后来，他在回顾这一细节时说："这是整个该死的战争中最令人惊骇的消息了！"

"我还会回来的！"的大话麦克阿瑟已说出去了，可现在他这个光杆司令拿什么打回去呢？到时候就有人会称呼他为"坐冷板凳的将军"。新闻记者克拉克·李曾这样写道："当将军发现在澳大利亚的军事力量是那么薄弱，毫无希望援救他在菲律宾的部队时，确实感到大吃一惊。他常常既伤感又无可奈何地说'上帝啊，请救救我们吧'！"

1942年3月中旬，只有700万人口的澳大利亚随时都可能遭到日本人的侵袭，整个澳大利亚上空弥漫着浓郁的惶恐气息。澳大利亚人在面对即将遭受日本人势如破竹的入侵时，失败的命运似乎早就注定。当然，除非美、澳能够即刻采取措施。

此时，日本人除了在婆罗洲、苏门答腊、爪哇和帝汶岛横行外，还占领了澳大利亚的新不列颠。日军以新不列颠为前进基地，继续用武力向西南和东南推进。面对日军的威胁，澳大利亚军事决策者已经准备避敌锋芒，撤退到"布里斯班防线"一带，把澳大利亚约四分之三的领土拱手送给侵略者。针对这样一种失败主义的消极战略，麦克阿瑟是坚决反对的，原因有二：第一，如果真的退守"布里斯班防线"，麦克阿瑟还有营救出他在巴丹的部队的机会吗？第二，它还会造成这样一个令人痛心的现实，即澳大利亚本身也有可能变成另一个巴丹。作为一名久经沙场的将军，麦克阿瑟深知大敌当前，只有坚定信心才能取得最后胜利。

正在麦克阿瑟为澳大利亚局势忧心忡忡之际，罗斯福向麦克阿瑟征询对太平洋战场形势的看法。3月8日，在给总统的回信中，麦克阿瑟详细陈述了自己对太平洋战场形势的分析：

自菲律宾战场溃败，以及缅甸失陷以来，形成了一个新的局面。日军至少有两个以上的师团及在菲律宾的全部空军力量将腾出手来，用作他用。估计敌人会把在马来亚和印度尼西亚的军队组合起来，向他处展开进攻。至今在太平洋未遇到对手的日本海军正在部署新的攻势。日军目前的新动向可能是发动攻击新几内亚以及美国与澳大利亚之间的交通线。一系列迹象都在说明，日军是眼下西太平洋的一个潜在的、凶残危险的敌人。因此，形势有可能进一步恶化。

我认为，日本人不可能大举进攻印度。我个人认为当前最重要的是，我们应该加强澳大利亚和太平洋地区的防御力量。比如，可以维持一支常备的正面防御力量以及一支安全的侧翼部队，以阻击敌人的南进，紧接着就应该进行反攻行动。

从这封信的字里行间，我们可以看到麦克阿瑟向罗斯福的劝谏可谓苦口婆心，目的在于令总统认识到太平洋战场形势的危急与在整个美国国家战略中的重要性。

但是，麦克阿瑟的努力却化为泡影。在3月16日华盛顿召开的一次最高决策会议上，"德国优先"战略再次成为美国统帅部的最佳选择。得知这一消息后，麦克阿瑟原本就十分忧郁的心情更加糟糕。但这还不是最令他沮丧的，还有更令他懊恼的事在后面等着他呢！

在墨尔本，麦克阿瑟一面与澳大利亚政治家和将领们紧急磋商，以制定有效的防御方案，同时也不忘抽时间去购买一份礼物以送给自己的妻子琼——一块新手表，上刻有"献给最勇敢的亲人。巴丹、科雷吉多尔。1942年3月25日。麦克阿瑟"，以此纪念并奖励她在危机重重的10天时间内从科雷吉多尔到墨尔本的3000多英里行程中所表现出来的坚忍和勇气。

3月26日，赫里·C.戈德曼上校驾驶一架DC-3客机将麦克阿瑟送到堪培拉去拜访约翰·柯廷总理和作战咨询委员会。虽然麦克阿瑟与柯廷只进行了一次简短的会晤，不过由于彼此拥有着共同的利益而把他们紧密地联系在一起，他们的会晤取得了圆满成功，达成了"通力合作，坚持到底"的共识。而且通过此次会晤，二人还结交了良好的个人友好关系。当他们达成协议后，麦克阿瑟搂着柯廷的肩膀告诉他："你照顾后方，我来对付前线。"

在会见作战咨询委员会成员时，麦克阿瑟认为日军未必具备对澳大利亚北部发动侵略战争的实力："这些破坏还不足以证明这样的风险。"他预料日军很可能设法抢占澳大利亚范围内的新几内亚岛地区的几个空军基地。他非常坦率地告诉他们，对美国总部的"德国优先"的战，他持反对态度。他说，同盟国现在最重要的目标，应该"是保证澳大利亚的安全"。

当晚，柯廷总理为麦克阿瑟举行了正式宴会。约翰逊大使宣读了罗斯福总统发来的贺电：授予麦克阿瑟国会荣誉勋章。这个消息将整个宴会推向高潮，也令麦克阿瑟为之振奋。向麦克阿瑟授奖的动议早在1月份就由马歇尔将军提出了，最初的意图是为了振奋美国人民的精神。对美国人民来说，麦克阿瑟已经成为国家历史上的最伟大的英雄之一。此刻，在美国人民因珍珠港事件仍然心有余悸时，麦克阿瑟的名字具有一种魔力，其强大的号召力是令人无法忽视的。但在大约两个月后最终向他颁发勋章时，这么做主要是为了对付轴心国的宣传，敌人嘲笑麦克阿瑟是个把自己部队抛向战火而不顾的胆小鬼。

授奖书是由马歇尔根据萨瑟兰提供的信息写就的，他称赞麦克阿瑟"在反对日本侵略军方面表现出的勇敢无畏、坚韧不拔，远远超过了职责对他的要求"，赞赏他建立了菲律宾军队，称颂他鼓舞士气的领导才能，并指出他"全然不顾火力密集和空中轰炸，将个人安危完全置之度外"。

或许麦克阿瑟对于荣誉勋章本身并没有太大的感触，真正令他深受感动的是总统在这样的境况下还能给予自己如此高的赞誉。他站起身，感谢澳大利亚人民以这种方式欢迎他："我感到已经回到了家里。"他动情地以低沉浑厚的语调继续说，"我们决不妥协。不胜利毋宁死。我保证运用我们强大的国家的全部人力物力，献出我的同胞的全部热血。"按理说，这样的保证并不是他有权做出的，但对澳大利亚人来说，这就像可遇而不可求的天赐圣物一样，这正是他们拼命渴望得到的明确的、毫不含糊的保证。

麦克阿瑟的堪培拉之行取得了巨大的成功。但在返回墨尔本时，却发生了一件小小的"意外"，使原本心情很好的将军又被拉回到现实中来。戈德曼驾机将麦克阿瑟送回墨尔本时，可能是想检验一下将军的意志，在接近墨尔本机场时他把操纵杆推到另一边，DC-3宛如失控的洪水一泻千里般从8000英尺的高空向下猛冲，呼啸着冲向跑道。虽然麦克阿瑟仍能保持泰然自若的神态，但下飞机时鼻子却出了血。这说明了此次意外给他带来的危险。

此后不久，麦克阿瑟领导制定了一个积极防御计划，其要点是：把防线推移到巴布亚东部，在新几内亚的欧文·斯坦利岭阻击敌人，即将战场推移到境外，进行保卫澳大利亚的战斗。这个作战计划使人们受到鼓舞，也使军界一些人士感到困惑，因为预定的战区自然条件极为恶劣，实现这个计划的可能性不大。关于这个计划，麦克阿瑟后来写道："这是我最困难、最危险的决定。它后来成为世界上最具战略意义的决定……一切都按着我的预计实现了，澳大利亚因此得救了。"

理论上说，虽然麦克阿瑟已身处澳大利亚，但他仍然是名义上驻菲律宾的美国远东军总司令，负责指挥巴丹、科雷吉多尔和菲律宾其他地区的部队。据此，他也有十分正当而充分的理由要求美国总部保留自己的指挥权。在麦克阿瑟看来，如果把指挥权交给负责巴丹前线的温赖特，一旦温赖特迫于无奈而投降时，后果将是灾难性的——温赖特获得全菲律宾的指挥权，他就有权下令让美国在整个菲律宾的所有部队投降。反之，只要麦克阿瑟还掌握着全部指挥权，温赖特就只能让巴丹和科雷吉多尔的部队投降，而菲律宾群岛的其余部队还能继续坚持战斗。这无疑是对日军的一大威胁。但是，华盛顿显然不赞同麦克阿瑟的假设，或者干脆直接就对麦克阿瑟不予理睬。1942年

3月20日，陆军参谋长马歇尔背着麦克阿瑟在一份发给温赖特的电文中，直呼他为"美国陆军远东军总司令"。当麦克阿瑟得知此事之后，向马歇尔提出了强烈抗议，继续陈述他的观点。但马歇尔并不接受，而是电告麦克阿瑟"并没有把他解职"，只是认为他远在澳大利亚遥控指挥美国在菲律宾的部队是不现实的。麦克阿瑟在结果已经无法改变的情况下，最后只得用外交语言告诉马歇尔，他"打心眼里赞同"华盛顿的安排，但在私下里他却感到十分愤怒。这进一步加剧了他对当局的不满。

巴丹的陷落

1942年4月,巴丹和科雷吉多尔的厄运终于降临了。日军大本营在得知麦克阿瑟居然从自己的眼皮底下逃走后,对本间雅晴极端不满,大骂他的无能。为了尽快结束巴丹的战斗,日军统帅部调兵遣将,严令本间无论付出多大代价也务必拿下巴丹。本间为了表明决心,向统帅部信誓旦旦地保证:"这次进攻有1.5万兵力,140多门火炮和80架飞机,没有理由不获得成功。为了夺取巴丹的最后一道防线,我准备大干一场。"

与此同时,被围困在巴丹半岛和科雷吉多尔岛上的美菲部队境况越加险恶,不仅极度缺乏粮食弹药等物资,而且暴发了热带流行性疾病,部队的战斗力已几近枯竭。新任美国远东军总司令的温赖特将军在科雷吉多尔建立了自己的司令部,他刚刚晋升为中将。不过,他丝毫也高兴不起来,因为日军开始了最后的总攻。

4月3日,是基督教传说的耶稣受难日,这一天也成为巴丹守军的殉难日。巴丹拉锯战的最后一幕上演了。在日本空军持续轰炸下,美军第一道防御阵地基本被摧毁，守军一片混乱。日军的坦克和步兵开始发起猛攻。此时的巴丹守军已被恶劣的自然环境和饥饿拖垮了，士兵们个个骨瘦如柴，有的连枪都举不起来了，更谈不上什么战斗力。在日军的猛烈进攻面前，他们毫无还击之力，纷纷弃阵而逃。到黄昏时刻，负责巴丹作战的美军司令官小爱德华·金少将报告形势危急，他的部队无法再坚守了。4日，双方在前沿防线反复争夺持续了一天，到黄昏时，美军在萨马特山的前沿防线被日军撕裂了。5日，美日两军的激战进入第三天，整个巴丹战场双方胶着在一起。当天中午12∶30，日军主力第4师团攻陷了美军在巴丹半岛的主要制高点，一面日本太阳旗插了上去。巴丹防线再也无险可守，温赖特将军在科雷吉多尔的司令部一直关注着对岸的战况，他清晰地看到了日军的那面冉冉升起的太阳旗，他明白，巴丹的陷落已成定局。

美军在马尼拉湾附近的科雷吉多尔向日军猛烈射击

罗斯福总统曾在2月间颁发的"不准投降"的命令还没有解除，麦克阿瑟又从澳大利亚电令温赖特，"在任何情况下"都不许投降。"如果食物弹药不足，"麦克阿瑟说，"你们可以对敌人发动一次进攻，从敌人那里夺取。"同时附上一份详细的进攻计划，如果不得已只能放弃防线的话，也要争取带给日军一定的杀伤后，转入山区开展游击战。同时，麦克阿瑟又向马歇尔报告，请求允许他即刻返回巴丹，亲自率领部队向日军发起反击。

在接到麦克阿瑟要求对敌人发动反攻的命令，在冷静地分析后，金少将认为不但反攻不现实，就连守住阵地都很困难。他的阵地已被日军分割，部队正在溃散。4月8日，在危急时刻，金少将向温赖特发出了最后一份报告，他绝望地说道："两天之中，一支军队消失得无影无踪，我们再也没有办法进行有组织的抵抗了。"当天午夜时分，金少将召集参谋人员，告诉他们自己的决定，在目前万分危急的形势下，美军已经没有任何希望，为了所存士兵的生命，避免不必要的伤亡，他准备在第二天一早就宣布整个战线停火，并在阵地上挂起白旗投降。金少将深知，麦克阿瑟是绝对不会允许他这么做的，他告诉参谋们，关于停火投降的决定，完全是他一个人的决定，事先他并没有请示温赖特，因为他准备好了一个人承担责任，而不想把温赖特牵扯其中。

4月9日早上，美菲军阵地上挂起了白旗。金少将乘坐一辆插有白旗的吉普车，越过满目疮痍的防线，在坑坑洼洼的道路上颠簸前行。9时许，金少将到达了日军司令部，解下自己身上佩带的手枪，当着日军指挥官的面，把枪放在桌子上。他的这一动作，不仅意味着巴丹战场7.5万美菲军队的投降，而且这也是美军历史上缴械投降最庞大的一支队伍，是美军在战场上史无前例的最大的一次失败。

虽然早已意料到结果，但巴丹投降的消息得到证实后，麦克阿瑟还是感到极度震惊、气愤和沮丧，并且无计可施。如同热锅上的蚂蚁一样，他显得手足无措。麦克阿瑟痛心疾首："我知道会有这一天的到来，但是，金少将投降的消息还是令我万分震惊，我真不知道什么时候才能恢复过来。"

投降的巴丹7.5万名美菲俘虏饥病交加，他们被日军驱赶着在丛林中长途跋涉100多里路，前往圣费尔南多战俘营。一路上他们很难获得食物和淡水，坚持不住的不是弃在路边就是被刺刀挑死。这次被称为可怕的"巴丹死亡行军"，夺去了7000多名美菲战俘的生命。麦克阿瑟在获悉"巴丹死亡行军"的详情后，在极度悲恸之余，更加坚定了他必须打回菲律宾的决心。他发誓必须打回巴丹，为自己的部下报仇雪恨。为此，他将自己"吉恩"号专机改名为"巴丹"号，连司令部的代号也叫"巴丹"。后来，当麦克阿瑟指挥部队在布纳取得第一次胜利后，他只说了一句话："在巴丹阵亡的英灵，今晚你们可以安息了。"

巴丹的陷落，打开了日军通向科雷吉多尔的大门，科雷吉多尔已经在劫难逃。作为美国在亚洲的一个重要军事堡垒，科雷吉多尔岛拥有着十分完备的防御体系，就是用今天的眼光来看，其坚固的防御也可以用固若金汤来形容。为了能毕其功于一役，本间中将在进攻巴丹时就下定决心，首先利用火炮和飞机对科雷吉多尔岛上的所有设施展开轰炸。为此，日军自4月17日开始向科雷吉多尔进行轮番轰炸，炮击行动一直持续到4月底，美军部署在岛上的炮兵已经被日军全部摧毁。这就为日军随后的登岛战役扫清了障碍。4月29日，炮击战达到了高潮，本间雅晴把攻占科雷吉多尔岛视为向日本天皇的生日献上的大礼，因此命令其全部的150门重炮向该岛发起猛烈的轰击。战局越来越明朗化。对于温赖特来说，他清楚地认识到科雷吉多尔岛的失陷只是时间的问题了。随后，他向麦克阿瑟发出紧急求助电报：岛上的淡水只够维持四五天时间，局势正在迅速地趋于绝望。

5月5日晚上10：45，日军的总攻开始。经过6日一整天的激战，美军陆战第4团伤亡惨重，不得不放弃在前沿的阵地，向主阵地马林塔山撤退。6日深夜，日军又从岛的西端地区登陆，与其前一夜登陆的部队形成夹击之势，从东西两面压迫守岛美军。无奈之下，美菲守军只得于7日清晨全部后撤到马林塔坑道。一时间，坑道内拥挤不堪，大批伤员阻塞于各坑道内，根本无法继续战斗下去。面对着坑道内大量的伤员，温赖特知道，如果自己继续抵抗下去，除了招致一场血腥的屠杀外，再没可能有奇迹可以出现了。那时，罗斯福已经放弃了"决不投降"的政策，基于此，他认为只有投降一途才可以尽可能地减少不必要的伤亡。于是，他电告麦克阿瑟：除了缴械投降，他已经没有其他退路。5月7日中午，温赖特下令在科雷吉多尔升起白旗。第二天，温赖特被带到了马尼拉，在投降书上签字，并且在无线电广播中向菲律宾全国宣读了由日本人拟定的投降书。温赖特极力地控制住自己的感情，忍受着奇耻大辱，哽咽地宣读着这份文件。20分钟后，哽咽之声淹没了他的话语，备受屈辱的温赖特再也无法继续读下去了。

正如麦克阿瑟所担心的那样，本间要求温赖特命令菲律宾的部队全部投降，不然，就要屠杀科雷吉多尔岛上的1.1万多人。5月7日，温赖特通过无线电命令整个菲律宾的美国部队全部停止抵抗。麦克阿瑟被激怒了，他要求剩下的部队不惜一切代价继续战斗。他电告在棉兰老岛的夏普将军："温赖特将军发布的命令无效。"他还给马歇尔发电报说："我相信温赖特不过是一时失算，他的处境使他容易被敌人利用。"但这一切都是徒劳的。夏普和别人都投降了——他们害怕在科雷吉多尔的部队遭受大屠杀。

麦克阿瑟在菲律宾的部队完蛋了。这意味着光明被黑暗所吞噬。巴丹、科雷吉多尔在经历了长达124天的艰苦、饥饿、疾病的摧残和悲壮激烈的抵抗后，终于沦陷了。麦克阿瑟的身心倍受煎熬。而最令他感慨万千的是温赖特、金少将等人，这些他昔日的忠诚部下们，没有一个人执行他给予的一而再再而三的要求他们进入山区组织游击队，不惜一切代价继续战斗的指令，竟然一个接一个地选择投降这种令人无法忍受的耻辱方式来结束巴丹和科雷吉多尔的战事。尤其是温赖特将军更是被麦克阿瑟认为不可原谅，所谓"是可忍，孰不可忍"，他认为温赖特根本就没有做任何的努力去抵抗日本人，就这么不负责任地投降了。

巴丹和科雷吉多尔的失陷是麦克阿瑟一生中最为悲痛的经历。在此后的漫长岁月里，这种痛苦一直折磨着他。在后来的回忆录中，麦克阿瑟这样写道："当灾难的消息传到我这里时，我对那些顶住敌人的进攻使马尼拉湾入口处5个月不受侵犯的英勇抵抗的人充满了敬意。科雷吉多尔不需要由我来评论，它已经用它自己的炮声宣告了它自己的历史。它把自己的墓志铭镌刻在敌人的墓碑上。但是，透过它最后一次在血色迷雾中射击的回响，我将永远仿佛看见坚强、消瘦、苍白而仍无所畏惧的人们的身影。"

这段时间，麦克阿瑟因巴丹失陷而倍受折磨，尤其是日本法西斯灭绝人性地对待战俘，残害士兵，让他痛心疾首，发誓要为自己的士兵报仇雪恨，一定要重返巴丹。从此，复仇的念头便在他心底深深地扎下了根。他会时不时地给他的参谋们、总理柯廷和赫尔利，以及他能见到的每一人都谈起巴丹。这影响到了麦克阿瑟新设立在澳大利亚的总司令部，接线员们受将军的影响，只用"这里是巴丹"作为接线语。

麦克阿瑟还没有从驻菲美军投降的打击中恢复过来，他又受到一次新的打击。由于太平洋太过辽阔,"二战"中的太平洋战场可以说是历史上最大的一个战场。麦克阿瑟一直以来都坚持认为,要在这样庞大的战场上作战,必须任命一位最高统帅来实施全局性的指挥。他认为自己是这一最高统帅的当然人选,也正是由于抱着这样的信念,他才会不惜冒着生命危险从科雷吉多尔来到澳大利亚。对于这一点,不仅麦克阿瑟深信不疑,就连大多数美国人也都持有相同的观点。当然,也有人会提出疑义,这就是美国海军部。海军部长金海军上将坚决反对由陆军出身的麦克阿瑟担任太平洋战场的最高统帅,因为在金上将看来,日本作为一个岛国,对日作战实际上就是一场海上的决战,因此,太平洋战争在很大程度上应由美国海军来担负其主要使命,海军作战的效果也将直接决定着战争的进程,基于此,海军拒绝接受由一位陆军将领向他们发号施令。为了调和麦克阿瑟与海军之间的矛盾,美英联合参谋部采取折中的方案,将太平洋战场一分为二,划分为两个独立的战区:由驻珍珠港的切斯特·W.尼米兹海军上将负责指挥的中太平洋战区和由麦克阿瑟负责的西南太平洋战区。这一任命使麦克阿瑟感受到了侮辱,因为他的实际地位比他预想的更低了。他痛心疾首地写道:"关于战争的一切错误决定中,最令人费解的也许就是未能对太平洋战争实行统一指挥……在逻辑上、理论上,甚至在常识上都无法自圆其说。其结果是分散力量,既分散又不必要地浪费了我们的部队,过分延长了战争,增加了人员与费用的代价。"

在司令部那幅巨大的世界地图前,麦克阿瑟像一头发怒的狮子,来回踱着步子。参谋人员根据华盛顿刚刚发来的作战指令,用醒目的色彩在地图上标出西南太平洋战区的范围。从地图上可以看出,太平洋战场对日作战的指挥权由陆军和海军平分了。麦克阿瑟盯着地图,自己负责的战区范围不过是澳大利亚、所罗门及菲律宾等狭小空间，和由尼米兹负责指挥的中太平洋战区相比，实在显得可怜。

在经受这一连串的打击下，麦克阿瑟陷入了他军旅生涯中所经历过的最为严重的偏激和抑郁突发症状态。麦克阿瑟一直认为，华盛顿始终在耍花招，甚至存在着一个与他作对的"海军阴谋小集团"。正是它先是使用诡计让他离开他在菲律宾的部队，去澳大利亚寻求根本不存在的援助；现在又使他无法担任太平洋战场的最高统帅。最令麦克阿瑟感到恼火的还在于，从此以后，他所拥有的内外指挥权都受到了极大的束缚。华盛顿从他手中夺去他在菲律宾的指挥权，交给了温赖特，这个人不去进攻，却反而可耻地投降了。华盛顿曾让他相信他将指挥太平洋战区，而后却又让他自己和尼米兹平分秋色。他真正掌握的不过是澳大利亚未经训练的少量部队，而这块大陆本身也在受到威胁。即使他能守住澳大利亚，也要好多年才能打回菲律宾去。根据新闻记者李报道，正在气头上的麦克阿瑟甚至还说过，他最凶险的敌人"不是在前线，而是在我背后的华盛顿"。

李的报道说："麦克阿瑟很快便深信，他遭到华盛顿一伙有权势敌人的反对，他们对世界战略和太平洋战略的考虑都受到其对他的仇视的影响。他对他的亲密朋友也指名道姓地予以攻击。'乔治·马歇尔，他恨我……海军的一个阴谋小集团……一个主张实行新政的阴谋小集团。'他瞧不起哈里·霍普金斯；他最蔑视英国驻华盛顿的军事首脑约翰·迪尔爵士，他把罗斯福也包括在一伙假想敌人之内，对他产生了动摇。"

重整山河——武装澳大利亚

麦克阿瑟在墨尔本安定下来,然后把军事指挥中心设立在澳大利亚。他和琼、小阿瑟、阿珠,以及他的参谋人员住在孟席斯饭店六楼的住宅内。

作为整个澳大利亚安全的希望,麦克阿瑟一家都成了澳大利亚的民族英雄,常常应邀出席各种社交活动,在公共场合露面和发表谈话。但是除了与澳大利亚总理约翰·柯廷有密切的私人交往和工作关系之外,他们基本上不与别人交往。作为麦克阿瑟助手的锡德尼·赫大,对麦克阿瑟夫人琼在此期间的高尚品质给予了充分肯定:"在这些黑暗的日子里,琼改变了自己的生活方式,一切以将军的活动为转移,当然,也以她的儿子为转移。我相信,在她脑子里确立了一种思想,即她唯一的义务是给予她的丈夫以可能的帮助和安慰……的确,他是一个孤独而愤怒的人,从来没有像现在这样需要她的帮助。"

麦克阿瑟对儿子的爱已经达到了溺爱的程度。在对儿子的问题上,他确实是一位好父亲。在这段接连遭遇屈辱与挫折的日子里，麦克阿瑟对儿子更加关注了。赫夫回忆说，将军从在菲律宾时就开始了，每天早晨都要给小阿瑟一件新礼物，实际上是两件同样的礼物，以便小阿瑟能把一件给他的小伙伴。"有时我们很难找到不同的礼物"，不过赫夫也有自己的解决之道。他同国内一家经营批发玩具和运动器械公司的一个海军老伙伴关系密切，这为他解决这个问题提供了便利。赫夫后来回忆道："我收到了装满从飞机模型到气球和拳击手套等各种玩具的两个大箱子。每种玩具都不下十件！"收到玩具后，琼和赫夫会把这些东西都藏起来，每次都只发两件，每天都发。当然，也会有例外，那就是小阿瑟的生日，这一天麦克阿瑟总是会按每一岁一件礼物的方式给儿子，他会细心地安排送出礼物的时间，每隔15分钟送一次。这已经成为麦克阿瑟多年坚持的习惯了，也充分体现出他对儿子的深沉的爱。

在这些灰暗的日子里，琼和赫夫紧紧地围绕着麦克阿瑟"运转"，构筑了一层严实的保护屏障，并且还将之带到了公务领域。除了保持着家庭的欢愉之外，麦克阿瑟的主要活动范围只限于他的司令部内。以萨瑟兰为参谋长的参谋部几乎全部是由"巴丹帮"的人组成的，他们像琼一样以麦克阿瑟为中心，组成了一个怨恨和怀疑"外人"的排外集团。随军新闻记者李观察到，麦克阿瑟身边无形中正在形成一个"巴丹帮"，当然他们从未公开对外宣称过。李写道："他们这些人的行为仿佛在说，在将军倍受马歇尔、海军上将金等人的折磨时，是他们这些身边的亲人和朋友，解除了他的痛苦，他们决心使他不再受到伤害……他们的一举一动都是不切实际的，好像世界都以麦克阿瑟为转移，别的什么都不在话下……他们组成了一个怨恨和怀疑'外人'的排外集团……"

无论麦克阿瑟本人沉浸在多么大的痛苦和难过的感受中不能自拔，其实华盛顿方面，特别是马歇尔将军正在想尽一切办法帮助麦克阿瑟，从人员的调遣到武器装备的落实。虽然美英领袖早就制定了"德国优先"战略，但在巴丹陷落、日军对澳大利亚的威胁日益加剧的背景下，罗斯福总统和丘吉尔首相开始认识到澳大利亚地位的重要性，因此决定必须尽全力来拯救澳大利亚。澳大利亚将来会是最后反攻日本的最佳跳板。几乎是在麦克阿瑟到达澳大利亚的同时，罗斯福和丘吉尔就已经商定将一直在北非作战的两个一流的澳大利亚帝国陆军（当时共有三个师）调回澳大利亚。到5月下旬时，这两个师（第6、第7师）顺利返回。此外，马歇尔将军还下令将当时正在美国国内受训的第32、第41陆军师立即运往澳大利亚，同时加强工兵、防守及其他支援性分队。这样，美国在澳大利亚的部队人员总数达到10万人。马歇尔还下令，迅速建立一支约有8个大队的以澳大利亚为基地的空军，由罗伯特·艾奇伯格中将负责指挥。这是一个军级司令部所拥有的全部人马，根据上级指令，它完全听命于麦克阿瑟。这样，在澳大利亚的空军轰炸机和战斗机总数达到535架。虽然这些飞机中的大多数都是陈旧货，但总好过没有。在总统的压力下，虽然海军部长金上将有些不大情愿，但还是派去了6艘驱逐舰、2艘潜艇补给船及6艘老式的S级潜艇。同时，他还计划对在澳大利亚基地的20艘潜艇进行彻底检修，使其适应即将到来的战争的需要。同时，澳大利亚在麦克阿瑟到来后，也在积极地实施扩军计划，第一步征集10个师，另外8个师也在加紧训练。当然，这在一定程度上得益于麦克阿瑟与柯廷总理的良好的私人关系。

　　此时，麦克阿瑟一扫之前的沮丧与苦闷，开始劲头十足地重新投入到武装力量的规划与建设中。为加快部队建设，应该推行积极的作战计划，主动夺取战争的主动权。这就要求在后勤保障方面下大气力，克服给养短缺的难题，因此需要指挥官制定出行之有效的灵活的战略战术，形成更为优化的指挥体系。随着增援力量的陆续到来，一些极富才干的指挥官先后来到了麦克阿瑟的司令部，成为与他一起共铸辉煌战史的部下和朋友，这使他更是倍受鼓舞。

麦克阿瑟在澳大利亚最初的日子里，虽然情绪低落，内心因巴丹陷落而倍受煎熬，但他却始终信任和依靠他身边的人，他的妻子、儿子，他的参谋长，他的副官，他的所有部下。"二战"结束后，曾有相关的传记中评论说，麦克阿瑟之所以能把那么多事情做好，能够快速地解决好自己的麻烦，是因为他自己避免管得太多。

作为一名资深将军，麦克阿瑟拥有着一般人所不具备的战略视野和魄力，针对澳大利亚保守的"布里斯班计划"（"布里斯班计划"的基本立足点是放弃澳大利亚北部、西北部的大片领土，依靠澳大利亚中部的山脉为屏障，同日军决战），他专门召开了一次由各方参加的防务会议，进行慎重的研究。由于本次防务会议具有决定性意义，与会者在热烈讨论中提出了许多具有建设性的新方案。会议中，麦克阿瑟一直在倾听各方的意见，自己则奉行"沉默是金"的原则。当陆军部长征询他的看法时，麦克阿瑟站起身来，身体保持笔直，一字一句地说道："先生们，既然诸位让我发表意见，那么我要说的是，澳大利亚的防线不是在布里斯班，而应该跨过北面的海峡，到新几内亚去！"当在座的人们还没从震惊中回过神来，麦克阿瑟已走到巨幅军用地图前，告诉与会者，日本计划进攻的地方，正是他的新的作战计划的位置。他在地图前转过身来，对参谋长萨瑟兰说："我认为，他们弄的这玩意是一个极其消极和保守的防御计划，让我们另起炉灶大干一场吧！"

麦克阿瑟就任西南太平洋战区盟军总司令后，指定澳大利亚的托马斯·布莱米将军指挥地面部队，可是其他关键性的领导岗位都被美国人占据了。乔治·布雷特中将代替布里尔顿成为盟军空军司令。盟军海军司令是美国海军中将赫伯特·利里。萨瑟兰仍然担任参谋长。"巴丹帮"的其他人员受命担任剩下的高级职务。麦克阿瑟根本不信任他的三个高级指挥官。布莱米的职务不过是象征性的，麦克阿瑟及其总司令部玩弄各种花招，总是越过他，实际上在指挥地面部队。直到这时，麦克阿瑟还在怨恨海军不去救援他在菲律宾的部队，他就拿利里出气。他还因克拉克机场的惨败而抱怨空军，先是一连八天拒绝接见空军司令布雷特，见面以后又是一阵严厉的斥责。在这个令人不愉快的司令部里，鲁道夫·费比恩领导的"卡斯特"密码破译分队才是一件真正有价值的"秘密武器"。它作为战争的耳目一直完好地保存下来，如今它驻在墨尔本澳大利亚皇家海军情报处层层设防的蒙特雷大楼里。在行政上，"卡斯特"主要还是受美国海军的控制，但是它搜集到的绝密情报每天都送给麦克阿瑟。这些情报使麦克阿瑟几乎在战争中的每一个环节上都胜日本人一筹，成为一名料事如神的总司令。

第三章
揭开反攻的帷幕

上帝好像总是在捉弄麦克阿瑟似的,正当他还在悲叹命运的不公并为巴丹陷落而极度痛苦时,始终和麦克阿瑟有着相当隔阂的海军部却在太平洋上取得了两次重大胜利——珊瑚海战役和中途岛战役,并成为扭转太平洋战场整个战局的转折点。这两场战役由北太平洋战区司令尼米兹海军上将指挥,这更是对麦克阿瑟的一种无形打击。

太平洋战争的伟大转折

1942年春,日本人正在向南快速推进,他们的战略目的是控制所罗门群岛,并扼守巴布亚新几内亚。一旦他们控制了所罗门群岛,就会占据战略上的制高点,将美国从夏威夷到澳大利亚之间的海上航线置于自己的掌控之下。

新几内亚是横亘在澳大利亚大陆东北方向的第一大岛,全长1300英里,面积超过40万平方公里,但人口稀少,只有300万人口。该岛资源匮乏,基本处于原始状态。岛上几乎全是山地和丛林,战略价值不高。但是,巴布亚却是关键所在。驻新几内亚的盟军基地对日本刚刚占领的菲律宾群岛形成了钳制之势。日本人要向南扩张,就得拔去这个横亘在前进路上的钉子;澳大利亚要免遭侵略,也必须依托这道天然屏障进行抵抗。日本帝国总部决定,出动规模庞大的空中力量,加上一支巡洋舰队、三艘航空母舰和20多支陆军部队,于5月初在新几内亚、新不列颠和所罗门群岛登陆。如果日军能夺取巴布亚的唯一大城市莫尔兹比港,并在巴布亚建立空军基地,那么,就可以在整个战局中占据优势。1942年3月初,日军在巴布亚北岸的莱城登陆,并在那里建立了一个空军基地，又占领了附近的萨拉莫阿港。日军计划一旦莱城的空军基地建成并投入使用，那么就可以在3月10日左右通过两栖进攻夺取莫尔兹比港。

4月28日，麦克阿瑟接到澳大利亚海岸警卫队的报告，日本人通过一艘运兵船和一些水上飞机在所罗门群岛上游的肖特岛上新建了一个前进基地。得到消息后，麦克阿瑟快步走到巨幅军用地图前，从这里可以一目了然地看到，肖特岛紧临着巴布亚新几内亚的东岸。这实际上宣告着日本人已经打响了南进的第一枪。麦克阿瑟不敢怠慢，立即电话通知远在蒙特雷大楼的澳大利亚皇家海军情报处，命令"卡斯特"密码破译分队迅速核实海岸警卫队情报的真实性。第二天凌晨，"卡斯特"分队队长费比恩上尉向麦克阿瑟汇报称，"卡斯特"分队获得一份激动人心的情报，这可以说是二次大战中最有价值的情报之一。这是一份日军的作战命令，详细地说明了日本人准备发动拉包尔战役的作战意图：他们将在5月初，兵分两路，发动一次钳形攻势，实施两栖作战，企图以大部分兵力占领巴布亚的澳大利亚前哨阵地莫尔兹比港。一股小部队将在所罗门群岛的图拉吉岛登陆，在那里建立水上机场，以支援莫尔兹比港作战，并为以后入侵新喀里多尼亚、斐济和萨摩亚铺平道路。入侵部队将由强大的海军部队支援，参加行动的有"翔鹤"号和"瑞鹤"号重型航空母舰，"祥凤"号轻型航空母舰，外加许多艘巡洋舰和驱逐舰。

麦克阿瑟边听着汇报边仔细地观察地图，他在分析着日军的作战意图，位于巴布亚西南角的莫尔兹比港的战略地位异常重要，它距离澳大利亚最北端的昆士兰海滩仅有400多公里的距离，如果日本人夺取了莫尔兹比港，其轰炸机就能在不到2小时内越过海洋，轻而易举地向澳大利亚本土发动大规模轰炸。因此，莫尔兹比港一旦失陷，澳大利亚失败的命运也就在劫难逃了。整个上午的时间，麦克阿瑟都在总司令部现场指挥，来自海岸警卫队的情报也在源源不断地传回司令部,几乎所有的情报都在向他传达着一个明确的信号:"发现敌情!"

随着无线电波在墨尔本—华盛顿—珍珠港之间来回不断地传递,日军的作战意图也被华盛顿和珍珠港所掌握。美军上下顿时忙成一片,他们得到情报以后,都认为这个情报很珍贵,他们正在着手制定挫败日军进攻莫尔兹比港的作战方案。最终,美国最高统帅部于5月2日决定,应该在美军航空母舰安全有保障的海域,给进攻莫尔兹比港的日军一次决定性的打击,并决定尼米兹和麦克阿瑟采取联合行动。

5月3日,日军兵不血刃地占领了佛罗里达岛。

麦克阿瑟决定发动反击,命令弗里曼特尔基地和布里斯班基地能够出海作战的水面舰只和潜艇部队向日军舰队发动进攻,并派出他所能组织起来的陆上轰炸机对驻莱城、拉包尔、布干维尔的日军基地进行轰炸,同时派遣侦察机严密监视日军舰队的动向。

5月4日拂晓,尼米兹海军上将派出由"约克城"号和"列克星敦"号两艘航空母舰领衔的一支由护航巡洋舰和护航驱逐舰组成的特混舰队,与日本海军在位于瓜达尔卡纳尔岛西南100英里处的珊瑚海海面发生了有史以来第一次大规模航空母舰对攻战,即珊瑚海海战。其后的几天中,美、日两国海军在珊瑚海展开激烈的对攻,麦克阿瑟抓住战机,命令自己的轰炸机编队投入战斗,以支援海军作战。麦克阿瑟的海军和空军部队在战斗中只起了微小的作用。布雷特的少数几架飞机轰炸了莱城、拉包尔和布干维尔的日军基地,并执行了照相侦察任务。由于误会,布雷特的轰炸机攻击了麦克阿瑟支援尼米兹的美澳小型舰队(3艘巡洋舰,2艘驱逐舰),炸死9人,幸亏没有击沉舰只。经过3天的战斗,7日下午,侦察机分队向麦克阿瑟发回报告,原本朝着莫尔兹比港进发的日本海军编队全部调转航向，朝着珊瑚海方向驶去。得到这一消息的麦克阿瑟终于可以暂时地长舒一口气，澳大利亚算是又躲过了一劫，至少暂时是安全的。司令部里，一种轻松的气氛立即感染了大家，3天来压在每一个人心头的石头终于平稳地落了地。

　　珊瑚海战役持续到8日结束。在4天的激烈混战中，美、日双方都付出了惨重的代价。美军舰载飞机击沉了日军"祥凤"号轻型航母和一艘入侵莫尔兹比港的大型运输舰，重创"翔鹤"号重型航空母舰。日军飞机则击沉了美军驱逐舰和油船各1艘，击伤"约克城"号和"列克星敦"号两艘航空母舰。在战术意义上，珊瑚海战役是以美军失败而告终的；但从战略意义上讲，却是美国胜利了。日本人因损失了一艘航母而方寸大乱，他们被迫返回了拉包尔，这样入侵莫尔兹比港的计划也就宣告失败了。这是太平洋战争打响之后，日军第一次未能达到其既定的战略目标。此次海战第一次向世人展现了美军的实力，打破了日本海军不可战胜的神话，盟军方面大受鼓舞。尼米兹上将说，这是"一个将产生深远影响的决定性胜利"。

　　珊瑚海战役之后不久，大约在5月18日，根据"卡斯特"破译人员提供的关于日军作战意图的有价值的情报，美军方面分析，日军的意图是准备在中太平洋地区采取一次重大的行动，只是具体的行动安排还不得而知。无论日军将会采取什么行动，其目的都是为了切断从美国和夏威夷至澳大利亚的交通线，因此美军方面认为日军必将会进一步向所罗门群岛推进。此外，夺取莫尔兹比港仍然会被列在计划之内，但可能不是一场海战。日本人大概会在布纳登陆，再从陆上派出部队越过海拔4000米的欧文斯坦利山脉，从背后进攻莫尔兹比港。经过紧张而艰苦的努力，在珍珠港的"海波"分队终于破译了日军密码。情报进一步显示，山本五十六将亲自指挥日军向中途岛发动一次大规模进攻。日军夺取中途岛的目的在于建立海军航空兵基地，同时引诱美国太平洋舰队出击而将其一举歼灭。破译人员准确地提供了有关作战命令的情报，甚至得知"翔鹤"号在珊瑚海战役中遭重创，"瑞鹤"号上的作战飞机损失严重，因而这两艘航空母舰都不会参加这次战役。

6月1日，日本联合舰队出动全部力量，按照预定作战计划，启程出海，驶向中途岛。美国海军沉着应战，一支大型航母编队，其中包括"企业"号、"大黄蜂"号航母在内，也包括从南太平洋匆匆赶来的"约克城"号航母，全力赶赴中途岛。

美国企业号航母

远在千里之外的麦克阿瑟在墨尔本的司令部内密切关注着这场即将到来的大海战。他命令参谋们在作战室内专门设置了标有中途岛附近海域的地图，"卡斯特"分队所搜集到的所有有价值的信息正在源源不断地送到这里。麦克阿瑟清楚，这一次的碰撞将是具有决定性的战役，无论结果如何，都将给自己带来影响，或好或坏。唯一令他感到不快的是，这一场决定自己前途和命运的大海战,因自己手里缺少海军力量而令自己无法亲自指挥,实在令人十分不安和万分遗憾。

6月3日,美国海军一架正在中途岛上空执行侦察任务的"卡特利娜"式水上飞机,发现了日本海军的庞大舰队。早已做好迎战准备并集结待命的B-17轰炸机群,紧急升空,向日本人扑去。这场中途岛海战从6月3日开战,持续到6月6日结束。这场具有转折意义的大海战,美日双方较量的结果,日本海军受到了致命性打击,共损失4艘航空母舰、1艘重型巡洋舰、340架作战飞机、2400多名水兵和飞行员。日军在这场海战中,损失了一半的航母和许多技术娴熟的飞行员,开始丧失它在太平洋战争初期所掌控的海空控制权和战略主动权。而美军的损失却相对较小:1艘航空母舰、1艘驱逐舰和150架作战飞机。正如海军历史学家沃尔特勋爵所说的那样,对尼米兹和美国海军说来,这是一次"难以置信的胜利"。在不到一个月的时间内,美军连续在珊瑚海和中途岛给予日本海军以沉重的打击,使之元气大伤,日军再也无法在太平洋地区随心所欲了。太平洋上的风开始转向了。对此,麦克阿瑟兴奋异常,虽然自己并未亲自指挥这两场海战,但并不影响他的好心情,似乎他对海军部的怨气也在此刻消失了。他兴高采烈地宣称:"从此,敌人的作战行动只能集中在太平洋南部和西南太平洋地区了。该我们披挂上阵了!"的确,接连两次受到重创后,日军只得放弃南进夺取新喀里多尼亚、斐济和萨摩亚的计划。太平洋的"风向"开始转了。这就促使美国的太平洋战略发生了转变,在太平洋战争爆发半年后,决策者们开始认真考虑战略反攻的问题了。大部分计划都集中在占领新不列颠岛上拉包尔的日军基地。如能占领这个基地,就能阻止日军继续向前推进,并迫使它后退至1100多公里之外的中太平洋基地特鲁克。

米尔恩湾战役

麦克阿瑟始终不能忘怀巴丹,也始终谨记自己"我还会回来的!"的诺言,为了兑现"重返巴丹"这一承诺,他必须早日打回菲律宾。正是基于这一点,麦克阿瑟对澳大利亚的"布里斯班防御计划"嗤之以鼻,他提出了"保卫澳大利亚的前线应该是在新几内亚"的观点。在他的努力和督促下,美、澳工程部队开始在澳大利亚北部和巴布亚的莫尔兹比港整修、增建机场,扩建港口,并在巴布亚半岛最东端的米尔恩湾修建机场,以掩护莫尔兹比港侧翼。在中途岛大捷的鼓舞下,一心想要打回菲律宾的麦克阿瑟当然不甘心只是对日本人采取防御战略,他于6月初向华盛顿提出了"直捣拉包尔"的大胆的作战计划,即直接对拉包尔实施两栖攻击。因为在麦克阿瑟看来,拉包尔"防御薄弱",只需要使用他指挥下的有效的攻击力量,再加上尼米兹的一个两栖作战师和航空母舰的支援,他就能像吃快餐一样迅速地攻占拉包尔。接着,他又向华盛顿呈送了称为"塔尔萨-1"和"塔尔萨-2"作战计划,预计占领拉包尔的时间短得惊人,分别为14天和18天。麦克阿瑟之所以能提出如此大胆的计划，一是因为他的军事实力已得到了明显的加强；二是他受到两次海战的刺激，不甘心落在海军后面，他要争得太平洋战争的指挥权。

华盛顿对麦克阿瑟的计划很感兴趣，但是当马歇尔把计划提交参谋长联席会议讨论时，却受到了海军的冷遇。基于不同的立场，海军部长金上将认为，麦克阿瑟的计划根本不现实。那时，日军在拉包尔以外还有6个空军基地，怎么可能在短时间内摧毁它们呢？而事实上，麦克阿瑟的战斗机从现有的基地上起飞无法到达拉包尔，不得不单纯依靠无护航编队的轰炸机。如果不能摧毁这些基地，日军飞机肯定会袭击航空母舰和海上的舰只。即使澳大利亚和美国部队都上岸，仍然还有很大的问题。拉包尔根本不是"薄弱环节"，从莫尔兹比港返回来的"日军有数千精锐部队仍在拉包尔。此外，盟军还严重地缺乏运输舰只，根本不能在短时间内将麦克阿瑟的3个师和一个陆战队师从澳大利亚运过去。因此，海军部主张应该采取渐进式战略，先夺取图拉吉，再伺机进攻拉包尔，同时也反对由麦克阿瑟担任这一军事行动的最高指挥。其实，金海军上将主要还是希望太平洋战争主要应该由海军来担当主力，而麦克阿瑟的部队充其量只能起到支援部队的作用。傲慢的金上将命令太平洋舰队总司令尼米兹海军上将准备一份由海军和陆战队占领拉包尔的作战计划。当这些消息传来时，麦克阿瑟感到非常气愤。毕竟，拉包尔是在麦克阿瑟的战区范围之内，而非海军部的北太平洋战区。6月28日，他给马歇尔发去了一份电报："十分清楚……海军想担任太平洋战争的总指挥，陆军的作用被降到次要地位，在很大程度上只是任人摆布，听任海军或陆战队军官的指挥……"

这封愤怒情绪的电报在参谋长联席会议上立即引起了轩然大波，直接导致商谈时间进一步延长。陆、海军之间经过激烈争吵，在马歇尔将军的居间调节下，双方于7月2日最终总算"非常困难地"商定了一个折中的方案。会议的决议于7月2日分别送达尼米兹和麦克阿瑟。进攻的目标是拉包尔，不是用麦克阿瑟的迅速推进去占领，而是分为三个步骤进行：

第一步，由尼米兹实施，后两步由麦克阿瑟实施。第一步，是在8月1日重新占领东南所罗门群岛的图拉吉及其附近岛屿；作战期间，麦克阿瑟将向尼米兹提供陆上的空中支援和有限的海上支援。

第二步，是重新占领莱城、萨拉茅阿和东北新几内亚及所罗门群岛中的其他岛屿（新乔治亚、布干维尔）。

第三步，即最后一步，是攻占拉包尔。

应该说，麦克阿瑟对这个折中方案还是相当满意的。因为在经过深思熟虑后，麦克阿瑟也许已经认识到了拉包尔不可能在"两个星期"或18天之内轻易到手；而应当从所罗门群岛和新几内亚逐步包抄，一把钳子向所罗门群岛运动，另一把通过新几内亚，进而最终取得对日军的制空权。在这个计划中，麦克阿瑟承担了分量最重的任务。只要第一步实施，即攻占图拉吉以后，就看他麦克阿瑟大显身手了。

其后的几天时间中，珍珠港和墨尔本的决策者们着手起草了一些特别计划，以补充和完善参谋长联席会议的指令。关于第一步占领图拉吉，尼米兹任命罗伯特·戈姆利海军中将为副司令，负责指挥攻占图拉吉及其附近岛屿的战斗。7月5日，即参谋长联席会议的命令发出三天之后，密码破译人员就向尼米兹报告了令人惊骇的消息，说日本海军工程大队的人员在图拉吉岛附近的瓜达尔卡纳尔岛登陆，正在紧急修建机场。这是不祥之兆，因为一旦机场完工，日军将会重新夺回制空权，还将封锁海上通道。金海军上将不得不修改作战计划，将瓜达尔卡纳尔岛列为进攻目标，要求部队在日军机场完工前的8月7日发动攻势。这次攻势对于日后的新几内亚战局产生了决定性的影响。

1942年8月7日，美军在瓜达尔卡纳尔岛登陆

以此为契机，麦克阿瑟认为当时盟军缺乏机场、飞机和部队的情况下，在盟军力量得到加强之前，发动进攻只能招致失败，并要求将原定8月1日开始的图拉吉作战行动无限期推迟。得知麦克阿瑟的建议后，金上将在给马歇尔的一份电报中轻蔑地写道："3个星期以前麦克阿瑟还说，若能向他提供两栖作战部队和两艘航空母舰，他就能攻下拉包尔。现在他却感到，他不仅不能指挥这场旷日持久的战役，就连图拉吉战役也不敢参加了。"金上将只同意把图拉吉战役推迟一个星期。在否决了麦克阿瑟的意见，并坚持向图拉吉—瓜达尔卡纳尔推进的问题上，用后来海军历史学家塞缪尔·莫里森的话说，金海军上将"对战争做了一个最伟大的决策"。

麦克阿瑟决定兵分三路：从科科达小径追击敌人；第二路采取迂回战术，从莫尔兹比港以东翻越欧文·斯坦利岭，从背后切断日军的退路，赶在日军回到布纳前，将其合围在平地上；第三路从米尔恩湾沿巴布亚海岸向布纳进行侧面交锋。这完全是一个大胆的冒险行动，尤其是第二条路线，意味着盟军要接受巴布亚艰难山路的考验。

根据参谋长联席会议制定的攻占拉包尔的作战计划，待尼米兹的部队攻克图拉吉—瓜达尔卡纳尔之后，麦克阿瑟应派兵夺取在新几内亚—莱城和萨拉茅阿，以及所罗门群岛中的日军基地。对麦克阿瑟何时开始行动，没有特别限定时间，这既取决于海军副司令戈姆利海军中将能以多快的速度攻下图拉吉—瓜达尔卡纳尔，也取决于他的部队战斗准备所需要的时间，当然，更受到日军反击情况的制约。

尽管日军接连在珊瑚海和中途岛海战中遭遇惨败，但其对于夺取巴布亚境内的莫尔兹比港的战略决心始终没有动摇。基于莫尔兹比港的重要战略地位，日军如果能够占领那里的机场，将使其得以控制整个澳大利亚东北和盟军连接珍珠港到澳大利亚的海上通道。它还能掩护向所罗门群岛进攻的日军右翼。换句话说，如果莫尔兹比港被日军攻占，麦克阿瑟将失去向拉包尔或菲律宾前进的基地。

对于日军的战略动向，麦克阿瑟虽有觉察，却并未给予足够的重视。实际上，关于日军企图攻占莫尔兹比港的情报，"卡斯特"密码破译人员早在5月18日就报告过。该情报显示，日军下一步企图经由布纳从陆上翻越欧文·斯坦利山脉，从背后攻打莫尔兹比。但无论是麦克阿瑟本人还是他的主要参谋人员，尤其是他的情报处长查尔斯·威洛比，都认为日军不可能越过崎岖不平，几乎难以逾越的欧文·斯坦利山脉，也不相信日本人有足够的力量对莫尔兹比港造成严重威胁。威洛比认为："有人说日军将采取经由陆上的军事行动，从后勤保障困难、通信联络不顺畅和地形复杂的观点来看，是很值得怀疑的。"在他看来，如果日本人在布纳登陆，其目的只不过是在那里修建机场而已。麦克阿瑟显然也同意他的观点，认为日军沿崎岖山路翻越欧文·斯坦利山脉威胁莫尔兹比港的可能性是完全不可信的。早在中途岛海战前，麦克阿瑟就曾断言，如果日军再次进攻莫尔兹比港，将会和第一次一样，是一次在航空母舰和陆上飞机支援下的两栖登陆作战；而在中途岛海战失利后，日本人在损失了一半航母的情况下，麦克阿瑟认为日本人对莫尔兹比港实施两栖登陆作战的可能性已经十分渺茫了。

由于这些原因，莫尔兹比港的防御被忽视了，新几内亚的防务也受到了一定的影响。直到 7 月中旬，麦克阿瑟才命令参谋人员制定防止日军进攻的计划，向布纳增派了一个旅。由于远离前线，麦克阿瑟虽然能从战略的高度洞察日本人的战略企图，但身边的主要助手对他还是会有一定的干扰，这也增加了他制定出正确决策的难度。一方面，麦克阿瑟发布命令，在米恩湾上方的布纳秘密修建一处前进基地，用来袭击北面被日军占领的莱城港和萨拉莫阿港，从而能牢牢地控制住巴布亚半岛；另一方面，他似乎又忽视了对莫尔兹比港的防守，只用一个澳大利亚旅加强防御，更要命的是这个旅全部由毫无作战经验的民兵组成的。此外，他还派出为数不多的美国工兵去修建位于莫尔兹比港和米尔恩湾的机场。为保卫机场建设，还派去了少量防空部队。这些机场将作为进攻莱城和萨拉茅阿的前进基地。总的来说，守卫布纳以及布纳和欧文斯坦利山脉之间区域的少量澳大利亚部队没有得到加强。这也导致在面对后来的日军进攻中，麦克阿瑟处于极其被动的处境。

到了7月，麦克阿瑟的参谋们认为，在即将发动的莱城—萨拉茅阿战役中，需要在布纳地区修建一个前进机场。但是，当时的形势十分微妙，布纳及其周围地区虽然掌握在澳大利亚人的手中，但如果盟军开始在那里兴师动众地修建机场，日本人肯定不会坐视不管，猛烈的空袭或海上攻击都是可能的。7月中旬，麦克阿瑟在权衡利弊之后批准了在高度保密的情况下修建机场的计划，并暗中分派不仅有防空炮兵连，还有步兵的支援部队分四批奔赴布纳。

在这期间，正如"卡斯特"破译人员报告的那样，日军正在抓紧进行攻占莫尔兹比港的战前准备，他们在拉包尔集结了大批运输舰只和补给船，以便向布纳运送进攻部队。在布纳附近修建机场的澳大利亚人获悉日军的作战计划后，立即向麦克阿瑟的总司令部作了报告。但是不巧的是，当时麦克阿瑟及其助手们正在将其总司令部从墨尔本搬迁到布里斯班，因而现场秩序相当混乱，导致麦克阿瑟和指挥总部对这一重要情报置若罔闻。

7月18日，日军百武晴吉中将在拉包尔码头，为他派出的第17集团军南下支队送行，该分队由堀井富太郎少将指挥，全部由在马来亚参加过战斗的老兵组成，具有十分丰富的热带丛林地带作战经验。很快，澳大利亚的侦察机发现了日军运兵船队已从拉包尔出发，便立即报告了总司令部。麦克阿瑟接到这一消息后，马上命令美、澳空军出动轰炸机进行拦截，以迟滞和阻止日军登陆。盟军空中力量派出B-17轰炸机，从离新几内亚最近的敦斯维尔基地起飞，轰炸堀井南下支队的船队。但是，由于航程太远，这些被称为"飞行堡垒"的轰炸机在海上连日军船队的影子都没能看到，只好折回了敦斯维尔，因此未能有效地阻止日军前进的步伐。

经过5天海上的奔波，日军按预定计划于7月22日来到了布纳海面。在经过几次短暂的炮火袭击后,日军首批3000人的突击队员在布纳登陆。麦克阿瑟又命令空军采取行动,但等到B-17轰炸机改变航向,飞到布纳却为时已晚,大批日军人马已经登陆。尽管轰炸机击沉了日军1艘运输舰和1艘登陆舰,但日军只有轻微的伤亡。日军登陆后,把数量不多的澳大利亚部队和土著民兵一扫而光,占领了滩头阵地,同时派出一支特遣部队,沿着科科达山路跨越欧文·斯坦利山脉,直扑莫尔兹比港,途中他们打垮了封锁小径的一小股澳军和当地民兵。在其后的几天内,又有1.3万名日军在布纳登陆,并将滩头阵地扩大到北面的戈纳。总之,日军只付出了轻微的伤亡,就取得了登陆布纳的胜利。这突如其来的沉重打击,最初使麦克阿瑟简直有点儿不知所措。他不仅失去了首先到达布纳的机会,而且在他进攻莱城和萨拉茅阿之前,还面临着把1.6万名精锐日军部队赶出巴布亚的任务。

当麦克阿瑟和他的总司令部还处在震惊中未做出有效应对之际,日军已向南大踏步地挺进。由于援军未到,担负保卫科科达小道任务的澳大利亚指挥官威廉·欧文中校只能依靠自己那少得可怜的部队来与日军进行殊死战斗。7月29日,日军轻而易举地攻占了欧文·斯坦利山脚下的科科达机场,随后登上山间小路直奔莫尔兹比港。堀井为了加快行军速度,派出一支先遣队在前面用大砍刀在丛林中开路。日军士兵甚至唱着歌从后面追击溃逃的澳大利亚士兵。到8月中旬,日军堀井支队已经攀上了科科达小径最陡峭的部分,离欧文·斯坦利山顶峰,仅仅只有一步之遥。再向前挺进一步,翻过主峰,被欧文·斯坦利山脉遮挡的莫尔兹比港就将成为日本人的囊中之物。

麦克阿瑟一刻不停地关注着欧文·斯坦利山脉的战事,残酷的现实再次出现了。战局的发展超出了麦克阿瑟的预料,现在他面临着巨大的挑战,他说:"我指挥的部队在菲律宾防御战中已经失败过一次,我决不会让这样的失败再次出现，我会尽自己最大的努力去挽救的。"那么，现在摆在麦克阿瑟面前的难题在于，他该如何"挽救"？他不仅无法发动反攻，而且必须首先驱逐沿着欧文·斯坦利山脉南进的日军，消除近在咫尺的巨大威胁。持续了半个多月的战斗显示，堀井支队拥有着顽强的战斗力，完全出乎他的想象。

澳大利亚部队在新几内亚节节败退的情形，对麦克阿瑟而言是那样熟悉而又痛苦，这与他曾经在巴丹的防御战何其相似！欧文·斯坦利山脉和巴丹、科雷吉多尔一样，是麦克阿瑟军事生涯中再一次的重大挑战。与此同时，在澳大利亚最高统帅部里，一些将领面对盟军的失利感到悲观失望，他们已经做出了令人沮丧的结论：新几内亚是不可能保住的，日军将会很快渡过海峡，入侵澳大利亚。于是被麦克阿瑟严厉抨击的"布里斯班防御计划"被这些悲观人士旧事重提。在得到这一消息后，麦克阿瑟异常愤怒，他以辞职相威胁，严令任何人不得散布那些失败主义的论调。同时，为了做出坚决抵抗的姿态，麦克阿瑟还将他的家属全部从远离前线的墨尔本接到布里斯班。在记者招待会上，麦克阿瑟强调："我们决心在新几内亚保卫澳大利亚。现在只有一个办法去夺取胜利，那就是进攻！进攻！进攻！"

为了扭转局势，麦克阿瑟给柯廷总理打电话，要求总理采取措施制止那些蛊惑人心的失败主义言论。随后，他冷静下来，认真分析眼前的战争态势：欧文·斯坦利山脉异常险恶的自然条件必然会增加日军进攻的难度，再加之堀井孤军深入，战线拉得过长，因此其猛烈的攻势无法持续太长时间。无疑，麦克阿瑟的这一判断是十分正确的，到8月下旬，在澳大利亚军队的顽强抵抗和节节阻击下，日军推进速度逐渐陷于停滞，他们异常艰难地跋涉于空气稀薄、阳光暴烈的欧文·斯坦利山间崎岖泥泞的丛林小道上，已经精疲力竭，疲惫不堪。堀井支队的士兵正在陷入巨大的麻烦中，他们孤军无援，只有靠自己不断地战斗来推进前进的步伐，而连日来的持续战斗和行军令他们苦不堪言，许多人因食物缺乏、睡眠不足及栖身之地的恶劣条件等而极度虚弱。一名堀井支队士兵在日记中记录下当时他们凄惨的状况："这儿的太阳火辣辣的，我们在没有道路的丛林中行进，丛林不堪形容。口渴得满脑子里只想着喝水，肚子更是空空如也。"这种痛苦的情形令堀井支队的战斗力降到了最低。

麦克阿瑟的"卡斯特"密码破译人员很快就破译了堀井发给百武晴吉的电报，从而获悉了日军目前的困境，这令麦克阿瑟兴奋异常。毫无疑问，反击的时刻即将到来！

除此之外，还有一个令麦克阿瑟感到更振奋的消息传来，日军为了策应堀井支队的行动，企图在侧翼的米尔恩湾实施二线登陆，但日本人还不知道自己的进军行动已经泄密，麦克阿瑟已提前做好了一切防守准备，正等着日军自投罗网：麦克阿瑟命令澳大利亚第7师的一个旅同支援部队一道赶到米尔恩湾，使那里的总兵力达到9500人左右。一位具有战斗经验的澳大利亚人西里尔·克洛斯少将指挥这支部队，向罗厄尔将军负责，那时他已经在莫尔兹比港设立了司令部。这一切都是在高度保密的情况下进行的，这样就不致使日本人怀疑他们的密码已被破译。

相比于莫尔兹比港而言，米尔恩湾更具有战略重要性，那儿有一个天然良港，甚至比莫尔兹比港更好。米尔恩湾距莫尔兹比港只有370多公里，从那里出发，日军可以轻易地在莫尔兹比实施两栖作战。如果让日军成功占领米尔恩湾，那对盟军来说将是灾难性的。日军轰炸机从米尔恩湾起飞可以轰炸澳大利亚东北部、莫尔兹比港、瓜达尔卡纳尔，甚至布里斯班的新建空军基地也在其攻击范围内，这将对盟军构成严重的威胁。

这一次，由于严重地低估了盟军在米尔恩湾的防御力量，日本人上了当。8月25日，在他们只派出1500人实施登陆时，早已在滩头严阵以待的盟军利用滩头工事，以猛烈的火力给他们迎头痛击。大批的B-17轰炸机这一次及时、准确地将炸弹投掷到了日军运送登陆兵的舰船上，海滩上升起了滚滚烟尘。日军被打得人仰马翻，狼狈不堪。4天后，日军又派出约800人的增援部队登陆，企图强行突破盟军的防御，但还是无济于事。盟军将士以逸待劳，充分利用地形之利，不失时机地增强阵地的防御力量，消耗日军的战斗力。经过大约一个星期的激战之后，日军终于因补给乏力、弹尽粮绝，而不得不命令残部全部撤退，在海滩上留下了600具尸体。

米尔恩湾战役的胜利令麦克阿瑟和他的参谋们兴奋不已，这一胜利不仅成功地阻挡住了日军内外夹击的战略企图，而且使深陷欧文·斯坦利山脉丛林困境之中的堀井支队更加绝望。麦克阿瑟感觉这次已经胜券在握了！

布纳战役大捷

麦克阿瑟现在是喜事连连,又一个好消息传来:在北非沙漠中经历过死亡考验的澳大利亚第7师在布莱米将军的统率下,克服了运输工具不足等诸多困难,开始在巴布亚大规模登陆。

与此同时,麦克阿瑟统领下的西南太平洋战区的力量也得到了相当程度的加强。为了更好地指挥作战,麦克阿瑟的陆、海、军三军的指挥官也进行了重大调整。其中海军司令是一个无足轻重的人,而其他两个人后来成为麦克阿瑟的得力助手,在麦克阿瑟今后的军事生涯中都是举足轻重的角色。直到战争结束,他们与麦克阿瑟一直同舟共济。

首先,在麦克阿瑟眼中最重要的陆军司令由他的得力助手、56岁的罗伯特·艾克尔伯格担任,他是麦克阿瑟的西点军校校友,是一个勤奋好学、人缘好、有能力的将军。他还曾担任过澳大利亚的西点军校总监;在澳美军第32师和第41师合编为一个军后,他出任军长一职。现在,麦克阿瑟对艾克尔伯格的这一任命成为他日后不断取得辉煌战绩的"秘密武器"。

其次，海军司令由阿瑟·卡彭德上将接手。此人平庸无能，好管闲事，对麦克阿瑟没有多大帮助。卡彭德的任命是海军部长金上将轻视麦克阿瑟的又一"罪证"。当时，美国第一流的海军军官都被派给尼米兹或大西洋舰队去了。在那些岁月里，"麦克阿瑟的海军"只能得到平庸之辈。以澳大利亚为基地的盟军海军主力仍然是潜艇，现在已增加到大约31艘。目前指挥这些潜艇的是两名新任军官：小查尔斯·洛克伍德和拉尔夫·克里斯蒂。洛克伍德指挥弗里曼特尔基地的20艘潜艇，他正忙于清除那些胆小如鼠的艇长，着手解决鱼雷失效的问题。洛克伍德是尼米兹的人，6个月后，他就离任前往珍珠港指挥尼米兹属下的潜艇部队去了。克里斯蒂指挥布里斯班基地的11艘老式潜艇。克里斯蒂远比洛克伍德善于交际，他和卡彭德交往甚密，同麦克阿瑟也建立了亲密的工作关系。他后来成为麦克阿瑟海军中的一颗明星。克里斯蒂的旧式近程潜艇主要偏重于战术上的应用。他们在所罗门群岛和靠近通往拉包尔的南部海路上巡逻，主要依赖"卡斯特"密码破译人员和侦察机提供的情报，来掌握敌舰的活动情况。由于情报的优势，在巡逻中，这些旧式潜艇也发挥出超乎寻常的战斗力。他们用老式鱼雷击沉了日军大型布雷舰、重型巡洋舰和大型运兵舰各1艘。

麦克阿瑟曾对在林加延湾作战的潜艇部队大失所望，可如今在澳大利亚，他简直被潜艇的战绩迷住了。

最后，他将空军司令换成乔治·肯尼。肯尼于7月下旬到任，那时正值布纳战役的早期阶段。肯尼很有能力，工作一丝不苟，为人精明强干，很快就显示出卓越的才能。肯尼后来在他的两本书《肯尼将军的报告》和《我所认识的麦克阿瑟》中，详细地描述了他刚刚上任时的情形：在肯尼首次拜见麦克阿瑟时，发现麦克阿瑟将军"显得有点疲劳，拉长着脸，神情紧张"，花了半个小时的时间发泄其不满:"布雷特的人,上校衔以上的军官,一个都不能用",说飞行员是"对战争毫无贡献的乌合之众",说他们同总司令部对抗,"简直到了不忠诚的程度"。对于这些尖刻的指责,肯尼感到十分迷惑和惊讶。这完全出乎他的想象。肯尼坦率地向麦克阿瑟表示自己将忠于自己的职责,并把那些碍事的人一扫而光。会见结束时,麦克阿瑟把他的一只胳膊搭在肯尼的肩上说:"乔治,我认为我们会配合得很好的。"

通过这次会见,肯尼感到自己肩上责任重大,因此一离开总司令部,他就急忙赶到基地去视察。空军基地"骇人听闻"的混乱状态令人震惊,飞行员和地勤人员士气低落,地面上摆满了因缺失小零件而停飞的飞机。经过深入调查,肯尼还了解到,盟军拥有的 245 架战斗机中,只有 50 架可以飞行;62 架 B-17 轰炸机中只有 5 架能飞;领取飞机零件需办繁杂的手续。实际执行任务的飞行架次和投弹数,与飞机总数相比,实在低得可笑。飞行员技术水平低,起飞执行任务时,确实能飞抵目标的只是少数人,投弹命中率低得更是令人无法想象。

所谓"新官上任三把火",为了尽快提升空军作战水平,肯尼像一阵旋风似的迅速整顿了他的司令部。他先是撤换了 5 名将军和许多校级军官,提拔恩尼斯·怀特黑德准将担任自己的副手。肯尼雷厉风行的作风激发了大家的工作热情,经过几个星期,能够起飞作战的飞机数量就增加了一倍。随后肯尼制定了对拉包尔进行大规模空袭的作战计划。当萨瑟兰试图修改他的计划时,他气愤地冲进这位自以为是的参谋长的办公室,用铅笔在一大张白纸上点了一个点,然后对萨瑟兰说:"你对空中力量的了解就是这么一点,而我了解的就是这张纸这么大。"肯尼警告萨瑟兰,"如果你不同意(我的空袭计划),咱们就到隔壁去找总司令,看空军的事谁说了算!"在他的强硬坚持下,参谋长萨瑟兰只得妥协了。

当盟军实施在瓜达尔卡纳尔岛的登陆战时,肯尼已经牢牢地控制了他的空军部队。盟军的飞机源源不断地从澳大利亚东北、莫尔兹比港和米尔恩湾出击,对日军进行轰炸、扫射,并同日军的战斗机在空中激战。8月7日,肯尼给麦克阿瑟和戈姆利送来了一份特殊的礼物——经过最大的努力,肯尼在当天早上派出18架B-17轰炸机飞往拉包尔,这是迄今为止太平洋战争中规模最大的一次猛烈空袭。应该说,肯尼的这一决策是直接受麦克阿瑟的影响而做出的。肯尼宣称他的轰炸机摧毁了在拉包尔驻地的75架日军战斗机,在空中击落11架。当然,这一战果后来经查证,有点儿言过其实了,实际上并没有摧毁那么多敌机。这是自太平洋战争爆发以来,美军发动的对日军规模最大的一次空袭行动。因此,即便肯尼有点儿夸大其词,麦克阿瑟获知这喜讯后仍然欣喜若狂,下令嘉奖有功的飞行员。

当时肯尼定期往返莫尔兹比港,他向麦克阿瑟报告说,澳军司令西德尼·罗厄尔有一种"失败主义情绪",已对他的部下造成不良影响,若不采取断然措施,就可能失掉莫尔兹比港。

为了打击日军,麦克阿瑟制定了一个冒险的军事计划。他准备派澳大利亚部队去增援科科达山道上的守军,然后派一支强大的陆军部队从陆上绕过去,来一个"大迂回行动"。这支部队将穿过欧文·斯坦利山脉,翻越一段陡峭山路,从背后袭击堀井支队,迫使日军从科科达小径撤退下来。这一计划是一次十分冒险的行动。因为部队要穿越丛林密布的崎岖山道,需要有一条很长的补给线。若是日军在瓜达尔卡纳尔岛迅速取胜,他们就可能把部队调往布纳,用两栖作战围歼这支战线拉得过长的部队。

一艘日本军舰在拉包尔港被美军第5航空队击沉

布莱米将军亲自去莫尔兹比港落实这次具有决定意义的行动，并解除了罗厄尔的职务，以便在澳军部队消除消极影响。为了尽快将部队调集到莫尔兹比港，肯尼建议将美军第32师的126团和128团空运到莫尔兹比，但是这一建议却遭到参谋长萨瑟兰的反对，肯尼就直接去找麦克阿瑟，并征得了他的同意。随后，美军历史上就有了著名的"首次大规模空运部队"的行动。

在此期间，瓜达尔卡纳尔岛的日军进展很不顺利。9月12日夜间，日军曾发动一次夺取机场的总攻，两天以后，以失败告终。受瓜岛形势的影响，堀井将军奉命在瓜达尔卡纳尔岛到手之前停止向莫尔兹比港出击。不久以后，因为瓜达尔卡纳尔岛的局势更加恶化，他又不得不奉命从科科达小道撤退，以便在布纳海滩建立一道坚强的环形防御阵地。堀井大概是日本军事史上最倒霉的一名将军，历经千难万险的跋涉与无数艰苦的战斗，莫尔兹比港就在眼前了，只要再咬牙坚持坚持，胜利可谓唾手可得，可是现在却要他后撤，令人感到难以接受。但是，堀井别无他途，他只能执行命令——撤退！

堀井支队后撤时，布莱米将军便派遣澳军在科科达小径上追击，并且开始按麦克阿瑟的指示进行"迂回行动"。美军第126团向日军后方迂回，并向日军发动进攻，这是麦克阿瑟指挥的美国陆军对日军发动的首次进攻。他们穿过几乎无法通行的山道，翻越了欧文·斯坦利山脉。日军疲于应对，边打边撤，他们竭力拖住日军后撤的时间。盟军要赶在堀井的部队撤到布纳之前，在平原上把它包围后歼灭。

为了集中兵力对付美军向瓜达尔卡纳尔岛发起的进攻，堀井将军奉命退守布纳滩头。到10月上旬，瓜岛上的日军兵力增加到2.2万人。10月22日，日军向美军控制的机场发起了第二次总攻，但再次遭到惨败。为夺取这次战役的胜利，日军做出巨大的努力，以致出动了联合舰队的全部"人马"。作为回敬，尼米兹海军上将的太平洋舰队也倾巢出动，向日军发起猛烈的进攻。在9月至12月的多次海上激战中，双方损失24艘航空母舰、战列舰等大型主力战舰，还有多艘舰只遭到重创。

为了让自己的舰队更具战斗力，尼米兹上将对自己的副手进行了更换。10月18日，他免去了戈姆利的职务，任命威廉·哈尔西海军上将指挥整个战役。哈尔西1904年毕业于美国海军学院，是美国海军的著名将领。此后的一系列胜利表明，尼米兹的此次人事调整是多么及时，效果也毋庸置疑，哈尔西很快用自己的能力证明了他无愧于海军五星上将的荣誉。

美国海军上将威廉·F.哈尔西

11月16日,日军最高统帅部调整了西南太平洋方面的陆军指挥系统,组建了以今村均上将为司令官的第8方面军。由于日军失去了海空控制权,部队的补给中断,再加上疫病流行,死亡人数大增,因此,纵使今村均有着杰出的指挥才能,但他的上任也没能扭转日军的颓势,其夺回瓜岛的誓言也化为了泡影。与日军的形势相比,美军的状况要好得多,不仅军力得到了加强,而且后勤补给也要好得多。到了12月底,日军最终不得不放弃瓜达尔卡纳尔,决定停止瓜岛的作战。1943年2月上旬,1万余名日军残部撤离瓜岛。

在瓜岛盟军与日军激战正酣时,澳军正在科科达"该死的山道"上追击堀井的部队。美军126团也在丛林中艰难地行进,因为自然条件恶劣,后勤供应跟不上,推进速度异常缓慢。肯尼虽然派飞机空投了一些补给品,但能找回来的却极少。在后撤途中,堀井本人因木筏倾覆而淹死,上万人的堀井支队因疾病、饥饿和战死,最终只剩下了几千人。不过,日军还是抢先了一步,得以与布纳的守军会合,并在戈纳—萨纳南达—布纳一线绵延20多公里的海岸上建立了滩头阵地。麦克阿瑟原定的围歼日军的计划落空了。

11月14日,麦克阿瑟下达了进攻布纳的作战命令,布纳战役由此打响。盟军分三路向日军在布纳的阵地发动猛攻:左翼是由科科达小径下来的澳军第7师,由乔治·瓦齐少将指挥进攻北面的戈纳;右翼是爱德华·哈丁少将指挥的美军第32师进攻南面的布纳;中路126团继续向布纳推进。这些部队深信这次战役将像吃糕点那么容易,他们以高昂的战斗热情和乐观的情绪于11月16日出动了。虽然他们所到之处遍布沼泽和丛林,但是每个人都相信,战争已经胜利在望了。遗憾的是总司令部完全低估了滩头阵地上日军的实力。自初夏以来,负责情报工作的查尔斯·威洛比和其他一些人就一直小视日军的实力水平,认为日军在科科达小径上和其他地方已遭到惨重损失,猜测日军不会超过2000人,防御一定很薄弱;如果日军在瓜达尔卡纳尔岛上再后退一步,设在拉包尔的日军司令部就可能命令这些部队全部撤退。实际上,在戈纳—布纳一线,还有6000名左右日军,他们牢牢地坚守在一系列防御工事里。美国陆军历史学家把这些工事称为一大"杰作"。

布纳战役一开战,盟军的两个师即遭到坚守在战壕里的日军的殊死抵抗。他们很快就陷入了困境,被倾盆大雨和丛林疾病弄得狼狈不堪,又严重缺乏补给品,特别是食物,伤亡极其惨重。在主要由新兵组成的美军第32师中,因指挥不力,部队士气低落。总司令部不顾客观情况,对哈丁和他指挥的第32师大加指责。麦克阿瑟不断呼吁哈尔西海军中将提供海上支援,可是哈尔西拒绝了麦克阿瑟的要求,因为他不能用那些幸存的珍贵舰只在巴布亚以东的危险水域去冒险。战斗一时间陷入了僵持阶段,麦克阿瑟非常恼火,不仅是因为盟军在战场上的失利,更因为海军和自己处处"作对",至少在麦克阿瑟看来是这样。对麦克阿瑟而言,他不仅要把眼下驻守布纳的日军从巴布亚赶到太平洋里喂鱼,更为重要的是,尽快打回菲律宾去的信念使得他一刻也不能容忍现在这样还没有打出去就被日军拖住了前进步伐的窝囊样。想到这里,麦克阿瑟果断地下定决心,自己必须亲临前线指挥战斗。11月6日,麦克阿瑟和他的主要助手萨瑟兰、肯尼、威洛比等人,离开布里斯班,在莫尔兹比港设立了前沿指挥部。麦克阿瑟和他的随员搬进一幢坐落在一座小山上的两层楼房里办公,人们称这幢小楼房为"政府大厦"。像在墨尔本和布里斯班一样,麦克阿瑟还是独处一室,他很少离开警卫森严的司令部。

在无望的进攻使伤亡人数急剧增加的情况下,麦克阿瑟准备派正在澳洲训练的美军第41师来增援。这时托马斯·布莱米建议派澳大利亚部队来增援哈丁,因为"他们知道如何作战",言外之意是美军不知道如何作战。麦克阿瑟认为澳大利亚最高军事指挥部正在看他的笑话,气得他火冒三丈,这时他想到了艾克尔伯格。麦克阿瑟迟疑不决地派人去请艾克尔伯格。艾克尔伯格于11月30日到达莫尔兹比港,那时战役已经开始两个星期了,他同麦克阿瑟、萨瑟兰和肯尼在"政府大厦"的阳台上举行了一次特别会议。他发现麦克阿瑟和萨瑟兰对当前的形势都感到十分惊恐。麦克阿瑟当着与会人员的面,激动地告诉艾克尔伯格,他准备将所有的预备队统统调往巴布亚,交给他指挥,并要求他想方设法,调动起前线官兵的作战激情和斗志。最后,麦克阿瑟急切地对艾克尔伯格说:"鲍勃,我要派你到布纳去担任司令官,撤掉哈丁。我送你去,鲍勃。而且我授权你把那些不会打仗的军官撤换掉。如有必要,让中士负责营里的工作,让下士负责连里的工作。只要能打胜仗,谁都可以当指挥官。时间对于我们来说至关重要。要知道，日军随时都有登陆增援的可能。"

在会议结束时，麦克阿瑟紧握着艾克尔伯格的手，再一次用低沉的语气叮嘱道："鲍勃，我要你夺取布纳，否则就别活着回来。"

麦克阿瑟亲自督战，效果显而易见，战事很快就发生了变化，向着有利于盟军的方向发展。布纳北海岸的僵局被迅速打破了。12月7日，瓦齐将军指挥的澳大利亚第7师逼近了戈纳外围的防线，与日军在充斥着恶臭气味的沼泽地带展开了血腥的肉搏战。12月9日破晓时分，经过惨烈的战斗，瓦齐将军向麦克阿瑟发出胜利的消息：左翼澳军经过殊死的白刃战终于攻下戈纳!

在与麦克阿瑟举行"特别会议"的第二天，艾克尔伯格就飞往布纳前线。他发现第32师的指挥官们"都不在"，部队处于放任自流状态，疫病流行，食物只能按定量的三分之一供应，士兵们都快饿死了，哪里还有战斗力。他向哈丁将军及几个校级军官发了一通火。他立即采取措施，大力改善食物供应，扭转局势。他还深入前线，亲自率领一个连投入战斗，并高喊："小伙子们，跟我来……"他差点被一个隐蔽的日军狙击手击中。当时，除艾克尔伯格以外，所有的美军将官都负了伤，撤离了战场。

瓦齐在戈纳的胜利对麦克阿瑟是个刺激，使他对艾克尔伯格在布纳的进攻速度感到不满。催促进攻的电报一封接一封地送到艾克尔伯格手中，要求他不惜一切代价，迅速拿下布纳。12月13日，麦克阿瑟再次给艾克尔伯格发去电报："时间对我们越来越不利了，必须尽快拿下布纳阵地。"在高温和大雨中，艾克尔伯格不顾惨重的牺牲，率部对日军发起一次又一次的冲锋。13日夜间，艾克尔伯格终于在日军防线上撕开了一个突破口。抓住这个时机，艾克尔伯格派出4辆谢尔曼坦克，一举攻破了日军在布纳的防线。布纳已经成为盟军的瓮中之鳖。到12月14日，进攻终于取得进展，布纳守敌终于被攻克了。

麦克阿瑟在获悉艾克尔伯格突破布纳外围防线的消息后，未等到艾克尔伯格和瓦齐扫清戈纳和布纳之间的日军残余，便迫不及待地向华盛顿发去了战报："布纳已经被攻克，我军于今日上午10时占领该地。敌人的海军企图再度增援布纳地区的地面部队，我们的空军有效地拦截了这支日军护航编队。在猛烈的轰炸和扫射中，敌人的登陆驳船全部被盟军击沉或受伤，伤亡惨重。我们的胜利已成定局。"

在布纳打了胜仗，盟军士气高涨。麦克阿瑟一方面给艾克尔伯格发去贺电，一方面命令他负责在巴布亚的全部盟军的指挥。经过短暂的休整并得到一些增援之后，艾克尔伯格于12月18日重新发起代号为"扫荡战役"的攻势。他们再次遭到了日军的顽强抵抗，艾克尔伯格指出：盟军每前进一步都要付出血的代价。到圣诞节时，在战场上甚至"出现了令人绝望的局面，战斗残酷，令人难以承受，胜负未定"。就在战斗胜负未定的时候，总司令部却发了一份战报："在圣诞节期间，我方的行动只限于例行的安全防范，日军的抵抗已经被制止。"艾克尔伯格看到总司令部的战报时，感到吃惊和气愤。盟军的进攻严重受阻，郁闷不快的艾克尔伯格在给麦克阿瑟的电报中这样说道："我昨天以为自己就要完蛋了。"他自问道，布纳会成为"美军的大灾难吗"？但幸运的是，几天之后对于盟军来说战争的形势变得有利起来。1943年1月3日，日军突然溃退了。美军终于在付出高昂代价的前提下，赢得了这次对日作战的胜利。考虑到这次胜利的重要性，麦克阿瑟在致艾克尔伯格的贺信中，对他给予了相当高的评价：

你在战斗中未曾受伤，使我非常之高兴。我总担心你常出入于敌人的枪林弹雨会造成不堪设想的后果。对你表示由衷的嘉奖。

你的最真诚的
麦克阿瑟

1月8日,在获悉艾克尔伯格攻占布纳的消息之后,麦克阿瑟率领着布莱米、萨瑟兰和总司令部返回布里斯班。随后,麦克阿瑟授权盟军总部发布了一份公报:"这次战役(巴布亚战役)的主要目标之一是歼灭堀井中将指挥的在巴布亚的日本陆军,现在可以说这个目标已经基本实现了。"其实那时萨纳南达日军的重要防御工事还没有攻下来,有7000多名日军在那里顽抗,澳军的进攻在那里严重受阻。

1943年1月11日,艾克尔伯格指挥在巴布亚的全部盟军,并立即派出澳美联军对萨纳南达发起进攻。进攻遭到日军顽强的抵抗,盟军伤亡惨重。所幸的是,激烈的战斗刚开始一天,位于拉包尔的日军总部就命令日军从海上撤退。在其后的一个星期中,当撤退还在进行时,战斗仍在十分激烈地进行。到了1月22日,澳美联军发起钳形攻势包围了萨纳南达,全歼了未能撤离的日军。盟军在这次"扫荡战役"中的伤亡是3500人,比布纳战役多出了700人。艾克尔伯格站在布纳的阵亡将士墓地边上,泪水禁不住夺眶而出。

布纳战役的胜利,是自在菲律宾同日本人打交道以来,麦克阿瑟在战场上取得的最大一次胜利。当获悉胜利的到来时,麦克阿瑟打心底里舒了一口气,并由衷地感叹道:"巴丹的英灵,你们今晚可以安息了!"

回顾这半年来的作战经历,有很多需要反思的地方。当时日军之所以能抢先在布纳登陆,是因为总司令部不相信"卡斯特"密码破译人员的情报。如果麦克阿瑟当时能够根据所获得的情报采取相应措施,盟军的伤亡就可以大大减少!对总司令部说来,幸好这次大错在"超级秘密"的幌子下掩饰过去了,麦克阿瑟才能洋洋得意地夸耀他在澳大利亚的国界以外为保卫澳大利亚而战。

从1942年7月22日至1943年1月22日,巴布亚战役整整进行了半年。盟军投入的兵力为3万人,其中阵亡3000人,5400人负伤,毙敌7000人。这是太平洋战争中盟军损失最大的战役之一,比同期进行的瓜岛战役伤亡人数多了将近一倍。但是,在1月28日发表的一份让人难以理解的虚假战报中,麦克阿瑟宣布战斗结束了,并夸耀盟军总的损失很小。

无论如何,巴布亚战场的胜利对于盟军来说确实是至关重要的。它是日军由全面进攻转入全面防御的转折点,日本人所损失的不仅是将士们的性命及其精锐的武器装备,更重要的是日军的士气从此一蹶不振。当然,这一胜利对麦克阿瑟将军更是意义重大。可以毫不夸张地说,麦克阿瑟在瓜达尔卡纳尔岛争夺战的胜利和巴布亚战役的胜利客观上宣告着,盟军已经揭开了西南太平洋战场战略反攻的帷幕,为他实现打回到菲律宾去的承诺奠定了坚实的基础。

相关链接:

美国谢尔曼坦克(M4坦克)

谢尔曼坦克是第二次世界大战时美国研发、制造的主战坦克,也是"二战"中生产数量最多的坦克,总生产量达到了4.9万辆之多。在"二战"后期的坦克战中,谢尔曼坦克发挥了重要的作用。

1942年初，M4坦克正式列装。可以说，M4坦克是"二战"中性能最可靠的坦克，其动力系统的坚固耐用连苏联坦克都逊色几分。性能可靠，故障极少，使美军坦克的出勤率大大高过德军坦克。M4坦克的生产设计也可以说是"二战"中最优秀的。美国研制生产坦克的厂家是通用、福特、克莱斯勒等汽车厂，采用的是亨利·福特倡导的生产线模式，因此能够大批量生产，并且大幅度降低成本。美国在大战期间总共生产了近5万辆M4坦克。谢尔曼坦克的尺寸是参照美国"自由轮"的船舱设计，非常便于远洋运输。

谢尔曼坦克还拥有几项世界领先技术。首先炮塔转动装置是"二战"中最快的，转动一周只需要不足10秒钟，这使得谢尔曼在近距离坦克战中能够快速反应，迅速射击从而击毁对手。其次，谢尔曼还是"二战"中少数装备了火炮垂直稳定仪的坦克，能够在行进当中精确瞄准目标开炮。谢尔曼的500马力汽油发动机也是"二战"最优秀的坦克引擎之一，使谢尔曼坦克具有47公里的最高公路时速。这些优点都很有助于机动作战。M4A2式坦克曾援助苏联，获得苏联人高度评价，其闭式散热器具有在较低功率下有效利用发动机功率的特点，独特的五叶式散热器风扇扇叶角度不一，高速运转时可降低噪音，使坦克具有更好的隐蔽性。

由于M4坦克在战场上的出色表现，很快赢得坦克手们的青睐。"二战"中、后期，M4坦克在反法西斯战场上发挥了重要作用。在欧洲战场上，虽然M4坦克在与德军重型坦克的较量中，还有些力不从心，但它的数量多，可以以量补质。在太平洋岛屿争夺战中，美军的M4坦克则出尽了风头，日军的97坦克根本不是它的对手。

第二次世界大战后，许多从美军退役的M4坦克成了一些中、小国家军队的宝贝，"谢尔曼"遍及世界各地。直到今天，它仍在某些国家发挥着作用。

第四章

决战太平洋

1943年上半年,布纳和瓜达尔卡纳尔两地区有着长达6个月之久的休战状态。借着这难得的间隙,麦克阿瑟对盟军作了进一步调整。那些经历了此番苦战的疲惫不堪的盟军士兵,被调回澳大利亚和新西兰进行休整,用新来的部队换防。

自从兵败马尼拉和巴丹失陷之后,麦克阿瑟就一直被一种忧郁、悲愤和焦虑的情绪所笼罩。如今,这一切都随着巴布亚战役的胜利一扫而光。麦克阿瑟还因指挥作战有功而第三次获得了优秀服务勋章。

在胜利的激励下,伟大的"老兵"麦克阿瑟将军再次"复活"了。尽管他已经63岁了,但是依然像一个小伙子似的精力充沛。他始终挺着笔直的腰杆,走起路来也步履轻快。这一切都在向世人宣告着麦克阿瑟将军的过人之处。麦克阿瑟在享受胜利的荣耀的同时,情绪上也明显好转,又恢复了他以往的"麦式幽默",甚至还在记者招待会上同记者们打趣。不过,在自己的部下面前,麦克阿瑟依然会保持着那种可敬而不可亲近的姿态,冷淡而孤傲。

"蛙跳"战术：全速向前跃进

巴布亚战役的胜利揭开了反攻的帷幕，打通了进攻新几内亚海岸的航道，也搅乱了日军的整个太平洋战略。当然，麦克阿瑟所渴望的重返菲律宾的计划仍然存在着相当大的难度，无法立即付诸行动。因为日军还盘踞在新几内亚的大部分地区，尤其在萨拉莫亚和莱城拥有着坚固的基地。

麦克阿瑟在布纳战役胜利后，率领着下属回到了阔别2个月的布里斯班，恢复了他那像经纪人一般的西南太平洋战区总司令的例行工作。盟军总司令部设在布里斯班中心区一幢九层的大楼里。

麦克阿瑟一家则被安排在伦农饭店住下。由于老将军厌倦了饭店里单调的饭菜，夫人琼的厨艺并不高明，但她还是决定由自己亲自做饭。她每天都会到副食商店采购食品，这一点令麦克阿瑟的随侍副官赫夫记忆犹新。对他而言，最初的一段时间简直是"灾难性的"，琼总会拉上他和饭店的一个侍女充当"顾问"。经过不懈的努力，琼终于逐渐学会了一些简单菜品的制作。由这些细节我们也可以感受得到，麦克阿瑟和琼的夫妻感情相当融洽。可以说，家庭生活的美满也是支撑老将军保持良好精神状态的重要基石。

麦克阿瑟很少与士兵们交谈,通常他都会表现出冷淡孤傲的一面。在下属的心目中,他是个严肃而令人敬畏的人。几乎没有人敢到家里去打扰他,只有热情豪放的乔治·肯尼是个例外,肯尼一家就住在麦克阿瑟的楼下。肯尼个头矮小,留着平头,精力十分充沛,性格外向;同时他还是一个头脑冷静、思维缜密的将军,这一点和麦克阿瑟倒是有一些近似之处。在这一段比邻而居的日子里,肯尼常常会借口自己有了"妙主意",上楼去敲麦克阿瑟的门,诡称他要喝一杯咖啡,然后就开门见山地对麦克阿瑟大谈特谈他的"妙主意",有时他们会一直谈到凌晨一、两点钟。"琼坐在那听着听着,常常昏昏沉沉地睡去"。可以说,肯尼是除了琼以外,和麦克阿瑟保持最亲密关系的人。他们彼此赞赏到无以复加的程度,这正是联结两个人的纽带。肯尼认为麦克阿瑟是美国历史上最伟大的将军。麦克阿瑟认为肯尼是战争中最伟大的航空兵,视肯尼为总司令部的参谋中自己最信任的心腹。正是通过肯尼,麦克阿瑟才逐渐认识到空中力量是战争中制胜的关键。

现在,麦克阿瑟开始在心里盘算着下一步的作战行动,这是一个大胆而富于冒险性的计划,也是在世界战争史上享有盛誉的一大"发明"——"蛙跳"计划。为了让自己的将军们进一步领会这种全新的作战方法,麦克阿瑟走到海区图前,给在场的每一个人详细地讲述着"蛙跳"计划的优越性。针对澳大利亚北部星罗棋布的岛屿分布特点,麦克阿瑟强调:"以往的越岛作战,我方付出的代价巨大,损失严重,进展也十分缓慢,难以用最低的损耗尽快结束战争。而'蛙跳'战术则是使用最主要的兵力占领敌人防守力量比较薄弱、适合建造飞机场和发展基地的地区。这样,就可以尽可能地避开日军坚固的据点正面，截断敌人的补给线，使之孤立无援，最终让日本人饿死在太平洋的岛屿上。相反，我们则可以大胆地向前推进，扫清通向菲律宾的道路。"归根结底，这一计划的"发明"是麦克阿瑟为了实现打回菲律宾的诺言而制定的一个冒险计划，如果能够成功实施，无疑会取得意想不到的效果。问题在于，麦克阿瑟能有多大的把握实施这一计划呢？尤其在他尚未具备实施这一计划的实力的时候，这一计划看上去多少有点儿不着边际。更何况海军部的金上将会赞同"蛙跳计划"吗？

在经历了瓜岛、布纳苦战之后，麦克阿瑟自己对于"蛙跳"战术也没有多大的信心了。他认识到，仅仅只靠自己现有的少得可怜的兵力来实施该计划，实在是可笑之极。明白了自己的尴尬处境后，麦克阿瑟采取了应对措施，以增强西南太平洋战区的战斗力。首先，他向马歇尔致电，要求陆军部给自己增援。这一次马歇尔倒是十分爽快，为麦克阿瑟派来了由麦克阿瑟的老朋友、陆军中将沃尔特·克鲁格率领的美国第6集团军。该军团下辖的兵力除第1军外，还有战绩出色的第1海军陆战师。不久，克鲁格将军率领的增援部队到达西南太平洋战区，受到了麦克阿瑟的热情迎接。这对于麦克阿瑟而言，是一个很不错的开端。

1943年1月，罗斯福、丘吉尔和联合参谋部在卡萨布兰卡开会研究全球战略问题。金海军上将坚持认为，应不断对日本人施加压力，并敦促将对日作战的盟军部队增加一倍。丘吉尔和他的顾问们勉强同意了这一主张。于是，金海军上将宣布麦克阿瑟和哈尔西可在1943年5月夺取拉包尔。他还建议，攻陷拉包尔之后，尼米兹就应当向中太平洋推进，目标是及早夺取吉尔伯特群岛。

1943年2月，艾伯特·C.魏德迈准将来到布里斯班会见麦克阿瑟。魏德迈被视为陆军最聪明的年轻军官之一，可以说他是马歇尔的"门生"。他撰写的

《胜利计划》在珍珠港事件爆发之前针对美国参战问题勾画出了经济动员和扩充陆军的框架。魏德迈曾陪同马歇尔一起到过卡萨布兰卡,而他面见麦克阿瑟的任务就是向他通告卡萨布兰卡会议的结果。在获悉卡萨布兰卡会议精神,即"德国优先"战略后,麦克阿瑟的反应是嗤之以鼻。他让魏德迈回国后一定要让马歇尔重视西南太平洋战区,这里保持着比北非更大的战略优势。要想在突尼斯获胜尚需几个月的时间,而他已经在米尔恩湾、布纳和戈纳打败日军,并迫使日军撤退。

卡萨布兰卡会议现场

3月,麦克阿瑟指派肯尼和萨瑟兰去华盛顿,阐述他攻占拉包尔的计划,并请求华盛顿给予大量的增援。此次参加参谋长联席会议召开的会议,主要任务是研究确定1943年太平洋战区的作战计划。在会议期间,萨瑟兰向华盛顿总部提出了"埃尔克顿"计划,该计划在实质上同参谋长联席会议1942年7月2日的作战指令是一致的,只是麦克阿瑟另外又增加了赌注——除了他手里现有的部队外,还需要增加5个师、45个空军大队,以及许多海军舰只和登陆艇。萨瑟兰是个性情乖僻、脾气暴躁的人，他把五角大楼看成是敌人的领地。在他看来，陆军部就是毒蛇的巢穴，这里酝酿着让麦克阿瑟倒台的阴谋。因此，萨瑟兰不仅没能赢得他想要的增援，反而差点儿把事情搅黄了。

艾尔伯特·C·魏德迈将军，1944年10月起任中国战区美军司令

肯尼则在全力以赴地做一件事，即想方设法获得更多的飞机。目前飞机的损失率几乎让他入不敷出。如果再经历这样的恶战，不出5天，他的第5航空队可能就会一蹶不振，而它的机场也将不堪一击。然而，肯尼没能说服马歇尔和阿诺德让西南太平洋战区拥有更多的飞机。美国飞机产量的三分之一已经用于英国或被苏联租用了。阿诺德正努力增强第8航空队和第9航空队的力量，好让它们能在1944年进入法国时夺取空中优势。世界上每一位战区司令官都有权力要求增加飞机，西南太平洋战区却只能碰碰运气。

正当肯尼为此事苦恼不已时，一个偶然的机会令他的努力峰回路转。罗斯福总统一直以来对麦克阿瑟的近况十分好奇,于是派人把肯尼叫来。他询问了麦克阿瑟的身体状况,肯尼告诉总统说老将军健康极了。总统还想知道麦克阿瑟是否有什么政治抱负。肯尼说麦克阿瑟根本没有这种想法。当他们腾出时间来谈论西南太平洋战区的事情时,罗斯福对肯尼空中力量的知识掌握感到很是惊奇。这给肯尼一个绝好的机会,他可以做自己的宣传了,这可是一条越过马歇尔和阿诺德的头顶达到目的的捷径啊!罗斯福饶有兴致地倾听了肯尼向他描述的俾斯麦海战,他的飞行员们如何运用战术袭击日军的运输舰,双方如何在攻击彼此的机场时玩着猫捉老鼠的游戏,新几内亚上空如何在几分钟之内就从晴空万里变成阴云密布,那些优秀的飞行员和机组人员如何义无反顾地出发,执行长时间的海上作战,并一去不复返。处于这一地区的飞机和机组人员比在其他任何地区都更容易遭受损失。罗斯福领会了他的意图:"在这个本子上写下你所需要的一切。只要合理,看看我能为你做些什么,即使我需要同整个大英帝国为此事理论一番,也会为你争取的。"在肯尼回布里斯班以前,阿诺德就答应给他足够的飞机,从而可以将肯尼第5航空队的规模扩大一倍。这显然是总统的授意或是某种暗示有了效果。

参谋长联席会议研究了麦克阿瑟的计划,于3月28日发布了太平洋战区的新作战计划,主攻目标仍然是拉包尔。该计划命令麦克阿瑟和南太平洋战区司令海军上将哈尔西于1943年采取措施,保证盟军最终攻入俾斯麦群岛,以揭开攻占拉包尔的序幕。为了让麦克阿瑟完成他那一部分计划,华盛顿答应给他增派两个师,而且都是一流的正规作战师:第1骑兵师和海军陆战队第1师。为了保证西南太平洋战区与南太平洋战区在军事行动中协调一致,麦克阿瑟将对哈尔西海军上将向北推进的行动行使战略指挥权。

为了协调彼此协同支援及作战时间等问题,4月15日,哈尔西飞往布里斯班，同麦克阿瑟进行第一次会晤。这次会面成为他们俩结成莫逆之交的开端。哈尔西在回忆录《哈尔西将军的故事》中记述这次会面时写道：

在向他汇报5分钟之后，我就感到我们好像早就是终生难忘的挚友。我很少见到像他这样，在如此短的时间里就给我留下这么强烈印象、这么讨人喜欢的人。那时，他已经63岁了，可是看上去不过50岁出头的样子。他的头发乌黑发亮，眼睛清澈明净，仪态端庄稳重。即使他身着文职服饰，也能立即认出他是军人……我们有过争论，但总是愉快地结束。他虽然是我的上司，但从不把他的意志强加给我。在少数情况下，我不同意他的意见，我就对他说我不同意，于是我们认真地进行讨论，直到一方改变主意为止。我们讨论问题时的情景，在我脑海里留下深深的印象：他在办公室里踱来踱去，在他那空荡荡的写字台和乔治·华盛顿的肖像之间的地板上，留下明显的磨痕；他手里拿着玉米棒芯做的烟斗（我很少见到他抽它）；他阐述自己的观点时的措辞，我从未听到过有人能超越他。

麦克阿瑟在他的回忆录中也对这次会面做了详细的记述：

威廉·哈尔西将军是我们的四大水兵之一……同约翰·B.琼斯、戴维·法拉格特和乔治·杜威一样勇敢有为。他所想的，就是如何同敌人搏斗、置敌于死地。许多水兵的无端恐惧和害怕损失舰只的忧虑，同他的海上作战理念格格不入。从我们相见的一刹那起，我就喜欢上了他，我对他的尊敬和钦佩与日俱增。他的忠诚是坚定不移的，我对他的判断力深信不疑。在我国海军的历史上，没有谁比他更应该受到更高的评价。

麦克阿瑟与哈尔西会晤的结果是，他们共同制定出了执行"埃尔克顿"计划复杂而详细的作战方案。该作战行动将于6月开始。第一步，哈尔西的部队将进攻所罗门群岛中的新佐治亚。同时，麦克阿瑟的部队将进驻新几内亚东海岸以外的伍德拉克岛和基里维纳岛，那里还未被日军占领。联合作战行动的代号为"车轮"。

1943年5月，英美两国在华盛顿召开代号为"三叉戟"的参谋长联席会议，故称三叉戟会议。图中从左至右为美军准将约翰·迪恩，海军上将威廉·莱希，海军金上将

1943年5月间，罗斯福和丘吉尔在华盛顿举行的"三叉戟"会议，主要是为了解决进攻日本的战略问题。问题的焦点仍然是麦克阿瑟同海军部长金上将在战略上的意见相左。麦克阿瑟认为，通往东京的道路只有一条，那就

是集中他所辖战区内的全部力量，向新几内亚推进，经菲律宾、中国台湾，直指日本。金海军上将则断然批驳这一主张，他认为赢得战争胜利的最佳方法是一步一步地展开岛屿争夺战，海军及其陆战队通过中太平洋向前推进，顺序是吉尔伯特群岛、马绍尔群岛、卡罗林纳群岛、马利亚纳群岛、中国台湾、日本。最后，罗斯福和丘吉尔达成了妥协，认为可以有两条通往东京的道路，即麦克阿瑟的道路（这就是后来的"蛙跳战术"）和金上将的道路。实际上执行的还是金上将的道路，这意味着尼米兹将在中太平洋发动攻势。

对于这一折中方案，麦克阿瑟感到相当不满，他给马歇尔发电报打电话，坚称金上将的道路是完全错误的，认为夺取中太平洋诸岛达不到"任何具有战略意义的重要目标"，这样做只会导致盟军的力量被分散、削弱，因而是徒劳无益的。但他的努力最终也未能动摇参谋长联席会议的决心。决定已下，再无回旋的余地。

同年的8月中旬，美英两国首脑在加拿大魁北克的"四分仪"会议上认为，麦克阿瑟应当绕过拉包尔而置之不理，即"车轮计划"的终点不再是拉包尔，而应该分别是新不列颠岛的南部和布干维尔岛。根据这一指令，拉包尔将被甩在一旁被盟军孤立起来，使之失去依仗，最终迫使它自行崩溃。11月份，美英首脑同中国的蒋介石举行开罗会议，讨论了盟军在未来一年中的战略计划。此次会议重申了太平洋战区两路并进的方针，但实际上其重点却是在中太平洋地区，即金上将的"道路"上。这对于麦克阿瑟而言，构成了巨大的挑战。如果中太平洋路线进展迅猛的话，麦克阿瑟所构想的打回菲律宾的行动便成了笑话。在如此严峻形势下，麦克阿瑟无暇他顾，他必须尽早让自己从沮丧中挺过来，必须加快"车轮计划"的实施步伐，提高进攻的速度，才能为他重返菲律宾的梦想赢得机会。

俾斯麦海战：打开胜利之门

在地面战斗暂时停歇的 6 个月里，麦克阿瑟最为关注的是如何防止日军进一步增援莱城和萨拉茅阿的守军，因为盟军将向那里发起进攻。歼灭日军增援部队的任务交给了以布里斯班为基地的潜艇部队和肯尼的空军。

还在 1943 年 1 月底，日军在巴布亚战役失利后曾向澳大利亚防守相对薄弱的前哨阵地瓦岛发动了一场旨在建立于巴布亚北部海岸新据点的地面渗透进攻战，日军企图在巴布亚打入一个楔子。麦克阿瑟迅速做出部署，将日军赶下了大海。这次小规模的军事行动虽然取得了胜利，但它也给麦克阿瑟一个警示，日本人决不会就此善罢甘休。一旦重新集结起来，日军就一定会卷土重来。根据"卡斯特"密码破译队所侦听到的情报，麦克阿瑟的判断是正确的，日军自 1 月底以来，正在加紧扩建在拉包尔的新机场，每天都有大量的船队驶进拉包尔港，卸下从东南亚调运来的大批士兵和装备。

当时，詹姆斯·法伊夫负责指挥布里斯班的仅有的 12 艘潜艇，他曾计划用潜艇来"保卫"林加延湾，结果失败了。潜艇部队主要从"卡斯特"密码破译人员那里获取关于敌舰活动的有价值的情报，不久发现敌人从帕劳至拉包尔、威瓦克开辟了一条新补给线。于是，法伊夫沿新几内亚北海岸部署了几艘潜艇，以便切断敌人这条交通线。达德利·莫顿指挥的"鲣鱼"号潜艇对一支小型护航队进行了一次引人注目的截击，击沉日舰3艘，其中一艘是运兵船。当近千名日军落水后，莫顿将潜艇浮出水面，然后用轻武器毫不留情地把他们打死。

3月初，麦克阿瑟从"卡斯特"密码破译人员那里得到情报，日本人在拉包尔组成了一支向莱城—萨拉茅阿运送兵员和器材的大型运输船队。这支庞大的日军船队共有8艘运兵舰，大约装有7000名士兵，还有一些装备；该船队由8艘驱逐舰、护卫舰护航。麦克阿瑟要求肯尼以优势兵力去对付这支船队。很快，命令迅速下达。肯尼亲自指挥这次作战，他很快集中了在巴布亚的270架轰炸机和156架战斗机。另外还有86架轰炸机和95架战斗机在澳大利亚东北部的各基地集结待命，一旦需要，立即出动。肯尼向日舰可能经过的海域派出侦察机群进行搜索。运输船队被发现了，可是因为天气不好，不能采取行动，飞行员感到很恼火。

3月2日清晨，乌云开始消散，天气终于好转。盟军的空中力量开始向日本人的船队区域集结。7点55分，美军第5航空队严阵以待的首批29架轰炸机飞临日军船队上空。当巨大的轰炸机一群一群地发出刺耳的呼啸声俯冲下来时，日军高射炮手吓得不知所措。顿时，无数枚炸弹伴随着灿烂的阳光，像倾盆大雨般倾泻而下，在日军舰只上爆炸开来。仅用了70分钟的时间，日军运输船队的领航舰"旭盛9"号就被轰炸击沉，消失在波涛滚滚的俾斯麦海中，船上所搭载的800名日军官兵顷刻间被巨浪吞噬。到3日上午8∶30，俾斯麦海成了日军的灾难之海。被盟军轰炸的日军运输舰船燃起冲天大火，七歪八斜地在滔滔海水中徐徐下沉，海面上则到处都是日军士兵挣扎晃动的人头。与此同时，肯尼派出100多架飞机，两次对船队进行攻击，随后出动的飞机更多，达到330架。这些飞机把运输船队差不多全歼了，16艘舰只中，只有4艘驱逐舰未曾受创，其余不是被击沉就是受到重创。猛烈的轰炸一直持续了两天两夜。

3月3日至4日夜间，为了彻底消灭这股增援日军，麦克阿瑟派出鱼雷艇加入战斗。巴尔克利负责指挥的8艘鱼雷快艇组成攻击纵队，从米尔恩湾出发，向俾斯麦海域高速挺进。鱼雷快艇纵队一方面担负起进攻的重任，向日军运输船发射了一枚又一枚的重磅鱼雷，给予这些日军舰只以毁灭性打击；另一方面也负责在海面的搜寻任务，不放过任何歼灭日军的机会。后来目击者是这样描述的："落海逃生的数千名日军坐在小艇上在海面上漂泊。几天来，我们的快艇遇到许多满载日军的小艇，并把它们击沉了。这是一项很不愉快的任务，可是没有别的办法。要是让这些小艇靠岸，带着步枪的日军必然会给沿岸我方阵地造成严重威胁。"

盟军第5航空队的飞机在此次空袭中击沉了所有的日军运输船和4艘驱逐舰。日本人企图从新不列颠向新几内亚增派援军的企图被迫终止。盟军此次行动取得了重大胜利。

半夜时分，麦克阿瑟被肯尼从梦中唤醒，在知悉胜利的消息时，他兴奋得差点儿就跳了起来。肯尼后来回忆道："我从来没有见到过他这么兴高采烈。"麦克阿瑟得意地把这次战斗称为"俾斯麦大海战"。他马上草拟了一份给参战将士的贺信："请向获得辉煌战绩的全体将士转达我对他们的感谢和祝贺。这一次最彻底的歼灭战，必将载入史册。你们的战绩将永远使我感到骄傲和自豪。"

接着，总司令部发布了一份过分夸大战果的公报。麦克阿瑟宣称，日军

12艘运输舰和10艘战舰全部被击沉，淹死日军1.5万人。"卡斯特"密码破译人员提供了有关日军实际伤亡数字的准确情报，根据破译了的日军向东京的报告：16艘舰只中有12艘被击沉，约3000名士兵失踪。由于美国总部已经获知了日军伤亡的确切数字，这份被夸大的公报在一定程度上损害了麦克阿瑟的声誉。

在经历了俾斯麦海战的重大失败后，日军被迫放弃了向新几内亚运送增援力量的任何企图。新几内亚东部防守要塞莱城，今后只能依赖日军的潜艇输送有限的人员和物资。日本人完全丧失了在新几内亚地区的海、空控制权。

俾斯麦海战的捷报传到美国，再一次在国内引起轰动。罗斯福总统在给麦克阿瑟将军的回电中，毫不吝惜地称赞他的胜利，信中说道：

在过去几个星期和最近的几天里，将军所指挥的空军部队为支援所罗门群岛，及时地对日军实施有效轰炸。对此，我深表谢意。沿布纳海岸所进行的艰苦战斗给敌人以重大打击，已经给予萨拉莫亚的日军造成了巨大威胁。对于将军您的英雄指挥，全美国人民都深为感动。此役过后，必将对日军地面部队的作战信心构成决定性的影响。您克服了种种困难，竭力推进对日作战，我谨表达我的诚挚谢意！

紧接着，英国首相丘吉尔、澳大利亚总理柯廷和新西兰总理等先后向麦克阿瑟致电、致信祝贺这一胜利。丘吉尔在贺信中写道：

我可以向将军您保证，我对日本人并没有产生错觉，他们是凶狠的敌人，他们的军事素质赢得了世人的赞誉，虽然很多人从内心里不愿承认这一点。

而您对他们的打击是那样有力,非常出色地完成了任务。我向您表示最热烈的祝贺和感谢。我怀着极大的喜悦向女王陛下推荐,授予您巴士十字勋章,以表达大不列颠帝国对您的敬意,您为我们共同的事业做出了突出贡献。

麦克阿瑟指挥盟军接连取得布纳战役和俾斯麦海战的胜利,使长期以来倍受压抑的澳大利亚各界终于可以舒一口气,他们心里的恐惧感也随之一扫而光。麦克阿瑟这一刻当仁不让地成为澳大利亚的英雄。如果说,麦克阿瑟从菲律宾刚刚"转移"到澳大利亚时人们对他的赞颂多多少少还有一些质疑的话,现在,没有谁会再去怀疑了。俾斯麦海战大捷不久,柯廷总理在悉尼总理府举行了盛大而隆重的庆贺酒会,以答谢麦克阿瑟拯救澳大利亚的丰功伟绩。麦克阿瑟乘坐他的"巴丹"号专机,从布里斯班专程飞到悉尼来参加酒会。在酒会上,柯廷总理手中高举着酒杯,代表澳洲人民向麦克阿瑟将军致以最诚挚的感谢。麦克阿瑟应主人之邀,即席发表了激情洋溢的讲话:"尊敬的柯廷总理阁下,对于您的盛情邀请,我能以主宾身份出席今晚这次盛大的宴会,内心感到无比的荣耀。这象征着我们美、澳两国人民的友谊又向前迈进了一大步。总理阁下,尊敬的各位来宾,当我初到贵国时,我就曾说过,我还要打回菲律宾去。今天,我在这里还要再一次重申我的这一诺言,一定要把菲律宾及其附近岛屿,从敌人手中解放出来,恢复那里的人民的自由。为了达到这一目标,我将要在适当的时候向日军发动一次大规模的攻势。"通过这一致辞,老将军一方面表达了对澳政府和人民盛情招待自己的感激,另一方面又再次向世人,更是向他自己重申他曾经许下的承诺。打回菲律宾去,这是他须臾也不能忘记的郑重的誓言。

柯廷总理的这次宴会给麦克阿瑟留下了十分美好的印象。在当天晚上飞回布里斯班的专机上,麦克阿瑟兴奋地对他的随侍副官赫夫说:"今天晚上,我实在是太开心了。同战场上的情形完全不同,我就像置身于另一个世界一样,真是一个令人难以忘怀的时刻。"

出色的莱城战役

经过6个月的休战后,麦克阿瑟决定按"车轮"计划,采用"蛙跳战术",对日军发动全面进攻。这次军事行动可称得上是世界战争史上构思最为复杂的一次,其作战"前线"绵延1600多公里的陆地和海域,投入战斗的数万盟军部队来自不同的国家,大部分是美国、澳大利亚和新西兰的。他们是飞行员、水手,同时还是伞降队员。作战的主要武器是数百架战斗机、轰炸机,几百艘舰只和潜艇,还有坦克、大炮等重型装备。这些部队形成了旨在包围拉包尔的两把巨大的"钳子":一支部队指向所罗门群岛,另一支指向新几内亚东海岸,目的是围歼盘踞在拉包尔的日军。

如前所述,麦克阿瑟的"蛙跳"战术要点是:集中兵力攻占敌人防守薄弱又适合做前进基地的地区;避免进行会造成大量伤亡的正面进攻;用空军掩护盟军的每一次作战行动,切断敌人的补给线,使其处于困境而无所作为。

6月30日,在右翼的哈尔西指挥的两栖部队6000人在新佐治亚登陆,主要攻击目标是日军在蒙达的几处新机场。该地区驻守的日军只有4500人,可是他们牢牢地控制着丛林,凭借坚固工事,下决心战斗到底。哈尔西的部队陷入了可怕的丛林战的困境。在他们得到增援后,部队总人数达到近6万人,这差不多是他的地面部队的全部家当。7月底,哈尔西才成功地攻占这个令人讨厌的地方。本次登陆战中有1000名美军阵亡,近4000人受伤。

哈尔西的下一个进攻目标是科隆邦加拉岛上的普兰塔欣镇日军机场。可是,根据可靠情报显示,那里的日军至少有1万人,而且该岛地势险要,深沟高垒遍布其间。有鉴于此,哈尔西向麦克阿瑟建议,攻打科隆邦加拉应采用避实就虚的战术,先迂回到日军防御薄弱的佛拉拉佛拉岛,使科岛上的日军"无用武之地"。麦克阿瑟同意了这一建议,决定盟军跳过这座日军重兵防守的岛屿,而在力量相对薄弱的佛拉拉佛拉岛登陆。8月15日,哈尔西的6000人在没有遇到任何抵抗情况下顺利地实现了登陆佛拉拉佛拉岛的任务;在夺取全岛后,在那里修建了简易机场。胜利的消息传来,麦克阿瑟十分高兴,他大步跨到作战地图前,还没等作战参谋在这个小岛上做出标记,就亲自在地图上比画起来。这一胜利可以说是他的"蛙跳战术"在实战运用中取得的首场胜利,证明了这一战术的正确性!

美国第6集团军司令官、陆军上将沃尔特·克鲁格

由于被孤立在科隆邦阿拉岛的日军粮道已断，面临着被饿死的可能，拉包尔的日军司令部不得不命令该岛上的1万名日军尽快乘驳船迁回撤退。尽管哈尔西的驱逐舰和鱼雷快艇作了巨大的努力进行阻击，大部分日军还是逃到布干维尔去了。对于盟军而言，这样可谓一举两得，新佐治亚群岛已经完全掌握在盟军手中。

6月30日，在左翼的新几内亚，克鲁格以"白杨树"部队的两个团发动了对伍德拉克和基里维纳的进攻。由于得到了空军和海军的有力支援，部队得以顺利地在那里登陆。麦克阿瑟夺取这两个岛屿的主要目的是用来建立空军前沿基地。这两个岛屿距拉包尔，比布纳地区的几个前沿阵地还近得多，机场建设开始后两个星期，伍德拉克岛就能供飞机起降了。

同样在6月30日，盟军还以很少的代价，攻占了位于布纳和萨拉茅阿中间的拿骚湾，使那里成为进攻萨拉茅阿和莱城的前沿基地。

在这两个目标中，莱城的战略地位最为重要。实际上，自从年初取得布纳战役的胜利后，莱城就成为阻挡麦克阿瑟进军菲律宾的最主要的障碍。莱城是新几内亚北部海岸的一个重要港口小城，控制着延伸到整个岛屿的宽阔的拉穆山谷，东面与新不列颠岛隔海相望，有着极其重要的战略地位。而且，那里有一个良港和一个可供利用的机场，日军防御力量也比萨拉茅阿薄弱一些。在莱城—萨拉茅阿地区的1万名日本守军中，"主力"部署在萨拉茅阿。基于这些原因，莱城成了主攻目标。

由于极度缺乏可供登陆作战的两栖舰艇，也没有充足的能够提供支援火力的巡洋舰、驱逐舰等海上力量，麦克阿瑟只能依据自己手里现有的陆军、空军力量制定切实可行的作战计划。麦克阿瑟亲自主持制定了夺取莱城的作战计划，他决定首先使用全部的空军向莱城及其后面的萨拉莫亚发动大规模的空中攻击；而后，澳大利亚第3师在美军第41师的支援下，从陆上向萨拉莫亚推进，使日军形成错误的判断，以为盟军将首先向萨拉莫亚发动进攻。麦克阿瑟把真正向莱城进攻的任务交给了澳大利亚的另外两个师——第7师和第9师。由美国本土刚刚运抵西南太平洋战区的美军空降兵部队——第503伞兵团——成了麦克阿瑟手中的秘密武器，一张王牌。当澳军第9师从海上向莱城发起进攻之际，空降兵部队将在莱城背后的纳德扎布实施空降，夺取那里的机场。然后，肯尼将军的第5航空队将出动全部的运输机，把第7师全部人员越过莱城，从天而降，与第9师形成前后夹击之势，以彻底摧毁日军在新几内亚沿岸的这个重要基地。这是一个构思大胆而缜密的计划，被后来研究战争史的学者们称作"第二次世界大战中最漂亮的军事行动之一"。麦克阿瑟将此次作战计划命名为"硬币"。这次行动在极端缺乏海上支援的情况下，还是取得了辉煌的战果，使莱城之战成为第二次世界大战期间，盟军最出色的军事行动之一。

1943年9月，麦克阿瑟乘飞机在新几内亚上空查看地形

整个春季，肯尼一直都在注视着日本人在韦瓦克的动向，那里的日本军机日益增加，他急切地希望消灭它们。但是，当时他手里只有B-17轰炸机，航程虽然能到达韦瓦克，但由于缺乏能在白天进行远程护航的战斗机，他只好选择在夜间接近韦瓦克。黑夜轰炸韦瓦克，"空中堡垒"轰炸机只能改变一下热带丛林的面貌，最多只能让日本人睡不踏实而已。8月17日，轰炸韦瓦克的战斗打响，盟军的庞大机群同时向日本部署在新几内亚沿岸的所有机场发动了大规模的空袭。由于肯尼的机群行动突然，只用了不到1天时间，就摧毁了日军停放在韦瓦克基地上的所有飞机，使日军在新几内亚的空军几

乎全军覆没。麦克阿瑟在获悉胜利的消息后,一种复仇后的快感油然而生。在麦克阿瑟看来,似乎又出现了太平洋战争爆发之初发生的一幕幕往事。在那一天,日军在突袭珍珠港10小时之后,发动了对菲律宾的轰炸,摧毁了克拉克机场上几乎全部的美军B-17轰炸机和大部分战斗机。

麦克阿瑟在随后向美国总部发出的战报中,不无炫耀地说:"此次空袭,是在敌我空军势均力敌的情况下进行的。但是,日本在新几内亚的空军无论在空中,还是在地面都遭到了毁灭性的打击。尤其在对敌人地面飞机的突击中,我们的空军达成了出其不意的效果,给敌人以致命的打击,造成日军的巨大伤亡。"正在和麦克阿瑟协同作战的南太平洋战区司令哈尔西上将同样也是这次空袭行动的直接受益者。他正在向所罗门群岛中最大岛屿——布干维尔岛进行着艰难的进军。由于大量的日军飞机被炸毁,哈尔西不再担心来自空中的敌人。肯尼的此次行动是麦克阿瑟彻底夺取新几内亚战场制空权的重要标志。从今以后,麦克阿瑟可以朝着打回菲律宾的目标,大胆地加快前进步伐了。

为了实现空袭莱城的计划,肯尼计划在马里利南附近,离莱城只有60英里的丛林深处迅速而秘密地修建一个机场。实际上,他就是想在敌防线后,而且是在日本人的眼皮底下修建一座机场。肯尼向麦克阿瑟汇报了自己的设想,麦克阿瑟只问了一个问题:"你打算怎样保护它不被敌人的地面部队破坏呢?"肯尼打算调用一些澳大利亚部队,在晚上用飞机把他们送到马里利南。麦克阿瑟对这个计划持肯定态度,直说"好,好",还咧嘴大笑着。麦克阿瑟又想到了一点,问道:"噢,乔治。所有这一切你对我的参谋讲了吗?"

"还没有。"

"先别告诉他们,"麦克阿瑟说,"我可不想把他们吓死。"

肯尼的计划得以顺利实施,马里利南机场成功建成了。机场一建成,肯尼便迫不及待地发动了对日本空军基地的猛烈空袭,让日军遭到了惨重的损失,这一行动还为盟军此后展开海上和地面部队的大规模进攻铺平了道路。

8月24日,麦克阿瑟来到他位于莫尔兹比港的前线指挥部,监督攻占莱城的最后一搏。这也给他提供了一个绝好的借口,以避免会见一位重要客人——总统夫人埃莉诺·罗斯福。离开布里斯班前不久,麦克阿瑟派艾克尔伯格飞往努美阿,在那里迎接罗斯福夫人,带她到澳大利亚并在她的整个行程中陪同她。然而麦克阿瑟还是害怕总统夫人会坚持看望在新几内亚的部队。他告诉艾克尔伯格决不能让罗斯福夫人接近新几内亚。而他的恐惧是没有根据的。因为罗斯福夫人根本就没有提出过这样的要求,这不仅令他也令艾克尔伯格大松了一口气。尽管埃莉诺·罗斯福最终也未能见到麦克阿瑟,但是正当前线战事进入热火朝天的高潮时,琼在列农饭店为罗斯福夫人举行了正式宴会。罗斯福夫人的到访不仅对那里的美国将士们是一个鼓舞,同时也向澳大利亚传递了一个明确的信号,美国政府一刻也没有忘记澳大利亚。

7月,麦克阿瑟命令部队佯攻萨拉马瓦,以给日军造成假象;同时,他下令出动飞机对日军机场进行猛烈轰炸。这一招果然见效,日军不得不抽调驻莱城的守军从陆路进行增援,从而减弱了莱城的防御。

9月4日清晨,在经过周密部署后,对莱城的进攻终于打响了。天公作美,大雾弥漫,为作战提供了有利条件。澳大利亚第9师的首批登陆艇在浓雾的掩护下驶抵莱城以东30多公里处的海滩。这些不久前还在北非沙漠中战斗的老兵,这次是为了保卫自己的祖国而战,更是激情满怀,斗志昂扬。海军的5艘驱逐舰用大炮猛轰莱城以东的日军滩头阵地。

美军第503团是刚刚组建并到达西南太平洋战区的空降团，新兵们大多是人生中第一次参加实战，因此，保持战斗士气就显得十分重要。为了使这次精心策划的空降行动取得预期效果，麦克阿瑟在莫尔兹比港机场检阅了这支年轻的部队。在这一过程中，麦克阿瑟发现在部分士兵中，存在着一种初次参战的畏惧感，这是一种自然现象，初上战场，谁都会有这种忐忑不安的情绪。但是，长期的军旅生涯给麦克阿瑟的经验是，如果他能同他们一起去接受挑战，将会使这些年轻的士兵们更快地适应战场的形势，接受战火的洗礼，对自己的作战计划无疑是一大助力。

当麦克阿瑟返回司令部的时候，一个极富挑战性的想法浮现在脑海中，何不与空降兵们一道飞到天上去，空中指挥攻克莱城之战呢！回到司令部后，麦克阿瑟和肯尼就本次空降行动再次进行深入的讨论。当肯尼提到他打算跟部队一道去看一看第503团降落情况时，麦克阿瑟乘机说出了自己的主意。他告诉肯尼："乔治，我认为你不该去。"肯尼辩解说自己有权了解他的飞行员们是如何进行这样的作战行动的。这是他们首次进行空降作战。此外，他们是他的"孩子"。

"你是对的，乔治，"麦克阿瑟说，"我们一起去，他们也是我的孩子。"

对此，肯尼极力反对。"那毫无意义。您已经60多岁了，又是总司令，为什么你一定要去冒险呢？只拿5美元月薪的日本飞行员会把你身上打个窟窿的。"麦克阿瑟盯了肯尼片刻。肯尼似乎忘记了一件事：老将军从来就不怕子弹或炮弹。对他来说，提到这类事情甚至比真的子弹还能更深地伤害他。"我不担心被射中，"麦克阿瑟用平和的口吻对他说，"说实在的，我唯一担心的就是飞到山区上空时气流扰动，我的胃可能会不舒服。我可不愿意因晕机在那些孩子们面前丢脸。"他的话委婉地暗示了逃出菲律宾时的晕船经历。

肯尼知道,既然麦克阿瑟决心已定,就很难改变,再争也没用。麦克阿瑟要一起去,那就得这么办,肯尼只得立即着手为麦克阿瑟进行具体的安排。肯尼最终决定由他亲自驾机为老将军护航。

9月5日拂晓,美军西南太平洋战区空军的302架飞机组成了庞大的战斗机群,像一片巨型的乌云压向日军机场。第二次世界大战太平洋战场的第一次大规模空降作战,由此拉开了帷幕。执行这次空降任务的是第503伞降步兵团,他们在距离莱城西北20英里远的纳德和布的一个废弃的日军机场降落。由于麦克阿瑟亲自督战,极大地激发了伞兵们的斗志。此刻,麦克阿瑟正坐在他的"巴丹"号专机上,他将脸紧紧地贴在专机的舷窗上,一幅惊心动魄的画面呈现在他的眼前:一架架运输机的肚皮朝外倾泻出股股人流,朵朵伞花在空中组成千姿百态的图案,地面丛林的绿色中不时有火舌喷出,像一条条鲜红色的怪物左突右撞……整个空降行动仅用了3分钟,伞兵部队正好降落在应该降落的位置。在麦克阿瑟看来一切都无懈可击,他被这种新作战形式的壮观景象和完成这一行动的技术深深地吸引了。如梦初醒的日本人想增援莱城,但为时已晚。美军攻占了简易机场,迅速地割去了高草,开辟通向莱城的通路。第二天破晓时,C-14运输机运来了澳大利亚的第7师。10日,第7师开始从西面攻打莱城。

9月12日,盟军完成了对莱城的合围。3天后,两支盟军部队在南北两个方向对莱城发起攻势,并很快占领了莱城。莱城陷落后,几千名日军逃入莱城以北丛林密布的山区。但是寒冷、饥饿和热带疾病夺去了很多日本兵的生命。由于日本人对巴布亚不再构成威胁,麦克阿瑟准备夺取维蒂阿兹海峡西岸的控制权。一切都准确无误地按照"车轮"计划进行着。

太平洋战场的首次空降作战以盟军的胜利完美收官。"巴丹"号在莫尔兹比港安全着陆,麦克阿瑟像一个年轻人一样步履轻快地从专机上走了下来。为了表彰麦克阿瑟的大无畏精神,美国空军部授予他一枚空军勋章。这个荣誉,在美国对于一名陆军将领而言是非常罕见的。

抛出一枚一枚"硬币"

获得这次惊人的胜利之后,深谙作战指挥之道的麦克阿瑟决定抓住日军向后撤退的有利时机,果断地提前发动"硬币"计划的下一步攻势——夺取胡瓦半岛顶端的芬什哈芬港。

占领莱城的盟军各部队,没来得及停下休整,便接到上级命令,兵分两路,乘胜前进,将战线迅速向北推移。9月16日开始,澳军第7师向北推进320公里,直抵拉穆山谷,在夺取卡亚皮特和杜姆普之后,进攻受阻。9月22日,澳军第9师对胡瓦半岛东端的芬什哈芬日军4000名守备部队发动进攻,在芬什哈芬海滩强行登陆。盟军虽然遭到了比原先预想要强大得多的顽强抵抗,但久经沙场的澳军将士们前赴后继,勇猛向前,与日军展开激烈的争夺。在经过一场殊死较量之后,盟军于10月2日夺取了芬什哈芬,日军被全部肃清。盟军的另一路则紧随日军后撤路线,穷追猛打,朝南一路猛扫,一举将战线向前推进了320公里,切断了日军企图从中路逃跑的退路。至此,麦克阿瑟的"硬币"计划已经取得了丰硕的战果,从米尔恩湾到布纳,再从布纳到莱城，新几内亚的大部分地区已从日军手中夺取过来了。麦克阿瑟所统率的大军正以秋风扫落叶之势，穷追向西北方向逃窜的日军。总之，盟军取得了进军新不列颠岛和向西跃进的跳板。

根据"车轮"计划，盟军进攻的下一个目标是布干维尔。哈尔西提出 11 月 1 日在敌人防御较弱的奥古斯塔皇后湾登陆的作战计划，得到麦克阿瑟的批准。为了支援对布干维尔的攻击，10 月 12 日，肯尼派第 5 航空队出动 349 架飞机对日军设在拉包尔基地的机场、码头、船舶、仓库和露天给养堆等重要设施实施密集轰炸。本次轰炸共摧毁、击落日军飞机 176 架，击沉或被击伤日军舰只 119 艘，彻底消灭了日军在这一战场的空中力量。他的飞行员们像往常一样夸大其词，声称给拉包尔造成了严重的破坏。

这时，麦克阿瑟治下的西南太平洋战区指挥官再次进行更换。1943 年 10 月，他的海军司令卡彭德海军上将被解职。卡彭德将军被普遍认为胆小怕事又爱挑剔，特别是他常常越过麦克阿瑟和总司令部而直接同尼米兹和金海军上将联络，引起"巴丹帮"的不满。因此，麦克阿瑟曾强烈要求更换海军司令。到这时，金海军上将可能已经意识到，由于给麦克阿瑟派去了不称职的海军将领，蒙受最严重损失的还是美国海军。因而，他给麦克阿瑟配备了一名得力的指挥官——托马斯·金凯德。金凯德是一名出色的海军将领，曾指挥过瓜达尔卡纳尔和阿拉斯加的海军部队，于 11 月下旬前往布里斯班接过了海军指挥权，负责指挥"麦克阿瑟海军"（即第 7 舰队）。

金凯德到任后不久，归他指挥的潜艇增加到 30 艘。那时位于米尔恩湾等地的几个前沿加油基地已经建成，潜艇的活动范围也扩大了。由于查尔斯·洛克伍德的努力，鱼雷的技术问题终于解决了。那些过分谨小慎微的潜艇指挥官大多已被富有战斗经验的青年军官取代。由于上述一些原因，到了 1943 年底，潜艇部队的战绩已大为改观了。1943年下半年，有72艘日本人的舰只（大部分是运油船）被麦克阿瑟的潜艇部队击沉。以弗里曼特尔为基地的"泥鱼"号潜艇，因为得到了准确情报，一次巡航就击沉9艘敌舰（战后查到日军的记录，实际击沉5艘）。

11月1日，哈尔西指挥南太平洋战区的部队，利用麦克阿瑟创造的有利条件，从日本人意想不到的地点，向布干维尔西海岸的澳古斯塔皇后湾发动进攻，攻击一小股约300人的日本守备部队。战斗进行得相当顺利，到黄昏时分，已经有1.4万人上岸，并建立了坚固的滩头阵地。在这个环形防御地带，部队很快就扩大到3.3万人。海军修建大队人员上岸后开始修建机场。一支包括了两艘航空母舰强大的海军力量担任作战警戒。这样，盟军一举切断了日军通向拉包尔的重要补给线。

布干维尔岛战役期间，一支美军分队，携带步枪、手榴弹、火焰喷射器和巴祖卡火箭筒等轻武器，向260高地发起进攻

日军对这次袭击疯狂地进行反击，从特鲁克调去173架飞机和数艘舰只，企图粉碎盟军的登陆行动。"卡斯特"密码破译人员很快向总司令部报告了日军的动向。11月4日凌晨，侦察机发现了这支舰队，并紧紧地尾随着它。麦克阿瑟和哈尔西都决定让它不受干扰地进入拉包尔，待舰队抛锚后再发起攻击，就像日军袭击珍珠港那样也给它来一个突然袭击。

11月5日上午11:30许，从航空母舰上起飞的盟军100架飞机扑向拉包尔。1小时后，肯尼又派出100架飞机飞抵拉包尔上空。这次联合作战行动沉重地打击了敌人，炸伤6艘巡洋舰和2艘驱逐舰。日军被迫取消了进攻布干维尔盟军部队的海上攻击行动。哈尔西因胜利而欢欣鼓舞，他在这一地区又集结了5艘航空母舰，6天后，派出185架飞机再次袭击拉包尔。被打伤的日舰已经逃离，但飞机对港湾内的其他运输船只进行搜索轰炸，使日军受到相当大的损失。

与此同时，尼米兹指挥的太平洋战区也发动了进攻。11月20日，尼米兹命令部队进占了吉尔伯特群岛的塔拉瓦和马金。尼米兹在投入1.8万人的兵力并付出伤亡3000多人（其中，1000多人阵亡）的沉重代价下才攻下层层设防的塔拉瓦。虽然这次作战取得了胜利，但是麦克阿瑟认为，它恰恰有力地证明了中太平洋的进攻战是构想糟糕的冒险行动。

12月中旬，麦克阿瑟发动了对新不列颠的进攻。盟军在两个不同的地点登陆：12月15日，第112骑兵团在新不列颠南部的阿拉维成功登陆；第1陆战师作为本次进攻的主力部队于12月26日在西北端的格洛斯特角登陆，在这里，他们在泥泞的沼泽里与日军苦战3天，付出了阵亡300多人伤1000多人的代价，在那儿站稳了阵脚。这次战斗是美国海军陆战队在第二次世界大战中的最后一次丛林战。

美国海军陆战队在巴布亚新几内亚新不列颠岛的格洛斯特角附近登陆

战后,有许多军事专家都认为,在决定避开拉包尔之后,再在新不列颠南登陆就是多余的了,因为已不需要在那里修建为进攻拉包尔的军队使用的前沿基地了。

在新几内亚,澳军第7师在拉穆山谷受阻后,掉头向西北方向的马丹进发。澳军第9师则从芬什哈芬港出发,沿海岸向西挺进,迫使从马丹回防的日军第20师再次向西面的赛多尔撤退。总司令部命令澳军第5师前去增援第9师,对日军进行迅猛追击。同时,麦克阿瑟还指示克鲁格立即在赛多尔实施两栖登陆,以切断日军的后路,从东西两面夹击日军。

1944年1月2日,美军第32师126团6000多人在赛多尔登陆,随后向东进军以图能包围日军。但日军非常狡猾,在盟军的"钳形攻势"合拢之前,已向南绕过赛多尔,然后转赴马丹。麦克阿瑟围歼日军的目的再次落空。虽然日军在溃逃途中因病饿而死的有数千人,但日军第20师和从基亚里撤出的日军第5师主力在马丹会合后,总兵力仍有1万余人。像此前的布纳战役、莱城战役一样,麦克阿瑟未能大量消灭敌人的有生力量,这一次又让一股强大的日军部队从他眼前溜掉了。

日军在拉包尔的基地一天天地被空袭,日军的处境越来越糟糕。这个曾经十分坚固的日军据点,现在已经显得软弱不堪了,已经走到濒临灭绝的境地。可以不夸张地说,胜利的天平已经明显地向麦克阿瑟倾斜。

然而,就在麦克阿瑟为不断取得的胜利而兴奋之际,身为他的盟友、好友的澳大利亚总理柯廷却给他出了一个令人震惊的难题——这位总理扬言要从麦克阿瑟手中抽回澳大利亚的部队,言外之意,"我不干了"!当然,柯廷并非意气用事,这件事的起因是柯廷在1943年10月~11月间出访美、英两国却受到了冷遇。两个大国的首脑"故意"冷落柯廷,这深深地刺痛了柯廷的自尊。在柯廷访美期间,正值美、英两国举行最高首脑会议。身为盟国重要一员的总理,柯廷原本认为自己肯定会作为重要的参会者出席此次会议,在他看来这是对澳大利亚的尊重和肯定。但是,非常不幸的是,直到美英首脑会议结束,这位总理都没有接到任何邀请和解释。两大国如此骄横傲慢的态度,令柯廷倍受屈辱。在随后的访问行程中,无论是在华盛顿还是在伦敦,这位心灵受到严重创伤的总理都没有得到应有的尊重,根本就没有谁响应他对南太平洋战场的呼吁。正是因为此次访问,让柯廷心灰意冷,他甚至没有取得任何实质性的成果。在两手空空地回到悉尼之后,柯廷便将这股怨气撒向麦克阿瑟。在给麦克阿瑟发出的一份措辞严厉的信件中，写道：

最近我对于您作战顺利的发展以及今后的作战计划，特别是对于澳大利亚部队的使用，将加以全面的重新考虑，我国政府已就这一问题进行了多次讨论，我们对于使用澳大利亚部队在我国国土之外的战斗尤为关切。

自从澳大利亚部队接受您的指挥后，您与我国政府之间的关系从来就没有任何书面根据。现在，西南太平洋战区的形势业已大大改观，因此，我国政府认为我们的部队有撤回的必要。

在接到柯廷总理的这封令人震惊的信件时，麦克阿瑟将军仿佛五雷轰顶，遭遇了巨大的打击。眼下正是整个新几内亚战役处于最为关键性的转折阶段，盟军需要大量的部队来完成日益繁重的作战任务。更何况他的地面部队几乎全部都是由澳大利亚人组成的。这些澳大利亚部队作战经验丰富，对当地的地形更是十分熟悉。如果柯廷这次来真格的，把澳大利亚部队撤走，这无异于砍掉他的左膀右臂。那么，他的伟大的"我还会回来的"的誓言岂不是将化为泡影？想到这儿，麦克阿瑟再也坐不住了。他一面立即给柯廷总理发去回电，约请对方在布里斯班会谈，一面又让肯尼即刻准备飞机，他要立即动身飞回澳大利亚，亲自和柯廷总理面谈。

尽管柯廷对美国怀有相当的成见，但是对于麦克阿瑟老将军能风风火火地从前线赶来和自己会面，还是抱有极大的好感的，更何况他们原本的私人关系就相当融洽。而且，正是面前的这位美国老兵率领着盟军把日军从自己的家门口给赶走的。所以，柯廷总理在接到麦克阿瑟的回电后，对于两人的会面要求并未产生丝毫的推阻。在布里斯班的会谈中，麦克阿瑟详细地向柯廷总理通报了目前前线的局势，说明澳大利亚战略地位的重要性，在即将展开的大反攻中，澳大利亚将是一个不可或缺的重要基地，将会发挥更加重要的作用。因此，老将军恳请柯廷打消一切顾虑，继续和自己合作，以取得对日作战的彻底胜利。

或许柯廷的本意并非真的要从麦克阿瑟手里调回自己的部队，只是一时气急之下的冲动所为罢了。之前，与澳大利亚没有丝毫关系的非洲，他都能派出部队，何况日本这只自己家门口的狼呢！其实，与当年菲律宾总统奎松一样，柯廷不过是借着调回澳大利亚部队这件事儿，通过麦克阿瑟向美国最高层喊话，要求他们能够听到自己的声音，引起他们的足够重视。在圆满解决了柯廷的问题之后，第二天麦克阿瑟便急匆匆地赶回了位于莫尔兹比港的前线指挥部。当天，柯廷总理通过无线电台，向全澳大利亚发表了演说，称此次和麦克阿瑟将军的会谈标志着一个崭新的阶段的到来。在会谈中，他们已经在广泛的领域里达成了共识，澳大利亚大陆将成为盟军向日军发动致命打击的强有力的基地。

大敌当前，一场危机就这样得到了化解，人们又投入到紧张的战事中。

但是，一波未平，一波又起，新的麻烦又再次给麦克阿瑟带来了烦恼，刚刚因解决了柯廷撤军风波而情绪不错的麦克阿瑟将军，这次的坏情绪是因为他的参谋长萨瑟兰带给他一个坏消息："菲律宾又被他们从1944年的清单上抹掉了！"

萨瑟兰此时正出席在开罗召开的美国参谋长联席会议，这是为了落实开罗会议和德黑兰会议上美、英、苏、中等反法西斯同盟国达成的战略方针而召开的工作会议。作为西南太平洋战区的代表，萨瑟兰措辞严厉，强烈要求最高决策层能公正地对待西南太平洋战区的战略地位。但是，根据美、英、苏三巨头制定的战略方针，参谋长联席会议仍然决定将重点放在尼米兹海军上将指挥的中太平洋战区的海军身上，主要依靠海军从中太平洋向日本挺进，因为"中太平洋的战局预示从那里能较快地向日本推进"。而麦克阿瑟统率的西南太平洋战区只能沦为一个不太重要的配角，用适当的速度配合海军方面进行作战。为此，麦克阿瑟在未来的1944年作战仍然只限于新几内亚岛上，只要他缓慢推进即可。这无疑是对麦克阿瑟的当头棒喝！

对此，麦克阿瑟理所当然地再次提出抗议，认为中路"既浪费时间又要大量消耗海军力量和运输力量，甚至还可能失败"。他明白，如果中太平洋部队进展迅猛的话，就会使他的经由新几内亚迂回进攻菲律宾的行动失去必要性。但参谋长联席会议却再次拒绝了他的要求，迟迟不批准他的进攻菲律宾的计划。对此，麦克阿瑟感到异常沮丧。

深知麦克阿瑟脾气的马歇尔将军知道这样的计划肯定会激怒老将军。为了安抚这位骄傲又难缠的"老兵"，马歇尔决定从开罗回国途中，取道太平洋，亲自到西南太平洋战区视察一番，一来可以亲自会晤并安慰麦克阿瑟，二来还可以实地考察该战区的战局。一听说马歇尔要来，麦克阿瑟打心底里不想买他的账。他把肯尼找来，要肯尼替他去应付这位几经周折、远道而来的陆军参谋长。麦克阿瑟对肯尼说："你就告诉马歇尔，我到前线指挥第6集团军去了，没有闲工夫陪他瞎扯。"但是，总司令部里的部下们都对麦克阿瑟的意气用事不以为然，他们强烈建议老将军应该利用马歇尔的这次到访机会，让他多了解有关西南太平洋战区的真实战局，应该当面向参谋长解释太平洋战略。在认真思考了助手们的建议之后，麦克阿瑟做出妥协。但他仍然坚持先由肯尼代替他去机场迎接这位不辞辛劳地从开罗转道德黑兰再飞到澳大利亚的客人。麦克阿瑟决定由肯尼全程陪同马歇尔视察新几内亚，到他准备离开时，自己再与这位参谋长进行会谈。

12月13日，马歇尔的专机在莫尔兹比港降落。当他走下飞机时，发现迎接自己的并非麦克阿瑟，而是肯尼将军。这实在是不合常规，连最基本的军事礼仪都不顾及了。此刻，麦克阿瑟正在第6集团军设在古德伊纳夫岛上的指挥所，名义上是在指挥夺取阿拉维的作战行动，实际上不过是他给自己找的一个避免同马歇尔见面的理由。最后，还是马歇尔决定主动到古德伊纳夫去会晤麦克阿瑟。12月15日，马歇尔在肯尼的陪同下，终于见到了老将军。在和马歇尔的会谈中，麦克阿瑟惊奇地发现，马歇尔并不像自己所想象的那样对他的太平洋作战计划不予理睬或者完全漠视，实际上马歇尔不仅十分理解他的计划，而且一直在尽可能地帮助自己。所以，麦克阿瑟打心底里接受了马歇尔，甚至还表现出了一丝歉意。因为成见已经被消除，两人的会谈很快就变成了推心置腹的真诚交流，其间洋溢着非常坦率的氛围。像遇到了多年的知己一样，麦克阿瑟向马歇尔大肆抱怨海军的傲慢、无礼和无知，将多年来海军部长金上将对自己的偏见责任完全归咎于对方。他向这位陆军参谋长保证，没有谁能比得上自己对海军、空军的热情支持，但是换来的结果却是海军的误解和对自己的处处作梗。他直言不讳地告诫马歇尔——其实更像是在指责美国最高决策者："我认为在争取胜利的时候，允许各兵种之间的相互倾轧，或达到某些私人的野心，实在是不可思议的事儿。"同时，麦克阿瑟更是向马歇尔反复强调太平洋战场的重要性，批评最高统帅部对自己存有偏见，不重视西南太平洋战区，在人员和给养等方面都存在着严重的歧视。因此，他强烈要求马歇尔将军能为自己向上级建言。马歇尔一直静静地倾听着老将军的喋喋不休的抱怨和牢骚，最后，他很巧妙地将这一切"罪过"都推到了金上将身上，说金上将之所以顽固地坚持要使太平洋战争成为显示海军力量的战争，是想以此来洗刷美国海军在珍珠港蒙受的耻辱。马歇尔告诉麦克阿瑟，参谋长联席会议并没有就从哪条路进攻东京做出最后的决定。言外之意，麦克阿瑟还是很有机会的。

这是马歇尔和麦克阿瑟在整个第二次世界大战期间的唯一一次会面。在回忆录中，麦克阿瑟对这次会面给予了高度评价，认为会谈是一次"长时间开诚布公的讨论"。这次会谈确实收效颇丰，从后来华盛顿对西南太平洋战区源源不断地提供战略物资与人员这一点上就可以得到证明。得到了华盛顿慷慨的支援，大大增强了麦克阿瑟对此后的军事行动取胜的信心。

按照"车轮"计划的时间表，麦克阿瑟和哈尔西的下一个目标是卡维恩岛和阿默勒尔蒂群岛中的马努斯岛。12月，麦克阿瑟和哈尔西在尼米兹的配合下，开始空袭和用舰炮轰击卡维恩岛。在圣诞节这一天，尼米兹的2艘航空母舰驶向南部水域袭击了卡维恩岛上的港口，以便阻止日军从海上对该岛的任何增援。

随着时间进入1944年，麦克阿瑟实施"蛙跳"作战计划的想法再一次使他有了一个新决定，他要将进攻的"利剑"对准菲律宾方向来一个急转弯——由原来的向北挺进转为向西开拔。这样一条通往菲律宾的进军路线再清楚不过地标示在各级指挥部的作战地图上：由新几内亚的东南部沿海岸线一直西进，以跃进的方式纵贯整个新几内亚。夺取新几内亚西北部的鸟头半岛后，菲律宾就横亘在眼前了！

现在，对于麦克阿瑟而言，每一分钟都是非常宝贵的。在实施西进战略之前，麦克阿瑟还有大量的准备工作需要完成；首先，向西跃进的主要任务由两栖部队来承担，这就需要夺取更多的港口和基地；其次，向西跃进的路线右翼是开阔的海岸线，就必须建立起可靠的战略屏障；第三，为了防止日军向新几内亚进一步增派兵力，还需要盟军在俾斯麦群岛和苏门答腊岛方向组织适当的防御；最后，一系列的进攻战势必会带来巨大的伤亡，但是，自己手中的医务人员和药品都异常匮乏。基于这些问题，麦克阿瑟下定决心要加快进攻速度，来推动向西跃进的准备工作。

在最初拟定的作战方案中，因尼米兹海军上将在马绍尔群岛的作战行动拖延，麦克阿瑟的总司令部将攻占卡维恩岛和马努斯岛的时间都定在4月1日。可是到了2月初时，种种迹象充分显示出，日军的抵抗已越来越减弱，出现了有利于盟军采取进一步攻势的时机。2月15日，哈尔西的部队占领了无人防守的格林岛，并在那里修建了简易机场，使陆上起飞的飞机距离拉包尔不到185公里，距离卡维恩岛350公里。2月23日晚，在从肯尼拿来的一份白天由侦察机拍摄的照片中获悉洛斯内格罗斯岛上日军疏于防守后，麦克阿瑟决定充分利用这一有利时机，提前发起进攻，以突然袭击的方式夺取该岛。因为麦克阿瑟考虑到，如能不用尼米兹的航空母舰支援，提前通过偷袭把日本人眼皮底下的洛斯内格罗斯岛攻下来，那将会把公众的注意力从中太平洋转到他负责的西南太平洋战区来。在2月24日晚上举行的军事会议上，他不顾许多人的反对，果断定下2月29日在洛斯内格罗斯岛登陆。但为了不使尼米兹上将产生不快，麦克阿瑟谨慎地对此次提早发动的进攻进行了缜密的计划，并称之为大规模的"武装侦察"。他还进一步表示，自己会亲自去实施这次"侦察"。

美军士兵在洛斯格罗斯岛上,检查日军尸体

麦克阿瑟把进攻马努斯岛的任务交给了克鲁格将军和他的"白杨树"部队。肯尼的飞机开始攻击马努斯岛及其附近的洛斯内格罗斯岛。飞机不时地扫射和轰炸这两个岛屿。侦察飞机也在严密地监视。几天后,克鲁格派出的潜入岛上的侦察兵报告说,岛上的日本人像"蚂蚁一样多",这时作战准备工作已经完成。当时有人说:"这是一场牌全在敌人手中的军事赌博。"麦克阿瑟回答说:"我打赌,如果我运气非常好的话,我下10元赌注可以赢回100元。"

为了能亲自指挥这次冒险的作战行动,2月27日,麦克阿瑟由布里斯班飞到米尔恩湾,登上了金凯德海军上将的旗舰"凤凰"号轻型巡洋舰。克鲁格看到他在那里大为惊讶。他敦促麦克阿瑟回去。后来克鲁格在回忆录中写道:"他明确地禁止我参加这次登陆攻击战,而现在他倒要自己这样做。我争辩说他这样暴露自己是不必要的,也是不明智的,如果他发生什么意外,那将造成灾难。他聚精会神地听我说着,并感谢我的好意,但是说'我必须去'。"很明显,麦克阿瑟对此次行动有着十足的把握,无论如何,他觉得自己必须在场。

2月29日清晨,由蔡斯将军率领的第5骑兵侦察队,在金凯德海军上将的护航舰队的支援下,开始发动进攻,部队在洛斯内格罗斯岛登陆,几乎没有遇到什么像样儿的抵抗。两个小时后,蔡斯将军就占领了主要目标莫莫凯特机场,突然袭击的"冒险"果然收到了预想的效果。此时,一直在附近海面指挥作战的麦克阿瑟突然对身边的助手们提出,他要亲自登岛。当时,不仅仅天气极端恶劣,大雨滂沱,海面风急浪高,而且刚夺取的滩头上,到处还响着日军发出的阻击枪声。但是,老将军全然不顾随同人员的劝阻,执意前往。下午4点左右,蔡斯将军从最前线赶回了滩头阵地,迎接总司令驾临。麦克阿瑟从指挥舰改乘登陆艇靠上了海滩,蔡斯非常担忧老将军的安全,他紧贴着麦克阿瑟,指着附近的一片丛林说:"几分钟前,我们还在那里打死了一个日军狙击手。"麦克阿瑟十分镇定地回答道:"很好,这是消灭他们的最好办法。"从这一点可以看出,麦克阿瑟将军确实有其过人的胆魄,这一点也正是他能够赢得属下们衷心拥戴的原因所在。

麦克阿瑟一边说着,一边大步向前走去,并不停地对蔡斯指点着附近的地形,确定防守的阵地。一直到达最前沿的机场防线,麦克阿瑟亲自为一名军官颁发了奖章,并告诉他,必须不惜一切代价打退敌人的反扑,坚决守住阵地。他对将士们说:"我们已经咬住了它,就决不再松口,直至咬死它。"

浑身上下被大雨淋透的麦克阿瑟顾不得满身的污泥,也来不及休息,回到了"凤凰"号,立即通过无线电命令在芬什哈芬的后续部队,加快前进速度,迅速增援洛斯内格罗斯岛。

在麦克阿瑟离开后,岸上的人都松了一口气。

蔡斯果然没有让麦克阿瑟失望,他指挥的部队虽然数量极其有限,但还是顽强地顶住了日军潮水般的反攻,在增援部队到来之前守住了阵地。不久,大批增援部队上来了,肯尼也开始进行他所承诺的空中掩护。经过一周的战斗,美军占领了该岛。随后,克鲁格派兵登上了马努斯岛,占领了主要目标——机场。未用多久,就全歼日军4000余人,除俘虏75人外,其余全部被击毙。阿默勒尔蒂群岛连同重要的锡阿德勒港都是麦克阿瑟的了。美军损失不大,阵亡326人,伤1189人。这场冒险的赌博赢了,甚至连金上将都认为这是"绝妙的一招"。这样,麦克阿瑟就紧紧地卡住了日本人的"脖子",将其部署在俾斯麦群岛、新几内亚和所罗门群岛的8万多人彻底地孤立起来,日军在南太平洋地区的失败命运就此注定了。

麦克阿瑟大胆的、向西跃进的新战略初战告捷。麦克阿瑟如此神速地向西挺进,不仅出乎日军的意料,也使华盛顿感到惊喜。

在此期间,还发生了一件令人十分不愉快的事情,但这已经不能改变麦克阿瑟向西跃进的步伐了。

在攻下马努斯岛以后,麦克阿瑟计划把位于该岛的锡阿德勒湾修复后,作为哈尔西的海军舰队基地。当修复工作开始后,尼米兹十分傲慢地向金海军上将及参谋长联席会议建议,他的管辖范围要扩大到包括马努斯岛和锡阿德勒港,他的第5和第3舰队要使用这个基地。当麦克阿瑟收到这个建议的副本时,顿时大为恼火。他立即写信给马歇尔提出抗议,说尼米兹侵犯了他的指挥权,他还把哈尔西叫到布里斯班。哈尔西后来写道:

还未来得及说一句问候的话，我就看到麦克阿瑟正强压着怒火……我未参与起草这个文件，甚至在文件发出前也未听说有此事。但麦克阿瑟把我、尼米兹、金和整个海军看作一个可恶的阴谋集团，想要削弱他的权力。他虽然感情冲动，却未破口大骂，这一点比我强。当然他也用不着那样，骂人只会让别人误以为他没有雄辩的口才。谈话进行了约一刻钟，他说他不会屈从于上头的压力，他已发出命令，在马努斯管辖权确定以前，只修建供他指挥下的舰只使用的设施。他说完之后，用烟斗指着我问道："比尔，我做得对吗？"我和金凯德等在场的军官都说："不对，先生！"麦克阿瑟笑着说："嗯，如果有这么多拔尖人物都不同意我的意见，看来只好再认真研究研究我的提议了！比尔，你说呢？"我说："将军，我不同意您的意见。不仅如此，我还要提醒您，如果坚持您的意见，那您就是在妨碍正在进行的战争。"他的助手们紧张得一声不吭。我估计，他们都未曾料到会有人敢用审判官的口气跟他说话。

一个小时后，会议就散了。哈尔西原以为已经说服了麦克阿瑟。但是到了第二天早晨，麦克阿瑟"又疯了"，把他叫了去，两人又争论了一个小时，毫无结果。下午又接着辩论，这实际上不过是又把以前的话拿出来重复了一遍。最后，麦克阿瑟终于作出了让步。他说："你胜利了，比尔。"

麦克阿瑟在此期间所取得的胜利，奇迹般地缩短了"车轮"计划的日程。很明显，没有必要再去进攻卡维恩岛这个据点了。3月中旬召开的美军参谋长联席会议采纳了哈尔西原有的建议，绕过卡维恩，去夺取无防守的埃米罗。哈尔西在3月20日轻而易举地完成了这个任务。一周后，日军放弃了布干维尔岛，从而结束了打了一年半之久的所罗门战役。与此同时，澳军在新几内亚进逼马丹，迫使日军向西撤到威瓦克。

1944年3月，盟军已完成了对拉包尔和卡维恩的包围。这两个日军基地共有10多万人，他们被死死地封锁在那里。随着战场向西推进，他们被远远地抛在后面，等待他们的将是因给养断绝而走向灭亡的命运。

奇袭霍兰迪亚

随着"车轮"计划的完成,在布里斯班的麦克阿瑟和他的总司令部现在面临着一场新的战役:沿整个新几内亚北海岸向福格尔科普半岛推进。

"卡斯特"密码破译人员从监听到的日军将领之间的无线电通话内容得知,日军地面部队当时处于混乱不安之中,他们正在争论是否把第18集团军留在汉萨湾—威瓦克地区,或者向西撤到荷属新几内亚一线。日军最高统帅部似乎正在犹豫是否要撤退,日军当地指挥官估计麦克阿瑟下一步要进攻汉萨湾—威瓦克,想在滩头迎击盟军,在万不得已时再撤退。

此时,盟军获取的情报显示,日军将在荷属新几内亚的霍兰迪亚(现称"查亚普拉")构筑新的防线。实际上,日本人已经在那里修建了几个飞机场,组建了新几内亚空军指挥部,另外还派修建大队去扩建那里的港口;日军还制定了从中国和日本调几个师来增援霍兰迪亚及附近地区的计划。一旦日军的作战计划得到实施,待这些部队到达,并与从汉萨湾—威瓦克撤下来的第

18集团军会合后，霍兰迪亚就将成为另一个拉包尔要塞，横在麦克阿瑟向西跃进的道路上。

掌握了这些重要情报后，麦克阿瑟和手下的参谋们便开始有针对性地拟订计划，而且是一个超乎常规的大胆构想：放弃汉萨湾—威瓦克，直接向800公里外的霍兰迪亚发起进攻，那里日军只有1.2万人。如果盟军能在敌人增援部队到达之前，以迅雷不及掩耳之势夺得霍兰迪亚，那么，盟军就能粉碎日军加强霍兰迪亚的战略计划，并可以切断第18集团军的退路，把它包围在进攻马丹的澳大利亚军队和在霍兰迪亚的盟军之间。该计划一旦得以实现，盟军的轰炸机活动范围可向西推进700多公里。

问题是在这么大范围的"跃进"，不仅跨度太大，而且肯定也超出了肯尼的多数战斗机的作战范围，因此导致空军部队无法为海军提供近距离的空中支援。麦克阿瑟要跃进这么一大步，就需要大批航空母舰，可是金凯德海军上将的手中没有航空母舰。尼米兹控制着太平洋上所有的航空母舰，他会愿意中断中太平洋的作战行动，来助自己一把吗？对此，麦克阿瑟实在没有多大的把握。

实际上，总司令部里也存在着一定的意见分歧，有些人对这一计划还是顾虑重重，甚至为这一计划起了一个不恰当的代号"妄动"。但麦克阿瑟听到关于此事的汇报后，热情却很高。因为他考虑到，尼米兹在马绍尔群岛的进展和对特鲁克的空袭成了公众注意的中心，如果能对霍兰迪亚发动大胆的进攻，不仅会将把公众注意力吸引到麦克阿瑟自己的战区来，而且还将把他夺取新几内亚的时间提前几个月，这将使许多盟军士兵的生命免遭涂炭。

麦克阿瑟派自己的参谋长萨瑟兰把这个建议呈送给参谋长联席会议，并附上表示赞赏的评语。此时正值华盛顿接近完成对太平洋战局的重新评估之际，所以在接到麦克阿瑟的"妄动"计划后马上就将其补充进整个作战计划里。

3月12日，参谋长联席会议发布了新一轮作战指示，史无前例地痛快批准了麦克阿瑟的"妄动"进攻计划，并明确地向尼米兹海军上将下达命令，要求海军全力支援麦克阿瑟向菲律宾棉兰老岛进攻的任务。这一次，麦克阿瑟感到非常满意，在经历了长期的被压抑、被忽视之后，局势终于改观了。这一回华盛顿没有再对他的计划掐头去尾，说明了最高统帅部开始正视他的战略计划，这是一个好的开端。只要他能够得到足够的重视和一定的增援力量，打回菲律宾的计划将不再是梦！

3月底，为实施"妄动"计划，麦克阿瑟任命艾克尔伯格将军为进攻霍兰迪亚的"白杨树"部队的司令官，自从布纳战役后，他一直在担任不起眼的职务。根据总司令部的命令，金凯德和巴比开始组织一支由113艘舰船组成的庞大舰队，用来运送5.2万人的进攻部队和给养，并提供海上支援。然后，他又马不停蹄地赶回布里斯班的大本营，在这里他将同尼米兹海军上将进行会晤，共同商讨太平洋航母舰队支援"妄动"作战计划的相关事宜。

随着距离菲律宾目标越来越近，麦克阿瑟愈加感受到，没有一支强大的海军配合陆军作战，自己是无法渡过横亘在新几内亚与菲律宾之间的海峡的。因此，他需要同尼米兹进行一次很好的合作。而尼米兹上将因为有了参谋长联席会议的明确指示，也只得硬着头皮前来与麦克阿瑟会谈，以讨论未来的作战计划。总之，不管之前两人有多少矛盾与不愉快，但他们在尽早消灭太平洋战场日军的这一战略目标上是一致的。因此，虽然从时间上来说，有点儿晚，但毕竟这是自太平洋战争爆发以来，太平洋战场的两大战区最高指挥官的首次会面，意义之大，不言而喻。

3月25日，尼米兹和他的参谋人员飞抵布里斯班。尽管他在飞机上已经有了一些心理准备，但当他走下飞机的那一刻，见到麦克阿瑟站在欢迎队伍的最前方等待自己时，还是感到了十分的惊异。因为早些时候，他的部下就曾向他汇报说，之前麦克阿瑟曾对自己的顶头上司、陆军参谋长马歇尔采取了冷淡的态度。当然，这只是尼米兹此行"惊异"的开端，令这位海军上将吃惊的事儿还在后头呢！

当天晚上，麦克阿瑟在布里斯班举行了盛大的欢迎宴会，专门为尼米兹接风洗尘。麦克阿瑟不仅亲自主持宴会，而且还发表了充满了赞誉与热情的祝酒词，席间充满了欢快的气氛。很快，尼米兹就被麦克阿瑟这一连串的精心安排所"俘虏"，他都感觉自己之前实在是太偏执了，对老将军的那些偏见实在令自己汗颜。在接下来举行的会谈中，尼米兹向麦克阿瑟做出了慷慨的承诺：在下一步的作战行动中，海军将向麦克阿瑟提供一支由12艘航空母舰组成的庞大的海上编队，支援"妄动"计划；并向麦克阿瑟治下的海军部队增拨8艘小型航空母舰，提供近距离的空中支援。麦克阿瑟对这样安排感到非常满意。

尼米兹对这次会晤很满意，他在写给金上将的报告中说，"我们一行在整个访问期间，受到了周到、真诚和热情的接待，简直是无可挑剔的。会议开得很好，很顺利。"

这次会面，尼米兹发现麦克阿瑟精明能干，很有吸引力，就是有点主观武断，好装腔作势。太平洋战场上的两位最高司令官皆大欢喜，这预示着"妄动"计划将加快推进。

随着进攻日期的临近，麦克阿瑟的总司令部开始着手采取一些欺骗敌人的佯动，目的是使日军误以为盟军下一个进攻目标是汉萨湾—威瓦克。他们故意泄露出假的进攻计划；空军飞机在这个地区上空投放照明弹，模拟照相侦察；拉尔夫·克里斯蒂的潜艇还把空橡皮艇遗弃在海滩上。截获的电报表明，欺骗活动进行得很成功。肯尼也在苦心营造着这种欺骗行动。他的主要目标是摧毁霍兰迪亚几个机场上的400余架日军飞机。这时他已有许多架航程足以掩护重型轰炸机到霍兰迪亚的P-38战斗机。他要在日军飞机一架挨着一架地摆在机场上时，在大白天进行轰炸，一举予以摧毁（就像日军在克拉克机场摧毁美军大批飞机那样）。为麻痹日军，使其相信他的战斗机飞不到霍兰迪亚（若果真如此，他的轰炸机就只有在晚上才能行动），他禁止P-38飞机飞到艾塔佩以外。他每晚派一架轰炸机到霍兰迪亚上空然后胡乱地扔一阵炸弹，对汉萨湾—威瓦克却一直保持很大的空中压力。这一策略后来产生了那么好的效果，是超乎肯尼的意料的。

美P-38闪电式战斗机为B-17轰炸机群护航

在前期的空袭基础上，肯尼分别于3月30日、31日和4月3日出动他的全部空中力量，对霍兰迪亚发动3次大规模袭击。每天都派出有75架P-38护航的由65架重型轰炸机，还有171架中型和轻型轰炸机组成的机群进行猛烈轰炸。这些空袭行动把日军约400架飞机几乎全部都摧毁在地面上。肯尼的胜利，给麦克阿瑟带来了极大的鼓舞。麦克阿瑟一回到新几内亚的前线指挥部，就向其部下提出了一个比"妄动"计划更为大胆的构想——向西跃进800公里，生擒日军4万人！

一切准备就绪后，4月18日，麦克阿瑟的"巴丹"号专机从莫尔兹比港飞抵芬什哈芬机场。麦克阿瑟率领着西南太平洋战区司令部和一大批随军记者，将由这里登上"纳什维尔"号巡洋舰，会同已经聚集于海面上的特混编队一起向西挺进。这是身为陆军将领的麦克阿瑟有生以来第一次统率着如此庞大的海上编队，激动的心情溢于言表。麦克阿瑟从"纳什维尔"号上放眼望去，只见整个编队像一大片巨型树干一样，无数的枝丫一直延伸到远处的天际。在黑压压的舰只群中，有两面指挥旗帜引起了他的特别关注——一面是飘扬在"斯旺森"号驱逐舰上的克鲁格将军的指挥旗，另一面是在"咸克斯"号雷达观察舰上飘扬的艾克尔伯格将军的指挥旗。两面旗帜在海风中迎风扣展，猎猎作响。

金凯德庞大的舰队从新几内亚西部的基地出发，向北迂回使敌人摸不清它的真正意图。4月22日，霍兰迪亚海面万炮齐鸣。盟军的战列舰、登陆艇纷纷划破晨雾冲向滩头，向霍兰迪亚的攻势开始了。守岛的日军早已遭到了肯尼空军的致命性的打击，面对在猛烈炮火掩护下蜂拥而至的盟军，只能闻风而逃。日军执勤部队正在吃早饭，他们丢下饭碗，抱头鼠窜，仓皇地向大山里逃去，只是象征性地向后放了几枪。突袭取得了成功。

第一梯队未遇到什么像样的抵抗，就安全登上了海滩。当他们来到日军阵地时，日军炉灶上的大铁锅里还煮着来不及吃的大米粥。这一切都在显示着日军逃跑时的狼狈相。随后，麦克阿瑟就召集克鲁格、艾克尔伯格和新闻界代表乘登陆艇上了岸，他们在滩头巡视了两个小时。虽然此刻的麦克阿瑟已经是64岁"高龄"了，但他步履仍很稳健。第二天，麦克阿瑟又来到霍兰迪亚的另一侧艾塔佩。在这里的战斗也很快取得了胜利。麦克阿瑟乘坐一辆吉普车，在天气异常闷热的岛上转悠了大半天。

奇袭霍兰迪亚行动取得了圆满的成功，这无疑让麦克阿瑟将军异常高兴。在回到"纳什维尔"号旗舰后，心情大好的麦克阿瑟宣布要举行一个庆祝会，以犒劳大家的英勇作战。

随后，麦克阿瑟向新闻界发表了战地公报，称此次行动已经对分布在新几内亚的日军第18集团军布下了天罗地网。而事实上，当时，盟军对威瓦克的日军第18集团军会有什么反应，心里并不十分清楚。艾塔佩距威瓦克只有160多公里，日军是否会设法从陆上夺回艾塔佩，然后再进攻霍兰迪亚呢？为了准备迎击日军可能发动的进攻，克鲁格派兵增援艾塔佩，并下令沿德里尼莫河构筑牢固的防御阵地。为预防日军迂回到侧后方去，多伊准将还把他的防线向纵深伸展。

威瓦克争夺战

在回布里斯班以前，麦克阿瑟向艾克尔伯格提出了一个常人无法想象的建议，要求他率军再向西跃进200公里，趁日军还未站住脚时，一举攻取威瓦克—萨尔米，据说那里防守薄弱。这一建议令艾克尔伯格十分震惊，对此他表示反对。因为霍兰迪亚本身的局势就够危险了，再加上有情报说萨尔米岛上到处都是日本兵。尽管如此，艾克尔伯格还是忠实地执行了老将军的命令。

5月18日，麦克阿瑟下令"白杨树"部队向威瓦克岛发起了进攻。虽然遭到了日军的顽强抵抗，经过4天战斗，付出阵亡40人的代价，还是攻下了威瓦克。一周后，工兵加长了威瓦克机场的跑道，使得重型轰炸机可以在那里起降。为了保护威瓦克岛免遭日军炮火的攻击，美军还在岛对面的马劳湾登陆，经过几天战斗攻占了那里，有400名美军在战斗中阵亡。后来，日军第18集团军从威瓦克向艾塔佩的美军发动了进攻。当麦克阿瑟再向西跃进时，那里进行了几个月残酷的丛林战，"白杨树"部队的许多兵力被牵制在那里。最后，第18集团军彻底崩溃，参战的2万多人几乎损失殆半。美军伤亡3000余人，其中500人阵亡或失踪。直到8月25日，克鲁格才宣布完全控制了这一地区。其后，澳大利亚军队接防，向威瓦克发起了进攻，又歼灭日军7000人。

进攻，进攻，再进攻，这一直是麦克阿瑟战略的主轴，也是他不变的信条。现在，他决定以更快的速度对新几内亚展开攻势，尽快向西挺进，以便让自己制定的已经被证明是十分成功的"蛙跳"战术加紧实施。

麦克阿瑟的下一个跃进目标是斯库敦群岛中的比阿克岛，它位于威瓦克岛西北290公里，霍兰迪亚以西560公里。该岛十分奇特，岛的四周被珊瑚礁环抱着，岛上地形起伏，有山岭、平地和沙洲，上面长满了浓密的热带丛林，地面以下到处是蜂窝状、相互联通的多层洞穴，而且严重缺乏淡水。攻占比阿克岛的任务交给了克鲁格指挥的"白杨树"部队。克鲁格派霍勒斯·富勒少将负责指挥美军第41师去完成这个任务。富勒少将是艾克尔伯格在西点军校的同班同学。为配合本次进攻，金凯德海军上将提供5艘巡洋舰、21艘驱逐舰和多艘两栖舰艇进行海上支援。肯尼则会派飞机从威瓦克岛上新建的基地起飞，进行近距离空中支援。

在从空中和海上对比阿克岛实施猛烈轰击后，富勒少将率部队于5月27日登陆，距威瓦克岛登陆只过了10天。从搜集到的情报分析，估计日军守岛部队约4000人。情报人员在5月初曾截获日军要加强比阿克岛防御力量的命令，但要加强到什么程度，没有弄清楚。登陆时没遇到什么抵抗，海上毫无动静，只是受到来自空中的一点攻击。富勒的部队兴高采烈地向最近的机场跑去。他们嫌费事没有携带大炮，也未向前派出搜索部队。他们忽视了右翼的悬崖，用克鲁格的话说，这是战术上的疏忽。其实日军采用了"诱敌深入"的打法，先把美军放进来，然后从附近的山洞中，居高临下地向他们射击，

"郊游"似的登陆立刻变成了一场噩梦。

这次失利，责任主要在于情报人员所犯的错误。由于要实施即将开始的"あ"号作战计划，日本海军便要倚重比阿克岛上陆基飞机。如果比阿克落入盟军之手，不仅会使他们少一个起决定作用的基地，而且会在决战地区使盟军占上风。所以，几个星期以来，日本海军一直在增援比阿克岛上的驻军，还向那个地区派去100多架飞机。比阿克岛上的日军数实际上是11400人，其中有4000名日军是由中国调来的富有作战经验的老兵。当日本海军得知比阿克岛已被包围，马上下令再进行增援。这一行动的代号是"魂"，增援部队来自塔威塔威和达沃。他们分成三批出海，"魂-1"号舰队由13艘舰只组成，企图搭载2500人去比阿克。由于盟军的4艘潜艇紧紧跟踪着，并不断地进行袭击，迫使其不得不龟缩回去。"魂-2"号行动规模较小，只派出6艘驱逐舰，还有几艘驳船。肯尼得到消息后，派飞机进行攻击，击沉1艘驱逐舰。在日军舰队返回港口时，"座头鲸"号潜艇又击沉了1艘驱逐舰。"魂-3"行动的规模较大，可以看出日军已下了决心，它包括2艘超级战列舰"大和"号和"武藏"号、5艘巡洋舰、7艘驱逐舰和其他一些舰只。这支舰队于6月10日从塔威塔威一出海，就被"哈德"号潜艇发现了。当晚，艇长迪利向总指挥部报告说这支庞大的舰队已经出港了，它装载着日军部队，向比阿克岛方向开去。可是，就在这期间，6月10日，尼米兹开始轰击塞班岛，为登陆做火力准备，这一行动逼迫日军把执行"あ"号作战计划的地点和时间作了修改。6月13日，"魂-3"舰队受命停止进攻比阿克岛，转去参加"阿"号作战行动。如果"魂-3"舰队按计划到达比阿克岛，它将会轻而易举地歼灭金凯德全部的水面舰只，以及盟军在比阿克附近的两栖部队和支援舰船，并把日军增援部队送到这个岛上。

日本大和号战列舰

塞班岛战役期间,美国海军防空火力向日军飞机猛烈开火

除了派出军舰外,日本海军还派出了100多架飞机发起攻击,它们反复轰炸比阿克岛和威瓦克岛。由于肯尼过分自信,把飞机密集地摆在威瓦克岛机场上,被日军飞机摧毁了60架飞机,炸毁了一座弹药库,严重地削弱了盟军的空中力量。对肯尼和金凯德来说,万幸的是,这些北方来的日本海军飞行员,多数人因患丛林病而躺倒,一周之后就不能驾驶飞机了。

到了6月上旬,比阿克岛上富勒将军的部队已处于绝望的境地。6月13日,富勒报告说,日军正在派进增援部队,他也要求增加援军。对此,麦克阿瑟很不满意,冷漠无情地打电报催促克鲁格,立即解除富勒的职务,并把艾克尔伯格和他的参谋人员派往比阿克岛。艾克尔伯格心情沉重地接替了他的同班同学和老朋友。艾克尔伯格与在布纳战役中的情况一样,补缺担任了盟军的作战指挥官。不久,盟军得到了增援。艾克尔伯格无所畏惧地出现在第一线,以激励部队的战斗精神。为了消灭日军,他们不得不用火焰喷射器和炸药把顽固的日军赶出洞穴后再加以消灭。6月23日,日军指挥官把部队召集到一个山洞里,命令拼死一战。艾克尔伯格写道:"然后,他按照武士道传统,跪下,用他的战刀剖腹自尽。"战斗结束后,麦克阿瑟的心态恢复了平衡,坦然承认对富勒的处理不妥。他向富勒颁发了服役优异勋章,并说富勒在战前和战争中始终保持了"杰出的能力和敏锐的判断力"。麦克阿瑟甚至对艾克尔伯格说富勒是"伟大的战士"。尽管如此,对麦克阿瑟和霍勒斯·富勒来说,比阿克岛的胜利给他们带来的厌倦和乏味并不比失败的辛酸更好一点。

到6月28日，战场上的形势已经好转，艾克尔伯格才把指挥权移交给多伊将军。为奖励他的出色战绩，麦克阿瑟提升艾克尔伯格去指挥一个新的集团军——第8集团军，这个集团军已准备好去进攻棉兰老岛。比阿克岛上残余的日军，直到七月底才肃清。双方伤亡惨重。岛上的日军只有200多人被生擒，有的可能撤走了，但多数被打死或自杀了。盟军阵亡400人，伤2300人，还有7000人生病。

6月15日，尼米兹庞大的舰队向位于比阿克岛以北约1600公里的马里亚纳群岛发起进攻。这支舰队包括58艘特混舰只和535艘两栖舰只，运载12.7万人的部队，其中有三分之二是海军陆战队。他们首先在塞班岛登陆，日军凭借坚固的工事进行猛烈的抵抗。

当日军从进攻前的空袭判断塞班将要受到攻击时，就开始实施"あ"号作战计划，不过不是在原来计划决战的地区。在日本人的心目中，马里亚纳群岛是浩瀚的西太平洋的"要冲"，失掉马里亚纳群岛就会大祸临头。6月13日，日军最高统帅部发出坚守到底的命令。这一天，日军舰队保持无线电静默，悄悄驶出塔威塔威，被克里斯蒂的一艘潜艇"小银鱼"号发现。就在同一天，"魂-3"舰队的舰奉命停止进攻比阿克岛，加入这一舰队。在向集结海域前进时，"魂-3"舰只被洛克伍德的"海马"号潜艇发现了，另一艘潜艇"飞鱼"号报告说日本舰队的主力正在通过圣贝纳迪诺海峡。

6月19日至21日，美日两军舰队展开大战，这就是历史上著名的菲律宾海海战。日军原想使用马里亚纳群岛上的飞机来弥补航空母舰之不足，但是没想到，交战的第一天，日军向尼米兹的433架飞机发起了4次进攻，结果每一次都惨败而归,约损失了330架飞机。美军飞行员把这次海上空战开玩笑地称为"马里亚纳打火鸡"。同一天,洛克伍德的两艘潜艇"大青花鱼"号和"棘鳍"号击沉2艘日本第一线航空母舰"大凤"号和"翔鹤"号。第二天,尼米兹的舰载机击沉"飞鹰"号航空母舰,重创"千代田"号和"瑞鹤"号。受到这些惨重打击以后,幸存的舰只逃回日本。海上大决战以日军失败而告终。

进攻马里亚纳的战役进展迅速,经过浴血奋战后,最后夺得了塞班岛。7月21日,进攻关岛,3天以后进攻提尼安岛。经过昏天暗地的血战后,这两个岛也被盟军攻占。双方伤亡惨重,约6万日军被击毙,美军阵亡5000人,伤2万余人。

美军水陆两栖坦克向关岛海滩挺进

提尼安岛登陆战期间，美国海军鱼雷轰炸机进行火力准备

这次战役的胜利对太平洋战争的进程具有决定性的意义，它突破了日军的防御圈，基本切断了日本与南方资源供应地的联系，从此以塞班岛为基地的美军 B-29 型重型轰炸机可以对日本本土进行空袭。

马里亚纳群岛的失守在日本引起了极大的恐慌。东条英机总理大臣不得不承认日本已面临空前严重的危机，并于 7 月 18 日率全体阁员辞职。

尼米兹在马里亚纳群岛的胜利大大减轻了麦克阿瑟的压力。日本舰队已跑得无影无踪，在塔威塔威和达沃，再没有什么能严重威胁金凯德的海军和比阿克岛上的"白杨树"部队了。麦克阿瑟以惊人的推进速度，指挥着他的部队，像一把锋利的尖刀一样，不停地向日军挥舞着其锐利的锋刃。

7 月 2 日，麦克阿瑟的刀锋终于指向了新几内亚最西端的鸟头半岛（现称"极乐鸟半岛"），一举夺取了日军在新几内亚的最后一个据点。同月 30 日，麦克阿瑟命令新组建的第8集团军，前进到与菲律宾仅一水之隔的桑萨波。

麦克阿瑟在不到5个月的时间内从霍兰迪亚前进到880公里外的桑萨波。至此，在短短的一年多时间内，他率领着盟军部队，克服了千难万险，以极大的勇气和毅力，一层层地剥下了日军在新几内亚的防线，从米尔恩港前进了2400公里，占领了新几内亚，终于打到了菲律宾的大门口。现在，菲律宾已经在向麦克阿瑟招手了，再往西北800公里就是棉兰老岛，麦克阿瑟很快就可以兑现他的诺言了。但他心里清楚，更艰巨的任务还在前面等着自己呢！

珍珠港会晤：赢得主动权

自从麦克阿瑟从巴丹撤退以来，他一直将菲律宾群岛视为其战略规划的主要组成部分，他把西南太平洋战区的最终目标锁定在解放菲律宾，以兑现自己对菲律宾人民的承诺。每当提起菲律宾，麦克阿瑟都会唏嘘不已。菲律宾，可以毫不夸张地说，是麦克阿瑟军旅生涯的起点和归宿。这里有他父亲老亚瑟·麦克阿瑟曾经拥有的种种"荣耀"，有他自己在出任驻菲律宾美军司令时在马尼拉街头受到的隆重欢迎，有他在巴丹半岛上的艰苦卓绝的抵抗，他想起了那一幕幕往事，既有令人难忘的快乐，也有令人沮丧痛苦的失败。尤其是他乘坐PT-41号鱼雷快艇逃离巴丹时的羞愧，至今仍然在深深地折磨着他，让他的军旅生涯不再那么完美。当然，麦克阿瑟更不会忘记的是，在他离开科雷吉多尔时许下的那个诺言："我还会回来的！"现在是"回来"的时候了！盟军在桑萨波的成功登陆，标志着新几内亚战争的胜利。现在，麦克阿瑟距离菲律宾只有600里。至此，麦克阿瑟的"腿"已经有了足够的长度，可以让他一步跨越从桑萨波到菲律宾的大海，登上菲律宾群岛的某一个岛屿。

当盟军还在新几内亚不断地向西跃进，推进"蛙跳"计划之际，麦克阿瑟就指示司令部的参谋们拟定后续的作战计划，该计划被称为"雷诺"计划。该计划的主要思路是当盟军完成在新几内亚的"跳跃"后，就马不停蹄地立即"跳上"菲律宾群岛，把它作为进攻日本的最终跳板。实际上，这一计划是麦克阿瑟整个"蛙跳"战术的又一运用。

依照"雷诺"计划，盟军的进军路线将是一路沿着新几内亚-菲律宾一线，发动一系列大规模两栖登陆或登岛作战，充分发挥盟军已经取得的海、空优势，跳过一些日军重点防守的岛屿，孤立并分割开日军，而后从容不迫地打击敌人，或者慢慢地拖死日本人，让他们饿死或是投降。

现在我们回头看，盟军从莫尔兹比港与米尔恩湾到达布纳和莱城，通过唯泰海峡，跃进到霍兰迪亚及鸟头半岛，一直都在贯彻着麦克阿瑟的"蛙跳"战术思想，只不过"雷诺"计划所设想的这一跳，步幅实在是太大了一点儿！

就在麦克阿瑟踌躇满志地准备实施他的"雷诺"计划的同时，海军部长金上将也拟定了一份太平洋作战计划。该计划建议，盟军绕过菲律宾群岛，首先直接攻取太平洋中部的琉球岛、硫磺岛等岛屿，然后以此为跳板攻占台湾岛，将中国台湾作为对日本本土发动全面进攻的大本营。这是一个跳跃幅度更大的计划。表面上看，麦克阿瑟和金上将的计划主要分歧在于有关太平洋战争下一步作战目标问题，但是，在实质上它却反映了美国军队内部长期存在的陆军与海军之间对太平洋战争主导权的夺取。

这种争夺随着第二次世界大战战争形势的逐渐明朗化而日趋激烈。1944

年上半年，世界反法西斯同盟国在各条战线上都取得了很大胜利：苏军已解放了大部分国土，并开始向东欧推进；美英盟军于6月4日攻占了罗马；6月6日，艾森豪威尔将军率庞大的盟军部队在诺曼底登陆；中、美、英三国军队已进入缅甸与日军交战；麦克阿瑟已完全控制了新几内亚；尼米兹已控制了马里亚纳群岛。在这种形势下，美国参谋长联席会议开始考虑如何加速太平洋战争的进程。也正是这一原因，麦克阿瑟与金上将的分歧越来越明显。

客观地说，当时多数人都支持金上将的计划，这其中甚至包括陆军参谋长马歇尔。他们认为，尼米兹上将领导强大的海军应该更直接地与日军交锋。金海军上将还建议，把麦克阿瑟部队的主力移交给尼米兹，绕过菲律宾，由尼米兹负责攻占台湾，然后尽早对日本本土发动进攻。马歇尔上将和亨利·阿诺德空军上将对这个建议表示赞同。

1944年6月12日，参谋长联席会议通知麦克阿瑟和尼米兹，美国统帅部正在考虑能否实施新的作战计划，即绕过以前选定的目标，而直接攻取中国台湾和日本本土等新目标，以加快太平洋战争的进程。这个通知使麦克阿瑟感到义愤填膺，他知道这表明金海军上将的意见占了上风，菲律宾将被丢在一边不管了。

虽然情绪低落，但麦克阿瑟并不打算放弃。他就是这样一个人，虽然屡屡遭受打击，但他的不屈服的个性使他从来不轻言放弃。基于这一点，麦克阿瑟在6月18日对参谋长联席会议的"通知"作了有说服力的回答。他告诫马歇尔，日军对台湾的防守和拉包尔一样，固若金汤，绕过菲律宾直接去进攻中国台湾，从军事上讲是"完全错误的"。

任何幻想都是不现实的。即使已经取得了马歇尔对自己战略计划的同情与理解，即使自己在新几内亚战役中取得了骄人的战绩，但要想只是通过一两封信件就说服对方完全接受自己的设想，确实不太可能。而事实也确实如此，6月24日马歇尔的回答令麦克阿瑟更加感到不快。曾经坚定支持"双管齐下"战略的马歇尔现在开始彻底倒向了海军一边。他告诉麦克阿瑟，根据他们所掌握的情报，日军正在大力加强在帕劳、棉兰老岛等重点防守目标的防御力量，进攻这些目标必将付出惨重的代价，战争的进程也会因此受到影响。马歇尔还告诫说："至于重新夺取菲律宾的问题，我们必须注意不要让我们个人的感情和对菲律宾的政治考虑破坏我们的远大目标，这目标就是早日结束对日战争。"他还说，绕过马尼拉并不等于放弃它，解放菲律宾和解救战俘的最佳捷径应该是攻占日本本土。最后，马歇尔告诉麦克阿瑟，如果他想去华盛顿详细陈述自己的意见，那很好。马歇尔表示，自己将向总统说明情况，总统肯定"会同意你为此目的而回国的"。

但是，身为总统的罗斯福却另有妙计。总统要亲自到太平洋上的珍珠港，在那里实现在战争期间与麦克阿瑟的会谈。之所以这样安排，一方面可能是因为麦克阿瑟近年来在战场的不断胜利令他了在美国国内政治上的影响力不断提升，声名鹊起，如果麦克阿瑟回到华盛顿的话，有可能会引起一些不必要的麻烦，那将不利于双方心平气和地讨论问题和做出决定；另一方面，罗斯福还有自己的私心，当时正值他作为民主党总统候选人第四次被提名去争取第四次连任，这在道义上是存在一定的瑕疵的，至少罗斯福本人觉得不是那么理直气壮。而麦克阿瑟极有可能倒向共和党人一边，当时就有传言麦克阿瑟有参加共和党总统候选人提名的竞选。早在1943年3月，华盛顿就流传麦克阿瑟将参加第二年的总统竞选，当时正在华盛顿寻求更多飞机的肯尼就曾在和罗斯福总统会谈时被问及此事。肯尼向罗斯福肯定地回答,麦克阿瑟将军从未提及,也不会考虑。他向罗斯福保证:"麦克阿瑟将军只有一个目标,那就是在进入东京后,从银座通过,走在游行队伍的最前方。"但有关麦克阿瑟即将参加总统选举的传言不仅没有消失,反而是越来越扩散开来。在支持麦克阿瑟参与竞选的人中,共和党前总统赫伯特·胡佛、密歇根州参议员阿瑟·范登堡和麦克阿瑟的老朋友罗伯特·伍德等,都是具有相当社会影响力的人物。作为共和党人,他们一致反对罗斯福政权,因为他们竟然打破了美利坚传统,同一个人居然三次参与总统竞选并连任,现在还要争取第四次连任,这实际上是在剥夺美国人民自由选举他们的总统候选人的权利。在此后的形势发展中,麦克阿瑟参选总统候选人的资格最终不了了之,共和党推举的总统候选人是纽约州州长托马斯·E.杜威。这场风波才算过去。如果这一传言属实,最终可能会给罗斯福带来不利的政治影响。而将会见的地点安排在珍珠港,上述问题都不会出现。

1944年盛夏的一天,正在麦克阿瑟感到心灰意冷之际,马歇尔通知麦克阿瑟,要求他到珍珠港参加一个重要会议并作汇报。电报中没有具体说明会谈的对象是谁,只说是"一个大人物",也没有透露会谈的具体内容。但是,麦克阿瑟立刻意识到:"一定是罗斯福总统,会议讨论的问题将与我有着密切关系。"此时此刻的总统到珍珠港还能干什么呢?很显然,会谈的主题只能是太平洋战略,特别是关于是否绕过菲律宾的问题。想到此处,麦克阿瑟一扫心中的阴霾,振奋精神,他要充分利用这样一次难得的机遇,争取以自己的战略进攻计划来说服总统。他没有带计划,也没有带地图,只带了5名助手,乘坐他的"巴丹"号马上飞向珍珠港。在飞机上,麦克阿瑟仍然无法抑制激动的心情，他也无须按捺。既然参谋长联席会议一致通过了绕过菲律宾的决定，在有决定性影响的军事指挥员中只有自己一人坚持解放菲律宾的必要性。那么，要推翻参谋长联席会议的决定，只有罗斯福总统才能办得到。对麦克阿瑟来说，这次可是把总统拉到自己一边的天赐良机。

7月26日，罗斯福总统乘坐的"巴尔的摩"号巡洋舰和麦克阿瑟的"巴丹"号专机几乎同时到达珍珠港。麦克阿瑟到达后，首先赶到老朋友罗伯特·理查森将军的家里，理查森是尼米兹海军上将所属的海军陆战队司令。麦克阿瑟想通过这位老朋友了解一些情况。

"巴尔的摩"号刚刚停靠码头，罗斯福就派人去叫尼米兹、哈尔西、麦克阿瑟和其他人。几人之中，只有麦克阿瑟来得最晚。

罗斯福和麦克阿瑟已有7年没见面了。麦克阿瑟从外表上看依然显得年轻，变化不大；而罗斯福看上去却苍老多了。他面容消瘦而苍老，身体消瘦得几乎只剩一把骨头；他的行动也有些迟缓了，上下车都需要搀扶。这同几年前相比，简直判若两人。麦克阿瑟感到很吃惊，后来他回忆说："显然，他（罗斯福总统）的有生之年已屈指可数了。忽然，我意识到死神也在向我靠拢。人的一生是短暂的，如在有生之年不能实现许下的诺言，那该是多么遗憾的事啊！"

接见结束后，麦克阿瑟回到理查森的住所，并与他共进晚餐。饭后，麦克阿瑟情绪低沉，在房间里踱来踱去。他抱怨罗斯福选在这个时候同他讨论如何打败日本的问题，完全是为了竞选的一场政治表演；他还对"治理不当"和在战争中所犯的"严重错误"表示担忧。

美国总统富兰克林·罗斯福（左一）和麦克阿瑟（左二）、尼米兹（左三）在一起

第二天，麦克阿瑟拜见了罗斯福和他的助手威廉·莱希海军上将。然后，罗斯福由麦克阿瑟和尼米兹陪同，坐着大型敞篷轿车视察了陆、海军部队。

那天晚宴后，他们聚集在会客厅里讨论战略问题。会议开始后，罗斯福首先简单地说明此次会议的目的，即决定下一阶段对日作战的主要方针。接着由尼米兹第一个发言，他拿出来的就是金海军上将的战略计划。金上将本人并未能参与会议，按照这一计划，麦克阿瑟首先在棉兰老岛建立起强大的作战基地以削弱日军在菲律宾的空中力量，而菲律宾群岛的其他部分应该被绕过；到1945年夏季，在一切准备就绪后，尼米兹上将开始攻占台湾。至于如何削弱与牵制留在其身后的菲律宾的30万日军，该计划却只字不提。

在尼米兹上将结束发言后，罗斯福示意麦克阿瑟接着发表意见。麦克阿瑟想，总统显然早就知道自己对该金上将的计划的态度，马歇尔一定向总统汇报过。直到此时，麦克阿瑟才恍然大悟，为什么要自己来参加这次会议。后来回忆说："显然总统知道这个计划的基本思想，但也明显地表示怀疑。在讨论时，他完全持中立的立场。"正是基于这样的判断，麦克阿瑟感到自己的机会到了，他充分展现自己的雄才辩术，他神情坚毅，胸有成竹，开始滔滔不绝地向罗斯福总统和与会的要员们介绍自己的战略构想。他说："总统阁下，我不仅同意统一各兵种联合作战，而且也坚定地认为要经常实施统一各兵种的制度。要说赞美海军人员的人，非我莫属，这也包括海军本身在内。但是，我完全反对金将军的这一计划，这不仅是基于战略上的理由，而且是基于战争心理上的诸多因素。"在接下来的一个多小时里，麦克阿瑟口若悬河，向在座的总统和与会者阐述了自己的战略理由。

从军事方面来说，我认为如果能夺取菲律宾，那将能使我们建立起一个空中及海上的封锁线，切断从南方向日本本土的所有补给运输，挫败敌人的斗志，最终迫使日本帝国缴械。我反对海军提出的首先夺占西太平洋上强大的敌人岛屿的计划。夺取这些岛屿并不能切断敌人的战略物资的补给线，也无法威胁到日本人的根本，而我们却不得不为此行动付出高昂的代价。同时，这些岛屿本身也没有足够的资源作为我们前进的基地。总之，执行这一计划我们不仅将付出惨重的损失，这将大大超过占领这些岛屿所能获得的利益，同时，我还认为以中国台湾为基地进攻日本的计划是十分值得怀疑的，因为该地区的人民历来就一直对美国怀有敌意。

从道义上和心理上说，尽快拯救1700万菲律宾人民是我们美国义不容辞的责任。当初我们轻率地决定放弃菲律宾，它本身就是一个很大的战略错误。现在，菲律宾人民已经看到了解放的曙光，而我们却要让他们再度失望。这样,我们今后如何向一直对我们十分友好的菲律宾人民解释呢?还有,执行这一计划的话,极有可能导致那些被关在菲律宾集中营里的数以千计的俘虏,包括美国许多的妇女、儿童和男人的死亡。对此,我们是要负责任的。

再者,绕过一个孤岛是一回事,绕过一大群岛屿是另一回事(按照金将军的计划)。将在我们的身后留下一个像菲律宾这样强大的敌人据点,势必导致后方的严重不稳。对于这一重大隐患,我们能置之不理吗?如果不予理睬,那么它将使我们自己陷入不必要的巨大危机之中。

在麦克阿瑟讲话的间歇,罗斯福总统指着棉兰老岛问道:"道格拉斯,我们从这里再向哪里进攻?"麦克阿瑟回答:"总统先生,先进攻莱特,然后吕宋。"在他的发言中,麦克阿瑟特别强调了对菲律宾人民所承担的道义上的义务。他的语气低沉而富有感染力,真情四溢,不仅充分地发挥了他的演讲才华,而且讲话非常简洁且富有说服力。通过本次会议,麦克阿瑟将自己的战略意图全面地呈现出来,虽然罗斯福当时并未直接表态,但可以看得出来,总统对这一计划是很感兴趣的。尽管麦克阿瑟没有随身携带他的"雷诺"计划,但他思维敏捷,记忆力惊人,而且辩论起来逻辑缜密,有理有据,他将自己的计划的每一个细节都阐述得非常清楚,这一点也令参加本次会议的指挥官们十分钦佩。在麦克阿瑟陈述"雷诺"计划的过程中,罗斯福总统自始至终都在静静地倾听着,一句话也没有说。

第一次会议一直持续到午夜时分,直到休会时总统也没有做出最终的决定。但是,麦克阿瑟已经确信罗斯福的内心被自己打动了!

第二天上午,会议又在罗斯福的寓所继续进行。在这次会谈中,尼米兹和麦克阿瑟两人都阐述了自己的观点。在轮到麦克阿瑟发言时,他进一步论证了收复吕宋岛对整个战争的胜利所具有的战略意义。他说，马尼拉以及吕宋岛的北部一旦到手，战略形势就会得到根本的转变，盟军就能卡住日本人令其无法从目前所占领的南中国沿海以及更远的南方榨取石油、橡胶和大米等战略物资。这时，罗斯福突然插话："可是，要收回吕宋岛我们必须付出沉重的牺牲。道格拉斯，我们现在可经不起这样的损失了。"对此，麦克阿瑟镇定自若地回答："总统阁下，我们的损失将不会比过去更严重。正面攻击的时代已经过去，现代的步兵武器进步神速，杀伤力惊人，火力太猛烈了，只有平庸的指挥官才会愚蠢地采取正面的攻击方式。英明的统帅决不会再干这样的蠢事了。"随后，麦克阿瑟又把西南太平洋将来的作战前景详尽地描述了一番。他说，美军一旦控制了菲律宾，就可以收复原属荷兰的东印度群岛，利用澳大利亚第1集团军进行地面作战，那时盟军将从菲律宾向日军占领的这些岛屿的后方进行大规模的进攻。

这次的会议是在诚恳的气氛中进行的。据总统的助手莱希上将在后来的回忆录里说，他本来预料会发生激烈的争吵，后来却被他们那平心静气讨论问题的态度所感动，他认为他们两人是"完成这个伟大任务的最合格的将领"。麦克阿瑟可能已觉察到尼米兹对金的计划并非真心拥护，于是告诉罗斯福说，不必担心他们两人之间的意见分歧。"我们的观点是完全一致的，总统先生。我们完全互相了解。"

麦克阿瑟将自己的战略计划和盘托出，剩下的事情就不是自己需要考虑，而是要由总统和他的顾问班子决策了。当天下午，麦克阿瑟本打算立即动身返回布里斯班，但是，罗斯福邀请他一道巡视理查森中将在檀香山附近建立的军营。麦克阿瑟与罗斯福并排坐在一辆豪华的大型敞篷轿车里，麦克阿瑟再次被罗斯福的身体健康状况所震惊，战争已经把总统的身体折磨得精疲力竭。在整个巡视过程中，两人并未谈起"雷诺"计划，他们都撇开了战争，而是高谈阔论地谈起了从前生活中恬静而无忧无虑的生活，谈到了那些随着时光流逝而不断逝去的许多老朋友。

在即将结束巡视的时刻，麦克阿瑟向总统问起了美国国内的大选情况，这似乎是麦克阿瑟有意撇清自己与参加总统候选人提名的传闻的关系。他问罗斯福是否有把握夺取胜利，罗斯福并未作出正面的回答，而是反问麦克阿瑟自己的看法。麦克阿瑟则不假思索地答道："我对国内的政治形势一无所知。不过，我确信军队是一致拥护您的！"从这句回答就可以看出，他提出这个问题其实是他"预谋"已久的。不过，罗斯福还是非常受用，他在听到麦克阿瑟的表态后，特别高兴，那苍白的面颊上终于露出了一丝红晕。就在麦克阿瑟向罗斯福告辞的时候，总统突然问了一句："道格拉斯，你认为海军最终会同意你的'雷诺'计划吗？"麦克阿瑟立刻意识到，罗斯福从这一刻起已经真正开始倾向于自己的计划了。于是，他把握十足地告诉总统："尊敬的总统阁下，您不必担心我和尼米兹将军之间的分歧。据我所知，他对金将军的计划并非是真心拥护。总统先生，我和尼米兹将军完全相互理解！"

这是麦克阿瑟从他的老朋友理查森中将那里得到的信息，这也是他说出这一观点的底牌。在麦克阿瑟看来，这个时刻将它抛出来，完全可以用来消除罗斯福总统心里的顾虑了。

当天晚上，麦克阿瑟便乘"巴丹"号专机返回布里斯班了。这次会晤虽然没有作出什么具体的决定，但是确实改善了麦克阿瑟和罗斯福之间的关系。到达布里斯班，刚一下飞机，麦克阿瑟便迫不及待地向前来迎接自己的助手们说道："我们获胜了！总统先生被我说服了。"

8月9日，麦克阿瑟收到了罗斯福总统发来的一封信，在信中写道：

我即将结束旅行，回到华盛顿去。这是一次最成功的访问，可惜时间太短促了。特别是和您在檀香山的两天会晤，使我看到整个广大地区的壮丽图景，它比我离开华盛顿以前所设想的更为美好。您正在完成一项真正光辉而伟大的事业，克服自然地理以及某种人类禽兽给我们带来的巨大的艰难险阻。我一回去就要推行这个计划，我相信这是合乎逻辑的可靠的计划。

能和您再次会晤也使我感到特别开心，就我个人来说，在檀香山我极其希望您和我能调换一下彼此的职务和身份，我总觉得由您来当总统要比我作为将军去收复菲律宾干得更为出色。我到阿留申群岛的时候，听到奎松总统的噩耗以及奥斯默纳宣誓就任菲律宾总统的消息。总有一天，马尼拉一定要举行升旗典礼。毫无疑问，我希望由您来主持这个仪式。这个日子注定会一天天临近的！

读完了罗斯福的这封感情真挚的信件后，麦克阿瑟一下子心里踏实了许多。但是，事情的进展并非像他所预料的那般顺利。尽管罗斯福总统已经同意了他的计划，但是要让参谋长联席会议中的大多数人都同意这一计划还得经过一段较长的时间。在此后的几周内，参谋长联席会议在决策上处于一种优柔寡断的状态，他们还在为太平洋战争的战略选择问题争论不休，大部分人仍然固执地坚持让尼米兹执行9月15日进攻帕劳群岛计划，并要求麦克阿瑟集中力量在11月15日进攻棉兰老岛。除此之外，就没有什么新的安排了。在这期间，马歇尔将军受到麦克阿瑟和罗斯福的影响，已转到麦克阿瑟的立场上。空军总司令阿诺德上将和莱希上将还在犹豫，他们主要担心菲律宾群岛上的众多的日军空军基地和坚固的要塞将可能带给美军巨大的损失。此时，只有金上将还在顽固地坚持进攻台湾的主张。

帕劳群岛战役中，一艘日本军舰被击中，冒起了滚滚黑烟

这时，一件意外事件的发生，促使华盛顿最终做出了决断。

此时，麦克阿瑟已把西南太平洋战区的总司令部由布里斯班迁到霍兰迪亚。在霍兰迪亚，麦克阿瑟和助手们一起，对进攻棉兰老岛之前扫清外围的作战计划进行了重新审查。原计划是打算首先攻占哈尔马赫拉岛作为跳板，现在因获悉那里的日军防守力量十分强大，共有3万多人，而及时调整作战计划，麦克阿瑟决定将盟军进攻的矛头转向该岛以北的莫罗太岛，那里日军防守薄弱，只有大约1000人而已。

按照该计划的安排，9月15日在麦克阿瑟指挥进攻莫罗太岛的同一天，尼米兹进攻帕劳群岛。支援帕劳的航空母舰可同时支援进攻莫罗太岛的盟军部队。其后不久，麦克阿瑟的部队将要跃进到塔劳岛，然后按原计划于11月15日进攻棉兰老岛。

为了支援盟军的登陆行动,哈尔西指挥的舰队已于9月11日到达菲律宾海域,准备对莫罗太和帕劳进行空中攻击。哈尔西分别于9月12日和13日两天,共出动飞机2400架次,对菲律宾中部的日军机场进行轰炸。这些空袭行动取得了巨大的成功,哈尔西的飞机共击落了日军173架飞机,在地面上又摧毁305架。而他所受的抵抗小得令人难以置信,哈尔西只损失8架飞机和10名飞行员。对此,哈尔西非常自信地宣称:"我们发现菲律宾中部的防守薄弱、缺乏防御设施。"发现这一情况后,哈尔西立即向尼米兹建议,应该马上取消进攻帕劳,麦克阿瑟取消进攻塔劳和棉兰老岛,而把尼米兹进攻帕劳的部队交给麦克阿瑟,"尽快"攻取莱特岛。在听到这个建议后,尼米兹惊诧地瞠目结舌,虽然他并不同意取消对帕劳进攻的建议,但同意了其他的各项建议,这其中也包括把他的部队交给麦克阿瑟指挥,并立即把哈尔西的建议向金上将作了汇报。当时,金上将正在魁北克陪同罗斯福与丘吉尔一起开会。

这个令人振奋的好消息对于参谋长联席会议来说,实在是一个加快太平洋战争进程的好办法。这就彻底打消了参谋长联席会议的最大顾虑。当时也在魁北克参会的马歇尔立即把这个建议转告给了麦克阿瑟。当时,麦克阿瑟正在金凯德的旗舰"纳什维尔"号上指挥在莫罗太岛的登陆行动。因为作战的需要,"纳什维尔"号正在实施无线电静默,无法与老将军联络上。萨瑟兰参谋长在同肯尼将军(他早就建议绕过塔劳直取莱特)及总司令部其他人磋商后,决定以麦克阿瑟名义发电报给马歇尔,说哈尔西的建议是完全可行的。

萨瑟兰的电报在9月15日中午到达魁北克,这一天正是应该在莫罗太和帕劳登陆的日子。当天,参谋长联席会议经过90分钟的讨论后,终于达成一致意见,他们决定同意麦克阿瑟的作战计划,并把这一计划命名为"火枪手第二"。该计划除了将首先攻占的岛屿由棉兰老岛转移到了莱特岛外，其余部分基本上是麦克阿瑟的"雷诺"计划的翻版。根据"火枪手第二"作战计划，麦克阿瑟要在1944年10月22日开始进攻莱特岛，12月20日发起进攻吕宋的作战行动，夺取菲律宾群岛中的这个最大的岛屿。尼米兹的中太平洋战区的部队将首先全力支援麦克阿瑟的行动，而后待麦克阿瑟在吕宋岛站稳阵地后，预计于1945年初发起对西太平洋上的小笑原岛和硫磺岛的攻击，其主要目标是为部署在马里亚纳群岛上的B-29轰炸机提供应急支援设施，这些飞机将用以直接轰炸日本本土。可能是为了顾及金上将的面子，该计划中没有明确取消进攻台湾的内容，但计划本身已经非常明确地显示出了麦克阿瑟治下的西南太平洋战区将是整个太平洋战略的重心。

在"火枪手第二"作战计划已经确定后，参谋长联席会议立即给麦克阿瑟和尼米兹下达了取消进攻雅浦、塔劳和棉兰老岛的命令，同时命令盟军于10月20日进攻莱特，这比原计划提前了两个月。同意进攻莱特的决定使麦克阿瑟感到振奋，在菲律宾有了莱特这个小小的立足点以后，将使他可以尽快地实现返回菲律宾的历史性诺言。10月3日，参谋长联席会议发布了指导太平洋战争的新战略的指令。麦克阿瑟要在12月20日占领吕宋，在此之前，于12月5日在民都洛登陆，并在那里建立空军基地。

这样，麦克阿瑟的主张终于被采纳了。他的"我会回来!"的著名诺言也很快就能兑现。现在，麦克阿瑟终于可以长长地舒一口气了，他的作战计划得到了批准。在和海军部的"作战"中取得了令人意想不到的胜利，麦克阿瑟想到自己将在接下来的对日作战的大舞台上唱主角，一种巨大的荣耀和豪情油然而生。

第五章

重返巴丹，一诺万钧

莱特湾登陆

根据原定的作战计划，9月15日麦克阿瑟发动了攻占莫罗太岛的战役。在"纳什维尔"号军舰上指挥登陆的麦克阿瑟观看了他的"白杨树"部队冲上了莫罗太岛海滩，约500名日军纷纷逃窜，美军未费吹灰之力就占领了那里。部队登陆两小时后，麦克阿瑟上岸仔细巡视了3个多小时，然后返回设在霍兰迪亚的总司令部。同一天，尼米兹的部队在帕劳群岛登陆，那里可就是另一番景象了。在帕莱利岛上，有1万名训练有素的日军在那里据壕固守。如同在布纳岛上的情况一样，他们巧妙地利用复杂的地形和几百个自然山洞，构筑了坚不可摧的防御工事。美军用了几个星期才把日军主力消灭，又过了几个星期才肃清零散的日军，而美军也遭到重大伤亡，阵亡2000人，8000人受伤。这些行动为盟军执行"火枪手第二"计划，奠定了良好的基础。

在参谋长联席会议决定了太平洋战争的战略计划之后，麦克阿瑟便着手准备，在霍兰迪亚山坡上的新寓所里，聚精会神地思考着即将到来的进攻莱特岛的战斗。对于即将到来的莱特岛大战,麦克阿瑟心里清楚,这将是一场具有决定性的恶战。没有先在棉兰老岛登陆,就对莱特采取进攻行动,是他这一生中所做出的一项最大胆、最困难的作战计划。首先,莱特岛地处盟军战斗机掩护范围800公里之外,运用轰炸机进行空中攻击几乎是不现实的。其次,它位于菲律宾的日军空中力量防守范围的中心地带。毫无疑问的是,日军对于莱特岛的重视程度是无与伦比的。当然,这也意味着,一旦收复了莱特,也就预告着彻底收复菲律宾全部地区的时日即将到来。

根据情报显示,莱特岛上有2.2万名日军,其中一半是战斗部队,另一半是勤务部队。战斗部队中包括曾经在巴丹半岛上作过战的战斗力很强的第16师团;而且除了几艘航空母舰在日本训练飞行员外,日本舰队的主力舰只全部都集结在离莱特岛不远的新加坡和婆罗洲。这支包括"大和"号和"武藏"号两艘超级战列舰在内的舰队,肯定会威胁到在莱特岛登陆的盟军部队。

麦克阿瑟首先和助手们仔细研究了登陆的具体地点问题,以及直指莱特岛内的发展方向。莱特岛东北沿岸平原被最终确立为此次进攻的最合适的登陆点。因为一旦占领这一地区,就可以早日拿下重要的塔克洛班机场,而且还可以占领并使用正在建设中的杜拉格机场。这样,就可以使盟军掌控圣胡安海峡,以保障盟军舰队的安全。另外,根据空军侦察的情况显示,日军在这一滩头地区没有设置强固的防御,虽然沿着内地的道路网正在着手建造某些防御工事,但只要盟军行动顺利,完全可以抢在日本人之前完成作战任务。麦克阿瑟对他的将士们说,这一作战计划的每一个细节都必须反复推敲,这将是太平洋战争中的一场决定性的战役。其结果将决定解放菲律宾群岛以及对日作战的命运。"我们一定要把莱特作为抡向日本人的一只硕大的铁锤,必须在莱特岛将日本帝国锤得粉碎。"

在霍兰迪亚逗留两天后，麦克阿瑟返回布里斯班。9月21日，他在那里签发了进攻莱特岛的作战计划。这一计划包括了四个主要阶段：第一阶段是小型的先遣登陆运行，把排列在莱特湾门口的那些小的岛屿，包括霍蒙宏岛、苏禄安岛、迪纳加岛等，全部抢占过来；第二阶段，实施两栖登陆，主要目标是夺取机场，并乘机向莱特岛内推进；第三阶段，展开全面的陆地和海上作战，完成占领全岛的任务；第四阶段则是进一步向前推进，消灭萨马群岛的其余日军。

正如麦克阿瑟自己所言，莱特战役将是迄今为止太平洋战争中规模最大，也是最复杂的一次作战行动。按照计划，克鲁格的第6集团军主要担负这一作战任务，参战部队有4个突击师，总共20万人，兵力上占据着绝对的优势。为了把克鲁格的部队运送到莱特岛并提供海上掩护，金凯德海军上将集结了由700多艘舰只组成的庞大舰队。其中有18艘小型航空母舰、6艘老式战列舰、11艘轻重型巡洋舰和86艘驱逐舰。

实现莱特战役作战计划的关键是尼米兹的快速航空母舰要给予大力支持。哈尔西指挥的第3舰队有105艘舰只，以18艘快速航空母舰为核心，组成4个分舰队。根据参谋长联席会议的决策而做出的调整，在太平洋战区新的编制上，哈尔西转而直接隶属于尼米兹上将，而不再受麦克阿瑟将军的指挥。虽然在建制上哈尔西上将和麦克阿瑟已经"划清了界限"，但他与麦克阿瑟的海军司令金凯德仍保持着密切联系。哈尔西的主要任务是掩护麦克阿瑟的部队登陆。在给他的书面作战命令中，麦克阿瑟还有另一项指令，即"如有机会或能创造机会消灭敌舰主力，那么消灭敌舰队主力就是首要任务"。

作为进攻前奏，美军第3舰队不停地在海上游弋，控制着制海权，并用舰炮连续轰击日军机场。9月21日和22日两天，哈尔西派出飞机轰炸马尼拉，摧毁了405架日军飞机和一些舰船。后来他又袭击科龙湾，摧毁了10多艘舰船。10月10日至14日哈尔西袭击冲绳和台湾，又摧毁520架日军飞机。此间，美军舰队也受到了一定的攻击，从台湾起飞的日军飞机用鱼雷重创了"休斯敦"号和"堪培拉"号两艘巡洋舰。随后，哈尔西的舰载机将轰炸的重点锁定在了吕宋岛和马尼拉等目标上。

与此同时，肯尼指挥的盟军陆基飞机从新几内亚、比阿克和莫罗太岛上的机场起飞，袭击了日军在棉兰老岛上的各个空军基地，甚至还轰炸了远在婆罗洲的炼油厂。哈尔西和肯尼的空袭取得了巨大的成功，使日军飞机受到了严重的损失。

10月10日，金凯德率领着强大的两栖部队在马努斯岛和霍兰迪亚集结，10日至15日，舰队陆续起锚出海。

10月14日，麦克阿瑟在布里斯班同妻子琼和儿子小阿瑟告别。临行前，将军告诉琼："我暂时就不回来了。"琼明白丈夫的意思，在攻占吕宋之前，他将一直在前线指挥作战。琼深情地抚摸着丈夫的面颊，轻声地叮嘱老将军一定要照顾好自己。她说："当你认为我们回马尼拉的时机成熟的那一刻，就马上派人来接我们。"望着妻子鬓角斑白的头发，麦克阿瑟内心里涌起了一股暖流，其间还夹杂着一丝丝愧疚，当然这被他很好地掩饰住了。他嘴角动了动，却什么也没能说出来。为了不让这分别的场面过于伤感，他快步转身登上了"巴丹"号专机，飞往荷兰蒂的总指挥部。

10月16日，麦克阿瑟离开了霍兰迪亚，率领着萨瑟兰、肯尼、惠特尼和一干参谋人员一起登上金凯德的"纳什维尔"号旗舰。

在随后两天的航行中，麦克阿瑟心情激动，一直难以平静下来。站在"纳什维尔"号的甲板上，目光所及，前后左右尽是浩浩荡荡的盟军舰队的舰艇。他极目远眺，望着湛蓝色的海水拍打着船舷，他的内心有说不出的滋味，真可谓五味杂陈。时光飞逝，现在想来，从巴丹撤退至今已经整整31个月过去了！31个月前，他极其狼狈地带着4艘鱼雷快艇侥幸逃出了日军的包围圈。现在他回来了，终于回来了！现在，他已经不再是当初的那个被迫"仓皇"出走的将军，而且他还率领着由800多艘舰船组成的、有史以来最庞大的两栖登陆舰队，这又怎能不令他感慨万千呢！

10月19日夜，在漆黑的夜幕遮掩下，庞大的美军舰队悄悄地驶近了莱特湾。在此之前，已有两支美军突击分队毫不费力地登上了莱特湾入口附近的两个小岛——迪纳加岛和荷蒙汉岛，并在岛上建立了指示灯。现在，舰队正在这两盏指示灯的指引下缓缓地驶入了港湾内。

当晚11点左右，舰队在莱特湾内汇合后停止了前进。再向前，就是莱特岛了！莱特岛在夜幕的掩映下，像一个楔子插在两个岛屿之间——东北面的是萨马岛，南面的是棉兰老岛。其形状酷似一枚臼齿，齿面是莱特湾，齿根指向棉兰老岛。该岛上有居民100万左右，除了少量的华人及零星的欧洲人、美国人和日本人外，绝大多数人口是靠种地、打鱼为生的比萨扬人。驻莱特岛的日军是其第16师团，该师团是1941年圣诞节在吕宋东海岸登陆的，在参加夺取马尼拉战役后，曾被调到巴丹参加战斗。因而，他们也可算是麦克阿瑟的老对手！

日本人早已获悉了麦克阿瑟的进攻方向，对于麦克阿瑟誓要夺取菲律宾，日军早有心理准备。至于麦克阿瑟将把"枪口"瞄向菲律宾的哪一个地方，日本人还无法确切掌握。为了加强菲律宾的防务，日军大本营把新加坡的征服者，被称为"马来之虎"的山下奉文调到菲律宾负责菲律宾的防务指挥。山下接到命令后，知道自己将指挥一场毫无胜算的战争。但是，他并不想让自己的属下知道自己的处境。当下在10月16日到达设在马尼拉附近的麦金利堡的第14方面军司令部时，对他的幕僚们发表了一番看似激情洋溢的讲话。山下告诉他的将士们:"大日本帝国的命运就寄托在这场关键的战役上了。在即将到来的战斗中,全体将士们,你们都担负着重任,必须坚决战斗。请大家记住,帝国陆军必将取得这场战役的最终胜利!"此刻,山下奉文还没有预料到麦克阿瑟来得这么快速,并且已经将攻击的矛头直指他的心脏——莱特岛!是的,虽然日本人无法确知盟军具体会从哪里最先开刀,但麦克阿瑟确实已经确立了他的战略优势。莱特岛将是他实现打回菲律宾的诺言的最后一战,这一战对于麦克阿瑟的意义是不言而喻的!

庞大的盟军舰队静静地停在海面上,舰只的下面是幽咽的海水,天上是昏黑的苍穹。莱特湾内仿佛一下子树起了无数幢大厦!盟军的士兵们此刻正在闷热的船舱内默默地等待着。再过几个小时的时间,战斗就会打响,进攻的号角将会响遍整个莱特湾。此时,谁也无法入睡,有的躺在吊床上默默地计算着时间,有的悄悄地溜到甲板上呼吸新鲜空气。大家都在心里虔诚地祈祷,为自己加油鼓劲!

看着一望无际的庞大舰队,副官惠特尼将军在旁边轻声地问麦克阿瑟:"将军,有这么强大的舰队归您指挥,您一定有一种大权在握之感吧!"麦克阿瑟回答道:"不,不是这样。我想到的是,许多优秀的美国子弟明天一早就要战死在海滩上了。"说完,他回到舱内,翻开《圣经》念道:"仁慈的上帝啊,保佑这里的每一个人都平安无事吧!"

10月20日黎明,天刚蒙蒙亮,随着轰隆一声炮响,莱特战役正式打响了。金凯德舰上的大炮怒吼着向岸上轰击,随即,盟军的上千门舰炮齐声怒吼,炮声震耳欲聋。杜拉格附近的"紫滩"和"黄滩"一带升起了一团团灰色的烟尘;接着,莱特岛首府塔克洛班下方的"白滩"和"红滩"也升起了阵阵浓烟。天空中,火箭弹的尾焰划出了各种杂乱无章的轨迹和图案,密密麻麻的飞机呼啸着扑向了日军的纵深处。激烈的战斗呈现出一边倒的态势，日军的失败已经注定。

一个小时后，运输舰沉着地驶入离岸10多公里外的换乘地点。这时，各战列舰停止了炮击，以便让巡洋舰、驱逐舰和炮艇开得更近一些。隆隆的炮声暂时停歇了数十分钟。突然，一片可怕的嗖嗖声越过人们的头顶，数以千计的拖着耀眼的尾焰的火箭同时从各炮艇上腾空而起，飞向海滩。几秒钟后，一声震耳欲聋的巨响在海岸上响起，天崩地裂似的，整个海岸顿时成了一片火海。随着浓重的烟尘逐渐消散，那些站在登陆艇上的士兵们此时简直不敢相信自己的眼睛，原本长着茂密树木的海岸现在却成了一片焦土，残枝断桠横七竖八地散落着，遍地都是烟雾，烟尘在空中弥漫着，整个海岸狼藉不堪。

上午9:45，那些像待发的箭矢一般整齐排列在靠近海岸边的登陆艇，在近20公里宽的海面上，齐头并进，直冲上岸。最北端的是第1骑兵师，朝"白滩"冲击。神枪手们用卡宾枪枪射击躲在棕榈树后敌方狙击手，那些用钢筋水泥构筑的防御工事和碉堡在盟军的炮火中被炸成了残垣断壁，粉身碎骨。接着，盟军的勇士们冲上了沿海的公路。在骑兵师左翼的是第24步兵师，该师也轻松地登上了海岸。2名士兵中的1名是菲律宾人，他把美国国旗和菲律宾国旗并排插上了"红滩"。两面国旗迎风展开，猎猎作响，彰显着胜利的希望。再往南是第96步兵师，他们也十分顺利地登上了"橙滩"和"蓝滩"，并快速向前推进。之所以能够如此顺畅地实现登陆行动，一方面是运气好，另一方面也与之前的空袭行动取得的巨大胜利有直接关联。日军部署在这个方向的纵深——卡特蒙山上的大炮大部分都已被盟军摧毁了。盟军在向纵深持续跃进1600米后，被沼泽所困，又遭遇到日军的一些骚扰和抵抗，速度才渐渐慢了下来。在最南端的战场，即"紫滩"和"黄滩"上，是本次登陆作战最艰难的一战,曾参加过阿图岛战役和夸加林战役的第7步兵师遭到了日军最顽强的抵抗,但经过残酷的战斗,英勇的第7步兵师最终还是成功地夺取了滩头阵地。

10点,克鲁格4个师的突击队在杜拉格和塔克洛班登陆。日军一反常态,未在滩头抵抗。他们让美军上岸,然后迫击炮和大炮一起开火。冒着敌人密集的炮火,登陆艇一批接一批地冲向岸边,把成千上万的部队运送上岸。

战斗一打响,麦克阿瑟就站到了"纳什维尔"号旗舰的舰桥上,通过望远镜欣赏着眼前这幅由自己亲自绘就的,由舰只、炮火、烟尘和英勇的将士们构成的浓郁色彩所勾画出的美丽"油画"。在总司令身边站立的是科尼舰长,他身材魁梧,英姿飒爽,正双手举着望远镜严密地监视着海面,不时发出简短的指令,指挥着这艘巨轮在海面上穿行。因为海水中间或还遗留着少量的水雷,因此"纳什维尔"号在行进过程中出现了较大的颠簸。但老将军却一动不动地矗立在那里,像一座巍峨的山峰,神情坚毅。此时他的内心中,一定非常期待胜利的一刻能快点到来吧!

整个上午,麦克阿瑟始终站在"纳什维尔"号的舰桥上,目不转睛地注视着登陆战的进展情况。下午1点,麦克阿瑟再也等不及了,急迫的心情终于"爆发",他回到了舱内换上一身刚刚熨得笔挺的军服,头上戴着战斗软帽,嘴里叼着一只玉米芯烟斗,戴着一副墨镜,又出现在了甲板上。随后,他带着萨瑟兰、肯尼、惠特尼等人以及新闻界代表,乘坐一艘小型登陆艇,接上在另一艘船上的新任菲律宾总统的奥斯默纳,驶向刚刚被美军占领的雷德海滩滩头。麦克阿瑟坐在船舱里,口袋里装着他父亲的小手枪,这样就可以保证"永远不会被敌人活捉"。他们快靠岸时,都在艇上兴奋地大喊:"我们回来了!"麦克阿瑟更是激动得难以自已,他拍着萨瑟兰的膝盖笑着说:

"啊，不管别人信不信，反正我们到了这里。"

登陆艇离岸边越来越近，艇上的人可以清晰地听到岸上的喊杀声和枪炮声。在离岸还有几十米远的地方，登陆艇在没膝深的水里搁浅了。艇上的士兵放下悬梯，麦克阿瑟却是直接地跳到水里，涉水上岸。这样出人意料的涉水上岸，以及麦克阿瑟戏剧性地打回到菲律宾，是第二次世界大战中最令人难忘的情景之一。随行的摄影记者不失时机地拍下了这一珍贵的历史镜头。它向全世界表明，麦克阿瑟终于兑现了自己的诺言。肯尼后来回忆说，他们上岸时，经过被日军炮火击中的 4 艘大型登陆艇的旁边时，有一艘还在燃烧，"而且，好像有许多日军狙击手就在附近射击，从步枪噼噼啪啪的响声来判断，他们离我们不超过 100 米"。

从登陆艇到岸边虽然只有几十米的距离，但这确实是胜利的标志。随军记者这样描述这一历史性的时刻：

当我们缓缓地冲着浪花驶向"红滩"的时候，战斗的声音越来越响亮。我们听到盟军的飞机引擎发出的怒吼，它是冲锋的号角，伴随着这震天的声响，它们从我们的头顶上俯冲而下，扫射海滩上的敌军据点，接着是海军舰炮齐发，不断轰炸着敌人的堡垒。我们的船驶得更近时，也能听到自己的士兵发出的接受命令的欢呼声，以及近距离内轻兵器发出的"突突突"的射击声。舵手们在距离海岸大约 50 码的地方放下梯子，大家跟随着麦克阿瑟将军走下登陆艇，涉水前行上岸。

麦克阿瑟抑制不住内心的激动，他向世界宣告："虽然我只跨出了三四十步就到达陆地，但是，这几十步却是我有生以来最最意味深长的步伐。当我走完这几十步,站在沙滩上时,我确信我确实又回来了,回来消灭巴丹的死敌来了。因为在那些日军的尸体上,还闪耀着本间将军的王牌部队第16师团的徽章。"

麦克阿瑟和奥斯默纳总统带领着他们的随从人员,跟随着部队先后登上海岸。岸上不远处,仍不时会传来日军射击的枪声,但麦克阿瑟却镇定自若地到处转悠。有人提醒他注意地雷或是流弹,他却满不在乎地回答:"这个世界上能炸死我的地雷还没有造出来呢!"有两个士兵正卧在地上集中火力向前方的日军扫射,当麦克阿瑟走近他们时,其中的一个捅了捅另一个,说:"喂,你看谁来了,是麦克阿瑟将军!"他的同伴头也不回地答道:"啊,是吗?他大概把费尔克洛思夫人也带来了吧!"

麦克阿瑟重返菲律宾

麦克阿瑟和战地指挥官简单地聊了几句，主要是询问登陆的进展情况。随后，他又招呼着奥斯默纳总统，把手搭在总统的肩上，语气相当轻快地说道："怎么样，总统先生，我们到家了。在攻下塔克洛班后，我就把行政权交给你。这可能比原计划要早一些，形势发展得超乎我们的想象哦！"奥斯默纳总统受到了麦克阿瑟的感染，也很自信地答道："将军阁下，我已经做好了准备，您什么时候交都可以。"

这时，通信兵在滩头架设了一台广播器，盟军总司令麦克阿瑟将军和菲律宾新任总统奥斯默纳将发表无线电广播讲话，以鼓励菲律宾人民和游击队奋起抗日。哥伦比亚广播公司的邓恩主持这一活动，他带来一台无线电发射机，并与"纳什维尔"号上的大功率主发射机相连，用几个频率同时进行广播。也许是巧合，这时，天空开始下起了小雨。

下午2时许，麦克阿瑟站在蒙蒙细雨中，发表了令人难以忘怀的讲话，他的语调充满了激情，其中还略带颤动，说明了老将军当时的心理状态：

伟大的菲律宾人民，我回来了！托上帝的福，我们的部队又踏上了菲律宾这块洒满了我们美、菲两国人民鲜血的土地上了。我们摧毁了控制你们日常生活的残酷敌人。你们民族的自由，回来了！站在我身旁的这位先生是你们的总统，伟大爱国者曼纽尔·奎松的杰出继承人——塞希奥·奥斯默纳，以及他的内阁成员。你们的政府现在已经牢固地重建在菲律宾的土地上。你们光复的时刻就在此时，你们的爱国行动证明：你们无愧于伟大的称号，菲律宾是一个伟大的民族。现在，我号召你们尽最大的努力，发挥你们觉醒了的民族精神，让敌人知道，和他们做斗争的抵抗力量是异常勇猛的，是和外来的一支兵力一样地难于对付的。

　　向我靠拢，继续发扬巴丹与科雷吉多尔不屈不挠的精神，随着战线向前推进，投入到新的战区作战。起来，战斗！当战线推进到你们那里时，你们要挺身而出，利用一切机会去打击我们的死敌——那些该死的日本鬼子。为了你们的故乡和家园，要去战斗！为了你们的子孙后代，要去战斗！为了那些神圣的死难者，要去战斗！不要害怕，你们都是坚强如钢的英雄。去争取正义的胜利，就是万能的上帝为我们指明的道路。

　　这篇演说，通过无线电波传遍了整个菲律宾群岛，传到了世界各处。随后奥斯默纳总统也讲了话，他号召菲律宾人民与美军通力合作。

　　在当天下午剩余的时间里，麦克阿瑟和奥斯默纳就在海滩附近的灌木丛中找了一块空地，席地而坐，商谈起随后的政府机构的重建问题。

　　整个登陆行动比预想的要顺利得多，到傍晚时分，已有6万人的部队和10余万吨装备、物资上了岸。美军已在两个登陆场向岛内推进1.6公里，塔克洛班机场已攻下来。

　　回到"纳什维尔"号战舰上后，麦克阿瑟立刻向罗斯福总统报告了顺利登陆的消息。在信中，老将军志得意满的情绪溢于纸面："这是从解放了的菲律宾发出的第一封信，我想您也许乐于把它作为集邮品收藏起来，希望它给您带来收藏价值。"麦克阿瑟轻易地在莱特岛上建立了稳固的桥头堡，还运来了10多万吨战略物资，而其代价却微乎其微，与巨大的胜利相比甚至可以忽略不计。很快，罗斯福总统就发来贺电："举国上下都感激你，全国都在为您和您的部下成功地反攻回去而祈祷。"

　　当天晚上，麦克阿瑟在"纳什维尔"号上十分安稳地睡了一个好觉，这也是自巴丹失陷以来的头一次。次日，10月21日，麦克阿瑟的4个师在没有遇到什么像样的抵抗情况下，继续向前推进。杜拉格机场也已经到手，塔克洛班的大部分地区也被盟军抢占了。这时，对于麦克阿瑟来说，最重要的任务是尽快修复莱特岛上已经被盟军控制的那些机场，以便迅速地将他的陆基飞机转移到这里来。过去，麦克阿瑟的"蛙跳"战术都是在他的陆基飞机支援下展开的，只有这一次登陆，已经远远地超出了他的飞机作战半径。仅靠哈尔西的舰载机提供支援是完全不够的。因此，麦克阿瑟下令他的工兵全力投入到抢修机场的任务中去。同时，他还下令在岛上招募菲律宾人参加机场的修复工作。

10月23日，盟军登陆部队已经完全控制了塔克洛班。这使得麦克阿瑟可以踏实地在这里举行菲律宾政府复位仪式了。午后不久，一支菲律宾军乐队乘坐着一辆武器运送车，在塔克洛班市区的街道上边吹奏着菲律宾国歌边穿行着。扩音器里不断广播着：麦克阿瑟和奥斯默纳马上就到，要举行庆祝仪式。临时组成的游行队伍浩浩荡荡地跟着军乐队行进。3点时分，已有一大群人聚集在被炸塌了的省议会大厦前的台阶上等候着。麦克阿瑟偕奥斯默纳并排登上台阶，后面跟着的是菲律宾流亡政府的官员和麦克阿瑟手下的高级将领。

麦克阿瑟向聚集在那里的人们宣布，以奥斯默纳为首的菲律宾国民政府重新建立起来了，并保证美国军队将会很快收复菲律宾其他的岛屿。他的讲话很简短，语气平静，但喜气洋洋的人们却为他讲的每一句话鼓掌欢呼。随后，军号吹响，美、菲两国国旗同时徐徐升起。望着随风飘扬的国旗，麦克阿瑟心中充满了自豪感。随后，麦克阿瑟转身同奥斯默纳握手，并说道："现在，我和我的同事们要告辞了。"

莱特湾大海战

1944年10月23日，也就是在奥斯默纳宣布重建菲律宾政权的同一天，美、日舰队在莱特湾展开了一场历时4天的大海战，这就是举世闻名的莱特湾海战。该海战情况之复杂、规模之宏大，在世界海战史上都是空前的。

9月至11月，日军大批的运输增援人员和物资的舰船，虽然在途中遭到了美军潜艇的拦击，其间共有日军204艘舰船被盟军击沉，但是大多数舰船还是突破了拦截，到达了目的地。

日本军部的战略家们在莱特战役打响以前就下定决心，要在菲律宾与美军决一死战。日本海军当局仍然希望奇迹能够发生，他们企图能一举歼灭美国太平洋舰队，取得干净利落的胜利。根据情报，日军估计盟军的下一步行动会大举进攻菲律宾（他们估计是先进攻棉兰老岛，而不是莱特岛）。菲律宾的战略地位是如此重要，一旦失掉了菲律宾，日本通向南方的生命线就被彻底切断了。这也将意味着日本输掉了整个战争。

早在1944年7月24日，日军大本营已划定了决战的4个战场：菲律宾方面的决战代号为"捷-1"号；台湾、琉球方面称"捷-2"号；日本本土称"捷-3"号；千岛、库页岛等地称"捷-4"号。8月初，日本又对"捷-1"号计划进行了详细研究，并拟定了作战计划。该计划主要包括两个方面：海上作战和陆上行动。在陆地上，由山下奉文统率27万日军坚守菲律宾，以拖住盟军前进的步伐，关键的是在海上采取行动。

当麦克阿瑟在莱特湾发动登陆战之后，日军决定加快实施"捷-1"号作战计划的海上作战部分。于是，日军最高统帅部发布了大规模增援马尼拉的命令。日军派出强大的舰队，期望在莱特湾与麦克阿瑟决一死战，夺回战略主动权。部署在日本獭户内海的日军特混舰队本部由"瑞鹤"号、"瑞凤"号、"千岁"号和"千代田"号四艘航母，"日向"号和"伊势"号两艘航空战列舰，3艘轻型巡洋舰和8艘驱逐舰组成，司令官为小泽治三郎中将。部署在新加坡的第1游击部队司令官为栗田健男中将，该部分为三个战队，其中参加此次海战的有两个：第1战队由栗田直接指挥，拥有包括著名的"大和"号和"武藏"号在内的5艘战列舰、10艘重型巡洋舰、2艘轻型巡洋舰和15艘驱逐舰；第3战队由司令官西村祥治中将指挥，拥有2艘战列舰、1艘重型巡洋舰和4艘驱逐舰；部署在琉球群岛的第2游击部队由司令官志摩清英中将统率，由2艘重型巡洋舰、1艘轻型巡洋舰和4艘驱逐舰组成。根据"捷-1"号作战计划，第1游击部队为主攻力量，其第1和第3战队分别经由圣贝纳迪诺海峡和苏里高海峡，从北、南两个方向迂回到莱特湾，夹击麦克阿瑟的登陆部队。届时，日军第2游击部队将南下与西村祥治的第3战队会合。特混舰队本部的任务是充当诱饵，把哈尔西的航母编队诱骗出莱特湾一带，使其向北追击而远离战区，这样哈尔西将无法继续掩护麦克阿瑟的登陆部队，从而为第1和第2游击部队发动攻势创造有利条件。为了与盟军决战，日本联合舰队总司令丰田副武把他的舰队分成5个分舰队。战役开始时,由栗田健男中将和西村祥治中将等人指挥的3个分舰队部署在新加坡,一个部署在琉球群岛的天见(位于冲绳以北),由志摩清英中将指挥,另一个在日本内海,由小泽治三郎中将指挥。新加坡的分舰队承担主攻任务。小泽的舰队以4艘航空母舰为核心,将明目张胆地驶出大海。这是个诱饵,其目的是要把哈尔西的第3舰队诱出莱特湾,从而使它无法掩护美军滩头阵地。如果得手,以战列舰为核心的栗田和西村的分舰队便进攻莱特湾,然后派在新加坡的另一支以巡洋舰为核心的分舰队,护送运兵船从马尼拉向棉兰老岛运兵,在莱特岛的背后登陆增援。

10月17日和18日两天,当克鲁格的先头部队在莱特岛外围的岛屿登陆时,日军已在实施"捷-1"号作战计划。在天见的志摩舰队也准备加入进攻金凯德的那两个分舰队一起行动。这些舰只驶离新加坡,都到文莱湾加油。日本内海的"诱饵"舰队也起航出海。志摩的舰队包括2艘重型巡洋舰、1艘轻型巡洋舰和4艘驱逐舰,它径直向南驶向苏禄海。

日军为运兵船护航的重型巡洋舰"青叶"号和轻型巡洋舰"鬼怒"号于10月22日夜率先离开文莱湾,向日的地出发。中路的栗田舰队向锡布延海方向驶去,南路的西村舰队向保和海方向驶去。那时,美军已在护航舰队的航线上埋伏了6艘潜艇。"青叶"号在途中被美军潜艇"鲷鱼"号发射的2发鱼雷击中,因损坏严重,不得不由"鬼怒"号拖到马尼拉。

日军的两支主攻舰队也于10月22日离开文莱湾。23日凌晨,栗田的中央舰队到达巴拉望岛以东海域时,被美军的"海鲫"号和"鲷鱼"号两艘潜艇发现。美军立即向敌舰发起攻击,栗田的"爱岩"号旗舰被"海鲫"号潜艇发射的4枚鱼雷击中,18分钟后沉入海底。栗田和他的指挥官们跳进大海,被己方的一艘驱逐舰救起，护送到"大和"号战列舰上。另一艘重型巡洋舰"摩耶"号则被"鲷鱼"号发射的鱼雷击中，引起弹药舱爆炸而沉没。此外，"海鲫"号还重创了日军重型巡洋舰"高雄"号，使其无法继续前进而被迫返航。大海战还没有正式开始，美军只是动用两艘潜艇，就赢得了第一回合的胜利，这只能说是日本人行将覆亡的前奏。通过这次潜艇战，美军掌握了日军的主攻方向，为即将到来的全面战斗提供了有利的情报。

被称为北方舰队的日军特混舰队作为"诱饵"舰队，于10月20日起锚，驶出了日本内海。此时，正有3艘美军的潜艇监视着日本内海的出口，但它们未能发现北方舰队出海。如果日军知道这个"诱饵"未被发现，他们定会大失所望。毕竟，作为"诱饵"，日本人是多么希望被美军发现。

此时，在莱特湾及其附近海域，庞大的美军舰队正严阵以待。由奥尔多夫少将指挥的第7舰队炮火支援编队辖有6艘战列舰和若干艘巡洋舰及驱逐舰；由斯普拉格将军指挥的、由16艘护航航空母舰组成的3个大队担任对潜、对空警戒及支援登陆任务；哈尔西的第3舰队布置在萨马岛以东的南北一线，下辖4个特混大队，共有17艘快速航母、10艘战列舰、10艘巡洋舰和56艘驱逐舰，在麦克阿瑟的部队顺利登上莱特岛后，哈尔西于22日下令第1特混大队返回乌利西补给。当"海鲫"号潜艇报告说栗田舰队已经出动的消息时，哈尔西率领其余3个特混大队呈扇形展开，分别推进至吕宋岛东部海域、圣贝纳迪诺海峡附近及莱特湾附近。

24日清晨，哈尔西分别向西、西北和西南三个方向派出侦察机侦察敌情。8点12分，第2特混大队的一架飞机报告说发现了栗田的中央舰队，该舰队正从民都洛岛南端向锡布延海挺进。哈尔西立即命令他的3个大队在圣贝纳迪诺海峡东端附近海域集结待命，意图是以其全部航空兵力攻击栗田舰队。

但是，第4大队侦察机在棉兰老岛以西的苏禄海又发现了西村舰队，于是出动飞机予以攻击，击伤战列舰和驱逐舰各一艘。之后，该大队执行哈尔西的命令，开始向中部海域靠拢，把随后的任务留给了金凯德的第7舰队。然而就在这时，北面的第3大队却遭到来自吕宋岛的日军陆基轰炸机的袭击，"普林斯顿"号航空母舰中弹起火，遭受重创。"伯明翰"号巡洋舰去救援时，因"普林斯顿"号发生爆炸也受重伤，不得不返回美国进行修理。第3大队因此也无法马上执行向中间靠拢的命令。

美国航母舰载机在苏禄海攻击日本军舰

这一天，哈尔西的舰队先后出动了5批次飞机攻击已进入了锡布延海的栗田的中央舰队，战斗非常激烈。在没有任何空中掩护的情况下，日军"武藏"

号战列舰——这艘当时世界上最大的超级战列舰，在中17枚炸弹和19枚鱼雷被击后，终于载着1000多名水兵沉入海底。在战斗中，美军还重创日军重型巡洋舰"妙高"号，迫使它不得不撤出战斗。

经过一天的战斗，哈尔西为取得的辉煌战果而欣喜若狂。飞行员们报告说，日军中央舰队差不多全被消灭了，少数幸存的舰只也逃之夭夭，这些夸大了的好消息哈尔西却轻率地相信了。其实，在下午，栗田不得不下令西撤，但是到傍晚时分，他看到并没有盟军军机追击，于是又命令折返，再次向莱特方向进发。

在24日这一天里，小泽的北方舰队作为"诱饵"，正千方百计地要吸引哈尔西的注意力。为了达到目的，小泽下令施放浓烟，解除无线电静默状态，并派出了驱逐舰作为前卫，他还派出飞机攻击哈尔西的舰只。但那天哈尔西正忙于对付中央舰队，无暇他顾。直到傍晚，哈尔西的一架侦察机才在吕宋岛东北海面发现日军这支航空母舰编队。

这时，哈尔西面临着重大抉择，是去追赶北方舰队，还是仍然靠近金凯德的登陆部队？根据当时他所获取的情报推断，既然日军的中央舰队已被消灭（如前所述，这是非常严重的错误情报），金凯德就可以轻而易举地对付南方舰队和志摩的舰队，而他的任务则是消灭敌人的航空母舰。于是，哈尔西命令他的全部舰只向北奔向"诱饵"舰队。

晚上8点多钟，哈尔西给金凯德发去一份电报并抄送尼米兹和金上将，通报了日军中央舰队的位置、航向和航速，指出这路日军正驶向圣贝纳迪诺海峡；而他则率3个特混大队北进，拟于次日清晨突袭敌军航空母舰编队。金凯德收到这一电报后对栗田舰队的再次东进并未感到有多少不安，他以为哈尔西会留下部分舰只把守圣贝纳迪诺海峡，迎击栗田的舰队，以保障莱特岛北翼的安全。当时，无论是金凯德还是尼米兹，都确信哈尔西会留下一支以战列舰为主的舰队监视圣贝纳迪诺海峡，以保护美军的右翼，都误以为他只是率3个航空母舰大队北上的。而事实上，哈尔西一艘军舰也没给他们留下，致使圣贝纳迪诺海峡的大门洞开。这一致命的误解在第二天的大海战中险些导致严重的后果，差点断送了整个战役。

由于金凯德想当然地以为哈尔西对日军中央舰队有所防范，所以他几乎把所有的作战舰只都集中到苏里高海峡方向，准备对日军南方舰队进行夜间伏击。同一天，在遥远的南方，日军南方舰队及紧紧尾随的志摩舰队，在驶向苏里高海峡时，在苏禄海被金凯德的飞机发现。金凯德派出第1梯队驱逐舰投入战斗，向日军发射鱼雷，日军3.5万吨级的老式战列舰"扶桑"号和一艘驱逐舰被鱼雷击中沉没。西村的3.5万吨级的"山城"号战列舰也被鱼雷和炮弹击中，西村被炸死，"山城"号沉没。"最上"号重型巡洋舰和1艘驱逐舰受重创。

随后而来的志摩舰队"阿无限"号巡洋舰被鱼雷击伤，他的"那智"号旗舰又与受伤的"最上"号相撞。志摩立刻意识到自己中了盟军的埋伏，再前进也只能招致与西村同样的下场，于是立即下令撤退。金凯德的水面舰只和飞机穷追不舍，击沉一艘驱逐舰并又一次击中"最上"号，遍体鳞伤的"最上"号因最终丧失了机动能力而被日军自己炸毁了。到了拂晓时分，日军的南方舰队只剩下一艘受伤的驱逐舰，随志摩的舰队向西逃去。

正当金凯德的第7舰队在南面追击志摩的舰队时，栗田的中央舰队神不知鬼不觉地溜过圣贝纳迪诺海峡，突然出现在萨马岛以东海域。获知这一消息后，金凯德大惊失色，一面急忙命令奥尔登多夫舰队即刻停止追击，尽快回防莱特湾，一面打电报询问哈尔西，是否留有舰只在守卫圣贝纳迪诺海峡。3个小时后，金凯德才收到回电："没有守卫海峡，我的舰队正在同日军航空母舰编队交战。"这就意味着，金凯德只能仅仅凭借部署在萨马岛附近的6艘小型航空母舰和7艘驱逐舰、护卫舰与强大的栗田舰队作战。

7点多钟，栗田的舰队开始发动攻击。美舰全速向南逃避，并以舰载飞机、驱逐舰、护卫舰与敌舰周旋，肯尼的陆基飞机也给予了一些支援。在战斗中，日军还派出了"神风特攻队"的"自杀飞机"来攻击美军舰只。有多艘小型航空母舰受到重创，"圣艾欧"号被它击沉。这是一场力量相差悬殊，而且异常激烈的战斗。美军驱逐舰英勇顽强地和日军展开对攻，奇迹般地打乱了栗田舰队的战斗队形，并击伤日军两艘重型巡洋舰，迫使"大和"号等两艘战列舰向北逃逸。美军的7艘护卫舰只全部受创，其中3艘沉没。随后，日军再次对美军护航航母发起攻击，将"甘比尔湾"号击沉。这时，金凯德出动所有的舰载机对日军进行猛烈的轰炸，肯尼的陆基飞机也不失时机地赶来支援。结果，美军付出极大的代价，使日军7艘护卫舰中的3艘被击沉，其余受伤，2艘重型巡洋舰被击伤。

此时，在遥远的北方，哈尔西的舰载飞机向日军北方舰队发起了进攻。正在鏖战时，哈尔西得到了令人惊愕的消息，说日军中央舰队正在进攻金凯德的航空母舰，金凯德急需援助。但他未过分担心，在他看来，金凯德的16艘小型航空母舰加上战列舰，足以应付中央舰队所剩无几的舰只。尼米兹给他的命令中包含有这样重要的内容，即他的主要任务就是摧毁"敌舰队的主力"。哈尔西没有意识到北方舰队不过只是"诱饵"而已，也不知道它的装备脆弱，他想当然地以为和中央舰队相比，北方舰队的威胁更大，摧毁这支舰队对整个莱特战役的安全是完全必要的。所以，他继续进攻北方舰队。他的飞行员们干得很出色。在白天的轮番攻击中，他们把日军的4艘航空母舰全部击沉，还击沉了1艘驱逐舰，重创"多摩"号巡洋舰，该舰在夜里被美军的潜艇击沉。北方舰队幸存的其他舰只在哈尔西舰队猛烈的空袭下,逃回了日本内海。虽然北方舰队损失惨重,但它出色地完成了把哈尔西诱出莱特湾的任务。

与此同时,萨马岛海域盟军的形势却岌岌可危,一旦栗田中央舰队突入莱特湾,美军登陆部队将面临灭顶之灾。坐镇珍珠港的尼米兹一直在密切关注着战斗的进展情况,他打电报问哈尔西舰队现在的位置。为防止敌人破译,按照惯例,编码人员要在电文中塞进一些无意义的词句,但不幸的是这一次却加进了一组很不恰当的词。交到哈尔西手中的电文是:"全世界都想知道你舰队的位置。"哈尔西没想到"全世界都想知道"是没有任何意义的词句,误认为这是尼米兹在训斥他,阅后勃然大怒。一气之下,哈尔西命令第34特混舰队和一支航母特混大队调头南下,前去支援金凯德;其余两支特混大队则继续追击小泽的北方舰队。由于哈尔西中途退出了战斗,还带走了强大的第34特混舰队,致使全歼北方舰队的目的没有达到。不过,盟军仍然取得了重大的胜利,击沉了日军北方舰队全部4艘航母和1艘驱逐舰、1艘巡洋舰。

当天,由于日军舰队之间通讯不畅,栗田还不知道北方舰队"诱敌"战略获得成功的情报,他还以为与自己展开对攻的小型航空母舰就是哈尔西的快速航空母舰,所以打起仗来有所顾忌,未敢大胆地向莱特湾突进。此时,他的舰队经过3天的战斗,燃料弹药都已经所剩不多,战斗人员也已身心疲惫;特别是西村和志摩的舰队都没有准确消息,美军增援舰只又正在驶来,这些情况使栗田失去了信心,于9点多钟下令各舰退出战斗,向北穿过圣贝纳迪诺海峡,向西逃逸。哈尔西的飞机后来才发现它,击沉了一艘巡洋舰。26日清晨,当栗田的舰队穿过锡布廷海,驶到班乃岛以西海域时,哈尔西的飞机又击沉、击伤巡洋舰各1艘。

至此，莱特湾大海战宣告结束了。在这场史无前例的海战中，日军付出了惨重的代价，共损失4艘航母、3艘战列舰、10艘巡洋舰和9艘驱逐舰。美军仅损失了1艘轻型航母、2艘护航航母、2艘驱逐舰和1艘护卫舰。后来尼米兹说，就规模和错综复杂的程度而言，这一仗是海战史上绝无仅有的。对于麦克阿瑟和金凯德来说，这次战役好危险啊！如果日军中央舰队继续进攻，就会轻易进入莱特湾，并会摧毁所见到的一切，麦克阿瑟就会像上次在巴丹半岛上那样束手无策。

经过这一海战，日本海军主力基本被消灭，从此它再也不能同美国海军对抗了。

在这几天海战中，麦克阿瑟始终捏着一把汗。前线的战况一度告急，麦克阿瑟采取紧急应对，稳定部队，收紧战线。其间，为使"纳什维尔"号战舰能在紧急之时投入战斗，麦克阿瑟把司令部转移到陆地上。获悉海战最终取得了胜利，麦克阿瑟才长长地吁了一口气。

在莱特湾海战结束后，许多人对哈尔西的表现提出严厉的批评，在麦克阿瑟的总司令部里也有人在说三道四。当听到有人批评哈尔西时，麦克阿瑟对此表现出了十分宽容的态度，他敲着桌子对他的幕僚们说道："行啦……不要再对此事说长道短了。在我的心目中，哈尔西是一位能征善战的海军将领。出现这样的失误并不能全怪他（如果真要责怪谁的话），应该直接归咎于我们分散的指挥、含糊不清的电文，以及第3与第7舰队之间低劣的通信系统。说得更明确一点，这一次差一点就给我们造成灾难性后果的事件，责任完全在华盛顿。"麦克阿瑟还给哈尔西打电报说："我们与你合作多年，我们希望你取得辉煌的胜利。当你采取行动支援我们时，这里的每一个人都感到很放心，并深受鼓舞。"哈尔西和麦克阿瑟一样抱怨分散指挥所造成的混乱。麦克阿瑟在后来的回忆录中说得更透彻:"我认为,在这次海战中发生的不幸事件,不能归咎于哪位指挥官的判断失误。险些发生大灾难的根源在华盛顿,他们让我和8000公里以外的尼米兹——两位相互独立的关键性的指挥官指挥同一战区、同一战役。"

莱特岛大决战

虽然在莱特湾的惨败使得日军大本营原先制定的如意算盘——"捷-1"号作战计划的一条腿被盟军砍断，但日军没有就此善罢甘休，他们还有另一条腿，即山下奉文指挥的27万陆军。山下奉文很清楚，如果麦克阿瑟在莱特岛站稳了阵脚，自己就会遭殃。莱特岛战役的胜败对他们是生死攸关的大事。因此，在莱特湾海战进行当中时，山下就从吕宋守军中紧急抽调精锐的第1师团和第26师团增援莱特岛。根据计划，山下命令第1师团在莱特岛西岸的奥尔莫克登陆，第26师团在北部港口卡里加拉上岸，这两支部队将汇合成一股强大的力量，在10天内夺回被盟军攻占的塔克洛班。战前，山下信誓旦旦地对部下们说："现在我们要登上历史舞台的中心了。我们要像在巴丹那样，击败麦克阿瑟，不过这次我们还要活捉他！"

但是，山下的如意计划出了差错。坏消息很快传来，栗田的中央舰队失败了。山下奉文内心产生了一阵恐慌。他预感到形势十分不妙，同时，由于运输舰船不足，日军向莱特岛增援的速度很慢。鉴于这一情况，山下被迫改变了计划，他命令已经上岛的部队与溃退下来的第16师团残部在莱特岛北部高地建立据点，组成所谓的"山下防线"，力求能先阻止美军的前进，然后再伺机反扑。

大海战后，美军舰队已撤回基地休整，补充给养，空中支援只有靠肯尼了。盟军登陆7天后，到10月27日，肯尼才把34架飞机调到未完工的塔克洛班机场。但是，机场的修复质量和设备很差，而且雨季到来，天气不利于飞行，再加上日军飞机不断地空袭，使肯尼的空中支援行动受到限制。急需物资的供应受阻，还严重影响了机场和道路的修复。不久，又没完没了地下起倾盆大雨，到处都变成了一片无边的泥沼。

为了守住莱特岛，日军投入了一切可以投入的飞机，猛烈攻击盟军在莱特湾的舰船和岛上的部队。疯狂的空袭使金凯德的舰船蒙受很大损失，至此，日军实际上掌握了莱特岛的制空权。在日军大肆空袭盟军的同时，他们几乎每天都从马尼拉派出护航舰队，向莱特岛后侧的奥尔莫克运送援兵。到11月上旬，日军共向岛上运去5万多名官兵和大量物资。这些增援部队的到来，加之恶劣的天气和泥泞的地面，严重地限制了盟军在莱特岛的作战行动。

对于盟军来说，当时的形势非常严峻，如果不尽快制止日军的增援行动，莱特岛就会变成另一个瓜达尔卡纳尔岛，盟军将被迫在沼泽和丛林里进行一场长期的浴血战斗。麦克阿瑟要求哈尔西的第3舰队提供紧急空中支援。哈尔西于11月初，带领他的4个分舰队中的3个回到莱特湾。他对吕宋岛进行了两天的攻击，摧毁439架日军飞机，并轰炸了港口里的舰船，击沉"那智"号重型巡洋舰及其他一些舰只。

"卡斯特"密码破译人员探听到消息，11月10日至11日夜里，又有一支大型运输船队（15艘船）驶出马尼拉开向奥尔莫克。麦克阿瑟要求哈尔西派所有的飞机去阻击这支船队。11月11日拂晓，哈尔西派出347架飞机，在距奥尔莫克岛1.6公里的海域发现了这船队。经过几次攻击，这支船队全部被歼，有1万多名日军官兵葬身鱼腹。在11月的下半个月，哈尔西的飞机反复轰炸了吕宋岛上的机场和港口，击沉了以前受到重创的"熊野"号重型巡洋舰、"木曾"号轻型巡洋舰、5艘驱逐舰及大约10艘商船。日军飞机和"神风特攻队"也对哈尔西的舰只进行了反击，重创美军的3艘航空母舰。

到11月底，空军的情况稍有好转。应麦克阿瑟的请求，尼米兹派来87架陆战队飞机，这些飞机为克鲁格的地面部队提供了有力的空中支援，保护了塔克洛班和杜拉格机场，使其免遭日军飞机在夜里进行的空袭。

此时，麦克阿瑟的地面部队正在向西、北两个方向挺进。但是，由于雨季的到来，道路泥泞，日军的空袭更给盟军的行动带来极大的阻碍。给养供应不及时，通信线路又时常中断，肯尼有限的飞机则集中去攻击日军的增援补给基地奥尔莫克，无力为地面战斗提供空中掩护。所有这一切，都极大地减缓了盟军在莱特岛上的进军速度，并带来很大的伤亡。美军先头部队第24师艰难前进，但到11月份，还是被阻挡在莱特岛北端一个不知名的山岭下，无法继续前行。

虽然已经控制了莱特岛的大部分地区，但是盟军的登陆部队并未摆脱危急状态。克鲁格的陆军成功地登陆后，便开始陷入泥潭。"泥潭"这个词，无论是字面上的意义还是从比喻的角度来看，都是恰如其分的。由于雨季的到来，大雨倾盆，导致盟军主攻的目标莱特谷地变成一片泽国。日军巧妙地利用沼泽地进行防御，盟军的伤亡情况达到惊人的程度。

在塔克洛班陆上指挥所里的麦克阿瑟表现得特别勇敢镇定。许多人在后来回忆说，老将军在敌机扫射、轰炸声中，若无其事地主持会议，给他的参谋人员下达指令。有好几次麦克阿瑟甚至危险到差点儿丢掉性命，会议室里弹痕累累，百孔千疮。

11月6日，麦克阿瑟亲临前线，视察第24师正面阵地。此时，该师已经被阻挡在这座不知名的山岭前长达一周时间了。再不抓紧攻占该山岭，盟军就不能进一步深入莱特岛北部山区，更重要的是，凭借着这一山岭的屏障，日军正在调集援军及补给源源不断地运送到岛上。麦克阿瑟冒着瓢泼大雨来到山坡下的一顶帐篷跟前，这是临时搭建的第24师师长赛伯特的临时指挥所。帐篷里的积水已经没过了膝盖，一个士兵正在用钢盔往外舀水，赛伯特正在察看地图。见到总司令的到来，赛伯特一下子跳了起来，连忙向麦克阿瑟敬礼，嘴里嘟噜了一句："这个该死的天气！"麦克阿瑟十分严厉地质问道："嗬！你倒是很轻松啊。我问你，为什么在这里停了一个礼拜？"总司令那不容辩驳的语气，令赛伯特有些不知所措。他答道："报告将军，敌人的工事太坚固了，而且天气也……"

不等赛伯特把话说完，麦克阿瑟就大发雷霆，向这位战战兢兢的师长下了"最后通牒"："我不管这么多，我要你在一个星期内必须达到山岭的那边，夺取奥尔莫克港。否则，你就回家养老去吧！师长阁下，明白吗？"老将军双手背在身后，眼睛紧紧地盯着赛伯特，像一尊凶神。在部属面前，麦克阿瑟一向就以冷酷、严厉著称，更何况这次他确实急了。按计划，他必须在月底前完全拿下莱特岛，准备进攻吕宋。但是到现在为止，敌人还占据着莱特岛三分之二的地区。这如何不让老将军心急如焚呢！

赛伯特在见识了老将军的怒气后，不敢怠慢，在麦克阿瑟走后立即召开了紧急会议，研究下一步作战方案。当天下午，第24师重新开始向山岭发起攻势。美军一个连的部队从侧翼发动攻击，但是在日军猛烈火力的压制下很快就被迫撤退。次日一整天，美军攻势不断，但仍未能攻破日军防线。

11月8日拂晓，天空灰蒙蒙的。紧接着，天空很快暗了下来，台风裹挟着豆大的雨点倾泻而下。在剧烈的台风中，山岭上的棕榈树有的被拦腰折断，有的被连根拔起。趁着这极端天气，盟军再次发起了新的攻击。美军的一个步兵团在暴风雨中向山上冲锋，大炮的轰隆声和着风雨雷电，竞相怒吼着。在山岭的争夺战中，不时有人从泥泞的山坡上滚下来，让人摸不清是被击中还是滑倒摔下来的。眼见美军已经冲上了山岭，日军更为猛烈的火力扫射突然从一个个碉堡里、山洞里倾泻而来。冲上山顶的美军像靶子似的一排排倒下。就这样，山岭在美军与日军反复争夺中多次易手，得而复失，失而复得，一场罕见的血腥的拉锯战僵持着。到11月底，山岭仍然被日军牢牢地控制着，倒在山岭下的美军多达数千人。日后，美军将这道山岭命名为"断头岭"。

麦克阿瑟一直密切关注着"断头岭"的战事，到11月20日，第24师仍然被阻滞在那儿，毫无进展。麦克阿瑟不得不把第1骑兵师调去增援。

到11月初，盟军已有10余万兵力参战，与其对抗的是7万多决心死战到底的日军，战斗比以前任何一次都更艰难、更残酷。11月中旬，克鲁格的部队已在沼泽地里紧张地战斗了3个星期，精疲力竭，士气低沉。盟军目前物资奇缺，尤其缺乏弹药、食品和药品。11月下旬，美军以更凶悍的进攻和绝对的炮火攻势突破了日军防线，最终夺取了"断头岭"，进军至利蒙。但日军仍然顽强地坚守着奥尔莫克走廊的所有入口，他们一面收紧防线，一面组织局部反攻，企图在伞兵的配合下夺取美军的机场。

11月底，在汲取此前战争教训的基础上，为避免莱特岛变成第二个孤岛，尽快获胜，麦克阿瑟调来第32师和第11空降师。至此，盟军在莱特岛上的兵力已达到18万人，但胜利仍然遥遥无期。

在极端的困境中，麦克阿瑟认识到，必须关闭日军进入莱特岛的"后门"，切断奥尔莫克的补给线，这样才能为最后的胜利创造先决条件。于是，他再次充分发挥出富于冒险性的精神，不按常理出牌，极富想象力地制定了大胆的计划：在正面进攻的同时，派兵在奥尔莫克登陆，切断日军与这个补给基地的联系，从背后分割已在莱特岛上挖沟筑垒的日军。

这个计划被批准后，克鲁格派出新调来的第77师担任进攻任务。该师于12月7日乘登陆艇和驱逐舰，绕过莱特岛南端迂回到西侧，在奥尔莫克以南5公里处登陆。由于盟军完全出其不意地在奥尔莫克登陆，所以在滩头上，他们几乎未遇到什么抵抗，很快便建立了稳固的滩头阵地，并立即发动了向奥尔莫克的进攻。在登陆战中，由于受到日军"神风特攻队"战斗机的自杀式攻击，盟军两栖部队的5艘舰船受到重创。日军地面部队从突袭中清醒过来之后，展开了争夺奥尔莫克的激烈战斗。12月9日，美军突破了奥尔莫克的防线，攻入市区，并很快控制了局势。得到胜利消息的麦克阿瑟欣喜若狂，他迫不及待地对等待在总司令部的记者们宣布："我们已在'山下防线'的背后插上一刀，敌人已成瓮中之鳖，我们的胜利不久就将到来。"到次日，该港完全被美军占领。日军被盟军分为二，分割成南北两部分。随后，作为进攻主力的第77师继续向前推进，于12月21日同南进的第10军会师，从而控制了莱特的大部分地区。山下奉文在莱特岛上的防御终于瓦解了。

12月26日，麦克阿瑟宣布："除了要肃清少数地区的残敌之外，莱特岛战役可以说已经结束了。可以毫不客气地说，山下奉文遭遇了日军历史上最惨重的失败。"

随后，费力不讨好的肃清岛上日军的任务落到了艾克尔伯格将军的肩上。艾克尔伯格在圣诞节这一天接替了克鲁格，总司令部已派克鲁格负责计划于

1945年1月9日对吕宋岛发起的进攻。对于"肃清残敌",艾克尔伯格曾愤愤不平地写道,这种说法太不确切,"为'肃清残敌'去死是不值得的"。他的部队又用了4个月才肃清了莱特岛上的日军。在大约7万日本守军中,总共只有828人被俘,有不到1000人乘小船逃掉了,多数被击毙或病饿而死,其中起码有三分之一是在所谓的"肃清残敌"中被盟军击毙的。盟军也付出了很大代价,仅阵亡就达3500人,伤亡人数更多达1.55万。

莱特岛战役的胜利,意味着日本最后的失败已经不可避免。正如日本海军军令部长永野修身在得知战果后所说:这就是终结,不仅是菲律宾战争的终结,也是整个日本帝国命运的终结。

莱特战役胜利后,菲律宾政府授予麦克阿瑟一枚相当于美国国会荣誉勋章的勇敢勋章,马歇尔将军发来贺电:"祝贺你们的战斗取得了伟大的成功。"

十分巧合的是,就在过早地宣布莱特岛战役取得胜利之际,麦克阿瑟又得到一颗将军星。美国国会新创立了一种新的特级军衔——五星上将,以激励在这场史无前例的世界大战中那些战功卓著的将领。麦克阿瑟和马歇尔、艾森豪威尔和"航空兵"的阿诺德均被提升为陆军五星上将。同时莱希、欧内斯特·金、尼米兹被提升为海军五星上将。12月24日,马歇尔通知麦克阿瑟:"合众国众、参两院分别于12月11日和15日通过一项法案,决定授予你陆军五星上将军衔。"

圣诞节这一天,麦克阿瑟给妻子琼发了一封电报,并指示部下一定要在妻子12月27日生日的这一天送到。他在电报中写道:"亲爱的夫人,祝你生日快乐,全军和我一起向你,我们最忠诚的战士致敬!"我们可以从这封电报的字里行间看到一份浓浓的爱与思念。

在圣诞节后的第二天，在司令部举行了简单的仪式，菲律宾总统也前来参加。参谋人员将新领章钉在麦克阿瑟将军的衣领上，这枚领章是用6国的硬币熔化后铸成的，这6个国家都派有部队在麦克阿瑟的指挥下作战。随后，麦克阿瑟发表了简短的即席演说："作为这次战役的总司令，我对所有参战的官兵，对你们在最困难、最危险和最复杂的情况下，所表现出来的决心、刚毅和勇气，表示敬佩和感谢！"

这些荣誉曾使麦克阿瑟激动万分，但他后来说自己的这份激动很快就消失了："这或许是由于我听够了战争受害者的恸哭，或许是因为对日本人的无情丧钟刚刚开始敲响吧！"

"菲律宾，我回来了！"

到 1944 年底，世界反法西斯战争形势已经日趋明朗化，意大利墨索里尼政权已经垮台；纳粹德国的末日也指日可待；在远东太平洋战场上，日本法西斯也已经陷入绝境。

还记得当初麦克阿瑟撤出巴丹时所说的那句名言吗："我出来了，（但是）我还会回来的！"很多人认为，这是麦克阿瑟一生中说出的最富号召力的话，麦克阿瑟本人也始终把这句话作为激励自己一切行动的座右铭，并一直都在为实现这一承诺尽心竭力地战斗着，希望早日重返菲律宾。

在太平洋战场上，还在莱特战役处于高潮时，麦克阿瑟就着手开始了进攻吕宋岛的准备工作。由于莱特岛和吕宋岛之间相距 480 多公里，这完全超出了驻莱特岛上美军战斗机的作战半径，所以，盟军必须在二者之间寻找一处"跳板"，以便将战斗机转移到那里，为发动夺取吕宋的战斗提供空中掩护。

麦克阿瑟在仔细察看地图后，确定了位于莱特与吕宋之间的民都洛岛作为这一"跳板"。该岛居于吕宋岛的南面，有几个现成的简易机场，经过修整就可以作为进攻吕宋岛的空军基地。而且，根据可靠的情报，负责民都洛岛防御的日军兵力有限。

根据原计划，盟军应于12月5日开始进攻民都洛岛，于12月20日开始进攻吕宋岛。后来，由于莱特岛战役进展不顺，也担心无法掌握制空权，又缺乏舰船，便把进攻时间分别推迟到12月15日和1月9日。

进攻吕宋岛的战役是第二次世界大战中，麦克阿瑟指挥的最后一仗，也是规模最大、形势最复杂的一个战役。这一仗是从民都洛岛开始发动的。进攻民都洛岛，是麦克阿瑟夺取吕宋岛前的最后一役，势在必得。因此，麦克阿瑟亲自主持制定了攻占民都洛的作战计划。但他并未亲自指挥民都洛战役，而是和肯尼、金凯德和克鲁格一起在莱特岛忙于制定进攻吕宋的作战计划。他把指挥民都洛岛作战的任务交给了部下，自己则在莱特岛督战。

为了进攻民都洛岛，金凯德派出一支执行掩护和轰炸任务的分舰队，这支分舰队由6艘小型航空母舰、3艘战列舰、3艘重型巡洋舰和8艘驱逐舰组成。登陆部队共3万人，将分乘135艘舰船、23艘鱼雷快艇和其他舰船登陆。这些部队分别从莱特湾和帕劳出发，经苏里高海峡、保和海和苏禄海，驶向民都洛岛。由于兵力不足，麦克阿瑟将旗舰"纳什维尔"号也派往前线。哈尔西海军上将带领他的庞大的第3舰队同时驶离乌里西母港，准备猛攻吕宋岛上的日军机场，以保障民都洛成功登陆，并为而后吕宋攻坚战创造条件。

12月13日，进攻部队在驶往民都洛岛的途中被一架日军飞机发现。在这一天及以后的几天里，这支舰队受到日军"神风特攻队"的猛烈攻击。旗舰"纳什维尔"号和一艘驱逐舰受到重伤，不得不返回莱特湾。12月15日，已到达民都洛岛海滩附近的分舰队,受到多批"神风特攻队"飞机的攻击,舰船以密集的防空火力击毁许多架"自杀飞机",从莱特岛飞来的肯尼的飞机也击落许多架"自杀飞机"。但是,有些"神风特攻队"的飞机还是突破了防空火力网,彻底击毁了2艘登陆舰。

由于日军对盟军登陆地点的判断失误,盟军登陆部队未遇到什么抵抗就登上了民都洛岛的海滩,并建立起滩头阵地。民都洛岛上只有500名日本守军,他们在盟军登陆后,自知无力回天,便惊恐地逃到了山里。中午时,盟军占领了所有的目标。天黑时,工兵部队已开始修整两个简易机场。由于这里位于季风降雨地带以外,所以土质坚硬,是修建机场的理想之所。当天晚上,麦克阿瑟就得到报告,原有的两个机场已经可以投入使用了。5天以后,肯尼就把战斗机转移到了民都洛岛。此后几天,大批美军战斗机停落民都洛。面对越来越有利的形势,麦克阿瑟十分自信地宣称:"我已经掌握了通向吕宋岛大门的钥匙。"

为了支援民都洛岛登陆,哈尔西率领第3舰队的3艘快速航空母舰于12月14日至16日,对吕宋岛的日军机场进行了轮番轰炸。盟军一共出动了1671架次舰载飞机,重点是攻击吕宋岛上的空军基地。通过一系列空袭行动,盟军共击毁日本军机200多架,同时在吕宋各机场上空实施空中封锁,在那里不间断地巡逻,这就使日军完全失去了从吕宋岛向民都洛岛派出飞机或"神风特攻队"的可能性。在完成掩护任务后,哈尔西于12月17日率领舰队撤离战场,返回基地补充燃料。不幸的是,在12月18日,哈尔西的舰队受到了大自然的致命打击。由于气象预报员的失误,一场未能预测到的超强台风突然袭来,小山似的大浪顷刻间吞噬了3艘驱逐舰,另外7艘受到重创,186架飞机被狂风摧毁。另有800名官兵丧生。这场台风给哈尔西舰队造成的损失丝毫不亚于一场大海战。4天后,哈尔西返回乌里西基地。

好的开始,就等于成功了一半。在哈尔西的掩护下,麦克阿瑟顺利地占领了民都洛岛,彻底打开了通向吕宋岛的南大门。麦克阿瑟统率着他的部队正加速朝着胜利迈进,他为了那一刻的到来已经等得太久。

日军非常清楚,失去民都洛岛后会有怎样的严重后果,所以,即便在海军元气大伤、士气低落的情况下,仍派出一支分舰队去攻击在民都洛岛登陆的盟军。圣诞节前夜,这支由1艘重型巡洋舰、1艘轻型巡洋舰和6艘驱逐舰组成的舰队从法属印度支那的金兰湾出发,向民都洛岛赶来。在恶劣天气的掩护下,在距民都洛岛320公里时,这支舰队才被一架美国海军巡逻机发现。飞机发出了警报,但飞行员把重型巡洋舰误认为是"大和"号超级战列舰。当时,金凯德为准备吕宋战役而撤回了支援舰队的主力,在民都洛岛海域只留下20多艘鱼雷艇,如果"大和"号闯进来,后果将不堪设想。接到报告后,麦克阿瑟立即命令金凯德派4艘小型航空母舰和8艘驱逐舰前去增援。

26日深夜,日舰对岛上的机场进行了短时间的炮击。当盟军的鱼雷艇出海反击时,肯尼在民都洛岛的100多架飞机也已经升空。日舰被迫很快就撤离了,一艘鱼雷艇击沉了一艘日军驱逐舰。日军对民都洛的威胁就这样解除了,麦克阿瑟因此稳稳地踏上了这块"跳板",吕宋的大门已经完全敞开了!

在这期间,麦克阿瑟夺取吕宋岛的作战方案已经完全成熟,进攻吕宋岛的盟军主力部队已在各港口集结。登陆行动将由克鲁格指挥的第6集团军实施,下辖第1军和第14军,承担突击任务,共有地面部队20万人,其中作战部队13万;另外,还有8万人的预备队,准备晚些时候再登陆。这样,其地面兵力将达到28万,参战的舰船在1000艘以上。这次登陆战堪称太平洋战争以来规模最大的一场战役。

麦克阿瑟攻占吕宋岛的作战计划和三年前日军夺取吕宋岛的作战行动有着惊人的相似之处。根据作战计划，盟军主攻部队第1军和第14军将从左、右两翼在林加延湾海岸登陆，上岸后沿宽广开阔的平原向马尼拉进军。少量部队在苏比克海湾西北的海岸和马尼拉湾南面的纳苏格布海岸登陆，以封锁巴丹半岛和科雷吉多尔岛（这样日军就无法像当年麦克阿瑟那样撤退了），并准备从马尼拉的北方或南面以闪电攻势夺取马尼拉。这次战役的主要目标是歼灭日本的有生力量；另一个重要目的是，在盟军战俘被日军屠杀前就把他们救出来。

为支援登陆行动，肯尼的陆基航空兵和金凯德的护航航母舰载机将负责掩护，并压制吕宋南部的日军机场；哈尔西的第3舰队则执行压制台湾和吕宋北部日军机场的任务。

在战役协同方面，麦克阿瑟精心地做了十分周全的安排。他计划首先在南部沿岸进行一些试探性的攻击，希望能把岛上的大部分日军吸引到那里，然后，出其不意地在西部登陆，快速突进。等到敌人被迫退守到西部加强防御时，南部将要方向再展开真正的登陆。这两支部队登陆后，就像一把有力的钳子一样，紧紧地钳住敌人，最后把他们消灭。麦克阿瑟自豪地说："没有比这更完美的计划了。"

为了实施这一"完美"的计划，战役发动前，麦克阿瑟采取了一系列的欺骗措施，派出轰炸机不停地攻击吕宋南部的目标，其他的飞机执行对巴丹到塔亚巴斯的侦察。运输机在同一低空不停地游弋飞行，冒充空降部队。盟军的鱼雷快艇在吕宋岛的南方和西南方以及马尼拉湾沿海一带加强巡逻。

对于这些情况，日军最高统帅部和山下奉文已经准确地预料到了，甚至连盟军发起进攻的时间都猜测得八九不离十。虽然吕宋岛上的日军守卫部队仍有28万人，但山下奉文上将清楚，光靠自己指挥的这些部队根本无法进行全岛防御。本来他是可以进行滩头防御的，但莱特一役，精锐之师大部被歼，现在又缺少空中支援，后勤补给也极端困难，他已无心在滩头打一场决一雌雄的硬仗。因此，山下决定放弃滩头决战的打算，而采取"保护自己，各自为战，长期抗战"的方针。他们的策略是：不指望打胜，只要能缠住麦克阿瑟，尽量推迟盟军对日本本土的进攻就行。为此，山下曾考虑过像麦克阿瑟当年那样，固守巴丹半岛，但后来考虑到巴丹太小，容不下28万人，又否定了这个计划。随后，山下奉文决定把他的部队分成3个集团，进行纵深防御：尚武集团15万多人部署在吕宋北部，由山下亲自指挥；振武集团10万人部署在吕宋东部，由横山静雄指挥；建武集团3万人部署在克拉克西部以保卫机场，由冢田理喜智指挥。

作为总攻的前奏，哈尔西的舰队于12月30日驶离乌里西港，向西北方的台湾驶去，打击的目标是那里的日军空军基地，以阻止日军从台湾派飞机支援吕宋岛。同时，盟军的空军飞机频频出击，不断轰炸吕宋岛上的日军空军基地。从马里亚纳群岛起飞的B-29"超级堡垒"式轰炸机攻击了中国台湾、琉球群岛和日本南部的空军基地。连续不断的空袭摧毁了许多日军飞机，有效地阻止了日军对吕宋岛的空中支援。

1945年1月2日，执行支援登陆部队任务的金凯德的舰队从莱特湾出发，向林加延湾驶去，作战任务是进行预先火力侦察和扫雷工作。这是一支由奥尔登多夫具体负责指挥的、由164艘军舰组成的强大舰队，包括12艘小型航空母舰、6艘战列舰、6艘巡洋舰、39艘驱逐舰和护卫驱逐舰以及其他舰船。

在驶向吕宋岛的途中，这支舰队遭到日军"神风特攻队"飞机的多次袭击，有1艘小型航空母舰和2艘驱逐舰被击沉，有3艘巡洋舰、2艘战列舰和多艘驱逐舰受重创，有300多名官兵阵亡。这是自1942年所罗门群岛海战以来美国海军所遭受的最大损失。尽管如此，这支舰队仍按计划驶抵林加延湾，对海滩附近的日军阵地进行了长达3天的炮击，并为登陆部队扫清了航道。

若不是哈尔西的第3舰队及时赶来压制吕宋和台湾机场的话，日军对奥尔登多夫的舰队的攻击肯定会更加猛烈。1月4日至5日，哈尔西对台湾机场进行了空袭，使其无法再对吕宋进行增援。6日，原计划对吕宋实施打击，但因天气恶劣而无法起飞。就在这一天，奥尔登多夫的舰队又遭到了日军的袭击。7日，应金凯德的要求，哈尔西把原定空袭台湾的计划改为空袭吕宋。这一天，哈尔西、金凯德和肯尼的飞机协同出击，几乎使吕宋岛上的日军机场处于瘫痪状态，致使日军不得不把能撤走的飞机全部撤离。从此，麦克阿瑟的部队再未遭到日军有组织的空中打击。

1月4日，麦克阿瑟登上"博伊斯"号巡洋舰，开始率领登陆部队北上。这支庞大的舰队在前进中实施了无线电静默，只有马达的轰鸣声和海浪拍打船体声。次日下午，几艘日军小型潜艇攻击了舰队，它们直奔"博伊西"号而来，好像知道麦克阿瑟在哪艘舰上似的，它们发射的鱼雷有一枚险些击中"博伊西"号。"博伊斯"号在"凤凰座"号的提醒下，采取了规避动作，及时躲开了鱼雷攻击……两天后，当舰队经过马尼拉外海时，麦克阿瑟手拿他那只硕大的玉米棒芯烟斗，站在旗舰"博伊西"号轻型巡洋舰的甲板上独自凭栏，目不转睛地凝视着他熟悉的景物，思绪万千，一种无法形容的惆怅油然而生。他回想起自己在3年前的那个黑暗的夜晚，乘坐一艘鱼雷快艇，怀着坚定的信念，颠簸在这同一片海面上。后来他写道："周围只能听到发动机有节奏的声响和海浪拍击船体发出的声音，气氛看来平静又显得紧张，大家都在严阵以待。我想起三年前那个漆黑的夜晚,当时我是怀着一定要打回来的决心,驶过也是这样浪涛翻滚的海面。在赌场上,赌徒们有一句名言——一去不复返。但是,当我给自己常用的烟斗里加烟丝时,心里感到一阵温暖。我想到,那些小赌徒们也许说得不对,并非都是一去不复返的!"

1月9日拂晓,登陆部队到达林加延湾,海上的景象极为壮观,放眼望去,到处是舰船。这时,"神风特攻队"又来攻击,有1艘战列舰、2艘巡洋舰和1艘驱逐舰被击中。但登陆行动未受影响,9点30分,登陆部队分乘几百艘登陆艇向岸上冲去,盟军除受到北侧高地上日军迫击炮的轰击外,几乎未遇到多少抵抗就登上了海滩。麦克阿瑟在军舰上看到这壮观的场面,感到"热血沸腾,无限欣慰"。

部队成功登陆后,第1军和第14军的士兵迅速向内地推进,扩大了滩头阵地。当天日落前,上岸的盟军总数已超过了5万人,并建立起了纵深6公里的滩头阵地。当天下午,麦克阿瑟、萨瑟兰和其他参谋人员乘登陆艇上岸。虽然这时海军修建大队已修好了停靠船只的临时码头,麦克阿瑟却不使用码头,像在莱特岛战役中一样涉水上岸。后来有人评论道:"他在莱特岛涉水上岸是无意的,但这一次却是故意做给别人看的。"

那天晚上,为防止日军舰队袭扰登陆部队,哈尔西率第3舰队大胆地穿过巴林塘海峡,驶入南中国海这片敌人控制的水域,并在那里逗留了11天。他没有遇到日本海军主力,就派飞机袭击了印度支那沿岸、中国的香港和台湾等地的日军,击沉日军舰船44艘,击毁敌机100多架。从此,南中国海的制海权已掌握在盟军手中。

夺占马尼拉：雪耻第一步

1945年1月13日，吕宋岛登陆后的第4天，麦克阿瑟离开了"博伊斯"号，把司令部搬到达古潘镇。在莱特战役中，他多半在幕后指挥，而这次他却出现在前方，完全像个战场指挥官了。他不怕把自己暴露在敌人狙击手的面前，乘坐着他那辆带有五星标志的敞篷吉普车深入到前线各个角落，鼓励士兵，亲自去抓那些战术细节。无论走到哪里，麦克阿瑟都会受到官兵和菲律宾民众的欢迎。

麦克阿瑟显然对克鲁格的前进速度很不满意。在几乎没遭到抵抗的情况下，左翼第1军和右翼第14军在4天的时间里只向前推进了16公里。如果以这样的速度前进，大概要两个月才能到达马尼拉。马尼拉远在180多公里以外，按照现在这个速度前进，攻到马尼拉时，日军早就把美、菲战俘全部杀光了。而在登陆前，他曾向华盛顿保证，登陆后两周内就能解放马尼拉。要求加快推进速度的另一个原因是，在战役前，尼米兹曾要求借给金凯德的舰只必须在2月上旬归还给他。他要用这些舰只加强第5舰队，以发动对硫磺岛和冲绳岛的进攻。麦克阿瑟和金凯德因为担心日本海军攻击滩头阵地，认为在夺取克拉克机场、陆基飞机能提供有效的支援之前，他们需要这些舰艇保护滩头阵地和通往林加延湾的交通线，因此，不想把它们还给尼米兹。尼米兹多次与麦克阿瑟和金凯德交涉，认为日本海军已经没有这样的能力一方面威胁菲律宾，另一方面又照顾硫磺岛和冲绳，并威胁说，若麦克阿瑟不还回舰只，他的行动就只好延迟。麦克阿瑟当然不愿意承担这一责任，因此，对盟军的推进速度也更加关注。基于以上原因，为了应对日本海军的威胁，尽快夺取克拉克机场供肯尼的飞机使用，是非常必要的。

为此，他下令克鲁格，要求部队进行大胆穿插，向克拉克机场和马尼拉突进。但是，作为战地指挥官的克鲁格却是一个小心谨慎的将领，或者说他是一个完美主义者，注重细节，明了自己所干的每一件事。他很少冒险，在行动之前希望把一切都处理妥当，没有十足的把握决不轻易出击。他的部队在中央平原，夹在占据山岭的尚武集团和建武集团的中间，这种不利态势使他更加谨小慎微。在战斗进行到第二周后，克鲁格开始遭到尚武集团的凶猛反扑，并部分突入了他的战线。他最担心躲藏在山里的大批日军从侧翼和背后发动全面进攻，切断他与林加延湾供应基地的联系。克鲁格还争辩说，他没有足够的浮桥来代替被日军破坏的桥梁，也没有足够的交通工具，所以他推进的速度才这么慢。

情报部门提供给麦克阿瑟的情报却是，躲藏在山里的日军只有7.5万人，并非克鲁格所想的12万。所以麦克阿瑟态度非常坚决地要求克鲁格必须立即加快推进的速度，以第14军利用公路网和平原开阔地，向马尼拉方向快速进军；以第1军实施掩护，把日军牵制在东北部山区。后来克鲁格写道："麦克阿瑟将军好像一点也听不进我的话。当我们向南推进时，敌人很可能利用我们的战线拉得太长的弱点进攻我们的侧翼。这种危险性似乎并未引起他的重视。"

麦克阿瑟对克鲁格不满，甚至一度考虑临阵换将。据可靠人士事后透露，麦克阿瑟曾派萨瑟兰去传话给克鲁格，要是麦克阿瑟不得不亲自来催促克鲁格的话，"肯定他会发脾气的，并将解除老同事的职务"。

也许是传过去的话起了作用，克鲁格于1月18日勉强下达了新的作战命令：第14军要向前推进，夺取克拉克机场，第1军保护它的后方和左翼。这一下果然十分奏效，第14军三天内就推进了上百公里，到1月21日，克鲁格的部队打到了距林加延80余公里的打拉。到1月24日，又前进了16公里到达班班河，克拉克机场就在眼前了。在这里，由于遭到日军越来越顽强的抵抗，克鲁格命令暂停前进，以便补足给养，部队进行整编。

与此同时，左翼第1军继续向东和东南方向推进，狙击隐藏在山区的日军，以保障后方安全。日军凭借洞穴和埋入地下的坦克负隅顽抗。"他们没有投降的，"麦克阿瑟后来写道，"每一个日本兵都坚持战斗到死。你必须砸碎他的脑袋，或用刺刀捅他个透亮。"日军在圣曼努埃尔发动了一次规模不大却很凶猛的反击。"我们的战线动摇了。"麦克阿瑟写道，"我十分担心敌人突入防线，就亲自赶到那里去了。"麦克阿瑟还写道，这一地区的步兵指挥官小詹姆斯·多尔顿上校"是我们最杰出的战地指挥官之一，我和他一起把部队稳住。敌人终于被打退了"。

在这危急关头，麦克阿瑟把司令部转移到打拉，并亲赶前线指挥作战，与战地指挥官一起稳定战局，最终挡住了敌人的反扑。由于在这次战斗中表现得勇敢无畏，麦克阿瑟被授予第三枚"服务优异十字勋章"。

打这之后，麦克阿瑟在战场上经常到处巡视，实际上成为一名战地指挥官。一天深夜，肯尼到司令部来汇报工作，结果等到半夜12点，麦克阿瑟才乘吉普车回来。肯尼见他面对丰盛的晚餐却没有一点食欲，就担心地问道："您不舒服吗？"他说："乔治，我太累了，吃不下去。"肯尼第二天清晨动身前，去向麦克阿瑟告别时，值班军官告诉他说："总司令两个小时前就上前线了。""什么？"肯尼叫道，"这家伙准是疯了，这样干不了多久，人就要吃不消了。"

经过短暂的休整后，克鲁格的第14军向克拉克机场发起了进攻。在这次激烈的战斗中，第40师在进攻中首当其冲，任务十分艰巨，每前进一步都要付出巨大的代价。到了第4天，即1月29日，终于攻占了克拉克机场，将守卫机场的日军赶进了西面的三描礼示山里。在麦克阿瑟斩钉截铁的命令下，第14军的其他部队又迅速向南推进了40公里，于1月30日到达距马尼拉郊区大约40公里的卡隆比特。就这样，在12天的时间里，麦克阿瑟亲自督战，第6集团军距它的最终目标马尼拉不远了。

由于克鲁格在北部已经控制整个中央平原，并将日军建武集团压向巴丹半岛以北的西部山区，为加速夺取马尼拉，防止日军向巴丹撤退，麦克阿瑟开始实施他的第二步计划。当时，由于第14军在马尼拉周围做好了进攻准备，按原定作战计划，在苏比克湾西北和马尼拉南面的纳苏格布登陆的时机已经成熟。第8集团军司令艾克尔伯格将军被从莱特岛召来，麦克阿瑟要他率第11军和第11空降师来完成这次登陆任务，以实现对马尼拉的最后合围。

1月29日，艾克尔伯格指挥的第11军3万人在苏比克湾西北圣安东尼奥附近海岸上岸，其背后就是设置在三描礼示山上的日军阵地。艾克尔伯格的主要任务是向东猛攻猛打，阻止三描礼示山上的日军向巴丹半岛逃窜，并夺取圣马塞利诺机场。第11军于次日夺取了苏比克湾北岸的奥隆阿波（战前那里是美国海军基地）和圣安东尼奥以东的圣马塞利诺机场，并迅速向东挺进，以与第14军会合，但1月31日在巴丹半岛北部的齐格扎格隘口遇到了日军的顽强抵抗。日军的抵抗很快被粉碎了，第11军继续向南推进，与第14军胜利会师后，该军便划归克鲁格指挥了。

1月31日，第11空降师由艾克尔伯格亲自指挥，在纳苏格布登陆。麦克阿瑟有意安排艾克尔伯格去执行这样一项特殊任务——率领这支小部队向马尼拉"冲刺"。艾克尔伯格在肃清莱特岛"残敌"的战斗中吃尽了苦头，这次能有机会去完成解放马尼拉的光荣任务，这对他是很有吸引力的。艾克尔伯格部队未遇到什么抵抗就顺利地在马尼拉湾以南的纳苏格布登陆，并很快占领了附近机场。他们在菲律宾人民的欢呼声中迅速向东推进，他们推进的速度是如此之快，以致惊慌失措的日军来不及破坏桥梁。他们一路上还虚张声势，力图使日军相信（正像公开宣布的那样）整个美军第8集团军都登陆了。当他们在海拔720米的塔盖泰山上受到日军顽强阻击时，肯尼的飞机于2月3日从民都洛岛把伞兵空运过来。在增援部队的支援下，经过激烈战斗，他们终于攻上了山顶，站在山上已可以看到"马尼拉市的房屋在阳光下闪着白光"，这里离马尼拉只有40公里了。

由于战争形势越来越不利，日军残害战俘的事件日渐增多。1月底，麦克阿瑟得到情报说，山下奉文已无力把盟军战俘全部运回日本，他把幸存的战俘集中关押到马尼拉附近的几所战俘营里，他说："不能让麦克阿瑟看到一个活着的巴丹老兵！"由于不堪忍受日军变本加厉的迫害，在即将得救的时候，许多战俘悲惨地死去了。在得知这一消息后，麦克阿瑟既非常痛心，也异常愤怒，想到他昔日的伙伴们在即将得救的时刻却要遭遇不幸，他心急如焚。为了能及早救出他们，麦克阿瑟制定了一个大胆的营救计划。

当盟军部队还在马尼拉以外 100 多公里时，麦克阿瑟就命令于 2 月 1 日刚刚登陆的骑兵第 1 师师长威恩·马奇，尽快组建一支"快速突击部队"，穿过被包围的日军防线，冲进马尼拉去解救战俘。麦克阿瑟在给马奇的命令中这样说道："向马尼拉挺进，跳过被包围的日军，到马尼拉去。"马奇积极执行了这一作战指令，他抽调人员组成两支摩托化特遣部队，由威廉·蔡斯准将指挥冲在大部队的前方。这两支几百人组成的特遣部队以每小时近 50 公里的速度向南疾进，边走边打，快速向马尼拉穿插，在敌人还未来得及炸桥前就夺取了桥梁。2 月 3 日傍晚时分，蔡斯的部队闯进马尼拉市，这是盟军进入马尼拉的第一支部队。在菲律宾游击队的协助下，这支部队在大街上横冲直撞，冲散了三五成群惊慌失措的日本兵，直奔关押战俘的圣托马斯大学。坦克撞开了校园的大门，救出了 3700 名战俘，并与前来阻击的日军展开巷战。这支部队的另一部分占领了马拉卡南宫。第二天，即 2 月 4 日，第 37 师的先头部队从北面攻入马尼拉市郊，救出关押在老比利比德监狱的 1500 名战俘，其中 800 名是巴丹老兵。解救这 5000 余名战俘，是太平洋战争中最动人心弦的时刻之一。

在南面，第 11 空降师进攻受阻后，艾克尔伯格向肯尼要求空降增援部队。2 月 3 日，肯尼将一个旅的兵力空投给他，两军会合后于次日突破日军防线，向马尼拉疾进，从南面攻到市郊的伊穆斯，但再次遭到日军海军陆战队的阻击，因为缺少重武器，无法攻克敌人坚固的工事。待克鲁格派去重型火炮，才将敌人歼灭。随后克鲁格接过了第 11 空降师的指挥权，不够幸运的艾克尔伯格没能首先进入马尼拉，只好沮丧地回到莱特岛继续他的"肃清残敌"的作战。

此前，曾有消息称，日军模仿麦克阿瑟此前的做法，将在马尼拉不设防，日本陆军部队已经撤离市区。但是，日本海军坚持死守马尼拉，它的2万部队在海军将领岩渊三地少将指挥下拼死固守，阻止麦克阿瑟的部队全面控制这座城市。由此看来，要彻底夺取马尼拉，必将经过一番血战。

2月7日，麦克阿瑟不顾手下人的劝阻，搭乘第37师的一辆坦克进入马尼拉。进城后，他做的第一件事就是前往圣托马斯大学和老比利比德监狱去看望被解救的战俘。当他到达圣托马斯大学时，那些可怜的已经饿得半死的俘房们激动得大叫着。当麦克阿瑟进入营房，马上被那些情绪激动的人挤到了墙边。这些受尽磨难的战俘拉着麦克阿瑟的衣袖，吻他，拥抱他。这是一个令人感叹造化弄人的时刻，也是一个永远难以忘怀的时刻……后来，麦克阿瑟写道：

尽管在我的一生中有许多令人心情激动的时候，却没有哪一次比我探望圣托马斯集中营时那动人的情景更让人心潮澎湃了。当我到达那里时，炮声依然隆隆地响着，那些可怜的饿得半死的战俘们激动地大声呼喊起来。我走到跟前时，数以千计情绪激动的人立即向我涌来，把我挤到墙边。他们衣衫破烂，污秽不堪，个个泪流满面。他们用仅有的一点力气挣扎着靠近我，跟我握手。有一个人张开双臂抱住我，一头扎在我的怀里，毫无顾忌地放声大哭起来。许多人歇斯底里地又哭又笑，都争先恐后地对我说：'谢谢您！'他们拉住我的衣服，紧紧地拥抱我、吻我。作为一个拯救者，这一时刻对我来说是十分美好的，也是永远难忘的。

到了老比利比德监狱，那些顽强的巴丹老兵看到自己的总司令来了，尽管他们骨瘦如柴,站都站不稳了,他们还是以立正姿势站立起来,默不作声,仿佛在接受检阅一样。现场唯一的声音是偶尔有人禁不住要掉泪的抽泣声。当麦克阿瑟缓缓地走过这些受尽日军非人折磨的老部下身边时,他们有气无力地几乎是耳语般地对将军说:"您回来了。"看到这种情景,麦克阿瑟不觉声泪俱下,他说:"我来晚了,但毕竟还是赶回来了。我尽可能快地赶到这里来,我将给你们所需要的一切医疗照顾,身体养好后就送你们回国!"

同一天,麦克阿瑟在看望了两个集中营的战俘后,立即迫不及待地发表了一份公报,宣称:"现在,我站在马尼拉街头宣告,我军已突入马尼拉市区。我军正在迅速肃清残敌,秩序很快就会得到恢复。菲律宾群岛彻底解放已指日可待了!"

全世界都为此感到振奋。罗斯福、丘吉尔、蒋介石,甚至乔治·巴顿都发来了贺电。罗斯福在贺电中说:"在解放马尼拉的时候,谨向您个人和您的指战员们表示庆贺。这是在远东重建自由和庄严的历史性时刻。由于这次战役行动迅速,用兵艺术高超,使我们无限地增加了对您的胜利表示赞赏。"

然而,麦克阿瑟的公报和贺电似乎提前了一个月。马尼拉还远未全部收复,盟军在彻底占领这座城市前还不得不与日军进行4周时间的艰苦巷战。

在马尼拉市被解放的那部分城区,"到处一片欢腾,人们走上街头,载歌载舞"。麦克阿瑟所到之处,人们都高呼"马布嗨(万岁)"。麦克阿瑟原本打算乘车环城一周以示庆祝,可是当他得知盟军控制的地盘还十分有限时,只得将游行取消,而是专心致志地消灭马尼拉的残敌。他意识到,在重返马尼拉的漫长道路上,"最后的几公里是最艰难的了"。

到2月12日,马尼拉的2万名日军已收缩到南海滨区,他们躲藏在老城区坚固的建筑物里拼死抵抗。他们储备有大量的武器、弹药、食物和水。他们铁了心要战斗到最后一人。

争夺马尼拉的战斗是极其残酷的。不经过殊死搏斗，日军决不肯放弃一寸土地。肯尼曾请求允许对守敌进行轰炸，为了减少平民伤亡，麦克阿瑟没有同意。他对肯尼说："我们要用大量的重炮，在日军防线上打开突破口。不要着急，慢慢来，这样才能减少我们的伤亡。"话虽这么说，经过20多天的激烈战斗，马尼拉还是变成了一片焦土。马尼拉70万人口中，有10万平民在双方交战中丧生。

2月21日，争夺马尼拉旅馆的战斗打响。3年前，麦克阿瑟一家人就住在那里。翌日，麦克阿瑟挂念着他的家具和藏书，未等战斗结束，就去察看他的住宅。后来他这样写道：

在两旁枪手的保护下，我登上了通向顶楼的楼梯，我们是一边打一边走上去的。我的住宅里除了灰烬之外，一切都荡然无存了。很显然，这里曾是一个指挥所。指挥所的上校被我们击毙在烧焦了的门旁。摆在门口的花瓶打碎了，这花瓶是1905年父亲出使日本时，天皇亲自送给他的，花瓶的碎片散落在那上校的身旁，成了他葬身之处的陪葬物。指挥这次搜索任务的那位年轻的中尉提着枪口还在冒烟的枪，脸上挂着胜利的微笑，对我大声喊道："干得很顺当，长官！"但是，对我来说，此刻并未体验到胜利的喜悦。我可爱的家被毁了，我正在品尝着这颗苦果。

到2月27日，马尼拉的战斗终于基本结束了。在这场历时23天的战斗中，日军有3000人逃掉了，其余1.7万人被击毙。盟军伤亡6600人，其中阵亡1000多人。

1945年2月27日，麦克阿瑟在助手们的陪同下，来到在战火中奇迹般幸存下来的马拉卡南宫，参加恢复菲律宾立宪政府的仪式。奥斯默纳总统及全体内阁成员已在那等候着他。麦克阿瑟到后，宣布菲律宾政府在马尼拉成立。

仪式正式开始后，麦克阿瑟身穿笔挺的军服，走到话筒前发表演讲，他滔滔不绝地讲民主、献身精神和自由。他大声说道："现在，奥斯默纳总统先生，我代表我国政府庄严地宣告，把宪法规定的全部权力交还给菲律宾共和国政府。这样，你们的国家又可以自立于光荣的自由民族大家庭中，由你们自己掌握自己的命运。你们的首都虽然遭受了严重的破坏，却会成为名副其实的东方民主堡垒。你们不屈不挠……"

此时，麦克阿瑟的声音哽咽了，大厅里鸦雀无声。后来麦克阿瑟写道："对我来说，这是一个令我心痛如绞的时刻，几乎每一个幸存的菲律宾大人物都来了，可在我脑海里浮现的却是故人的亡灵：先父、奎松……"接着，奥斯默纳总统发表了热情洋溢的讲话，他高度评价了盟军为解放菲律宾所做出的贡献和牺牲，以及麦克阿瑟的卓越才能。最后，他宣布："为了感谢麦克阿瑟将军为我国人民的解放事业所作出的伟大贡献，为了表达对他在这场空前的战争中表现出的高超指挥艺术的敬意，我代表菲律宾人民、菲律宾政府，授予麦克阿瑟将军菲律宾'荣誉公民'称号。"这时大厅里响起了热烈的掌声。

整个马尼拉城市建筑被毁超过四分之三，昔日的"东方明珠"已成一片瓦砾。至此，吕宋战役的主要任务基本完成。当然，此时还有17万日军在北部山区负隅顽抗，要彻底消灭他们还需要进行更加艰巨的战斗。

在克鲁格宣布马尼拉市区已被盟军占领后的第3天，琼带着小阿瑟于3月6日抵达马尼拉。麦克阿瑟同他们已有5个多月未见面了，这是一次欢乐的家庭团聚。他把新家安在一座带有游泳池的住宅里。虽然麦克阿瑟在战争中取得了显赫的功勋，但他们一家人在前线团聚的事在当时还是招致了一些爱挑刺的记者的批评。后来，总司令部不得不对外宣布，琼的到来主要是为了帮助照顾战俘。事实上也确是如此，她到马尼拉以后就积极地投入到工作中去，报上的批评自然减少了许多。

重返巴丹：诺言兑现

当盟军还在马尼拉展开激烈的巷战时，麦克阿瑟已开始采取收复巴丹半岛和科雷吉多尔岛的行动，以雪巴丹之耻。据不太确凿的情报显示，在巴丹半岛防守的日军在6000人以上，而科雷吉多尔只有不到1000名日军。于是，麦克阿瑟便将作战重点放在了巴丹方向。

科雷吉多尔岛扼守马尼拉湾，在夺回该岛之前，马尼拉湾的港口设施就无法安全地使用。除此之外，巴丹和科雷吉多尔还有着深刻的象征意义，在美国国旗飘扬在这些地方的上空之前，吕宋岛的战斗就谈不上结束。

2月14日，解放巴丹和科雷吉多尔的战斗开始了。威廉·蔡斯准将指挥的两个团沿东海岸迅速推进，出乎意料地只遇到轻微的抵抗。从奥隆加波登船的一个团于2月15日在马里韦莱斯登陆，实际上未遇到任何抵抗。该团迅即向北运动，同向南而来的两个团会合。看来半岛上的日军远远少于估计的数字。

在此期间，肯尼的飞机和金凯德的海军舰只对科雷吉多尔进行了猛烈的轰炸和炮击。2月16日拂晓，第503空降团的2000名伞兵搭乘运输机在科雷吉多尔西部高地空降。因为行动突然，日军措手不及，没给伞兵造成什么伤亡。两小时后，来自巴丹半岛的1000人的两栖部队在马林塔隧道附近的东面登陆，因完全出其不意，没有遇到抵抗。盟军部队很快在马林塔山建立了牢固的立足点，并开始向日军发动进攻，但遇到顽强的抵抗。很快他们就发现，岛上的日军足有5000多人，而不是原来估计的1000人。

麦克阿瑟对巴丹半岛上的战斗进展极为关注。2月16日，他离开当时还在激烈争夺的马尼拉，率领部分参谋人员乘两辆吉普车前往巴丹。他兴高采烈地沿半岛东海岸疾驶南下，很快便超过先头部队8公里多。如果不是一座断桥挡了路，他们可能走得更远。两辆吉普车孤零零地在前面行进，四周常有日军狙击手不时地放冷枪。助手们提醒他小心别被日军狙击手打中，他却说："在过去的3年中，我的心已伤透了，再中一枪也算不了什么。"

危险还不只是来自地面，麦克阿瑟还差点儿受到空中的袭击——如果真是这样，那也只能算是一次"乌龙事件"。肯尼的一小队P-38型战斗机在空中发现了这两辆吉普车，飞行员认为他们一定是日本人，便准备进行扫射。幸而小队长多个心眼，先用无线电同蔡斯进行查证。蔡斯知道麦克阿瑟准在这条路上的什么地方，因而未予批准，不然的话，后果就不堪设想了。

盟军在科雷吉多尔岛登陆后的10天中，同日军进行了一场恶战。此时的日军已完全失去统一指挥，他们分散守卫在一条条坑道中，互相不能协调支援，对外面的情况一无所知。他们铁了心要与盟军来一场玉石俱焚的战斗，他们破釜沉舟，用炸毁坑道、与盟军士兵同归于尽的方式以对天皇表示效忠。到2月26日，大多数抵抗都停止了。盟军共击毙4500名日军，剩下的500人不是逃跑就是被活埋在坑道里了。盟军伤亡1000人，其中阵亡200多人。

麦克阿瑟的一生都富于戏剧性和传奇性。这次重返科雷吉多尔岛的所有行动都是他精心导演的。3月2日，麦克阿瑟和他的"巴丹帮"像当年逃离时那样，这次他们又乘4艘鱼雷快艇回来了，他们是沿原路上的岛。麦克阿瑟称上岛那一刻为"富有戏剧性和浪漫的时刻"，"我们是在一个阴暗的夜晚离开的，回来的时候却是阳光明媚的崭新的一天。"他察看了马林塔坑道和其他熟悉的地方，一切都变成了令人心寒的废墟。然后他前往"顶峰"参加一项仪式。在那已被破坏的石头营房前，第503空降团团长乔治·琼斯上校走上前来，向他敬礼并说道："长官，我现在向您呈交科雷吉多尔要塞。"麦克阿瑟授予琼斯一枚服务优异十字勋章，并满怀激情地回答说："我看见我们的旗杆还矗立在那里。请命令你的士兵把国旗高高升起来吧！今后决不允许任何敌人再把它降下来！"

美国的星条旗在经过战争洗礼的旗杆上升起时，麦克阿瑟站立着，举起颤抖的右手敬礼，那可能是在解放马尼拉战役中令他真正开心的唯一时刻。最后，麦克阿瑟还发表了热情的讲话，他高度赞扬了巴丹和科雷吉多尔的保卫者。他的讲话以"巴丹的英雄主义和牺牲精神永存"结尾。

马尼拉攻克不久，麦克阿瑟开始着手清剿据守山区的日军。克鲁格原打算用11个师来完成这项艰巨的任务，但因麦克阿瑟已下令艾克尔伯格去攻占巴拉望、宿务、棉兰老等南部诸岛，为加强力量，把克鲁格的两个主力师调给艾克尔伯格了，给克鲁格只留下疲惫不堪的9个师去清剿吕宋岛上的"残敌"。克鲁格在这个狭小的山区，面对的是太平洋战争中任何人都未曾面对的准备决一死战的17万日军，清剿任务之艰巨是难以想象的。与这样的敌人作战，夺取每一个阵地、每一条坑道都必须付出沉重的代价。日军武藤将军后来这样写道："美军占优势的炮火把丛林都炸光了，因为有推土机开路，坦克和大炮意想不到地出现在我们阵地的面前。我们的部队不怕流血牺牲，英勇地摧毁了他们的推土机、坦克和大炮，但敌人还是一寸一寸地向前推进。"

清剿行动持续了6个多月，克鲁格以巨大的伤亡为代价，击毙了10多万日军，但并没能把他们消灭干净。藏在高山据点里的日军尚有6万多人，直到"二战"结束后，他们才陆续走下山来投降。

由艾克尔伯格指挥的解放菲律宾南方诸岛的战役进展迅速。参谋长联席会议认为菲律宾军队能完成解放南方诸岛的任务，只是时间迟早的问题，不同意动用美军去进攻那些岛屿。但由于麦克阿瑟强调对菲律宾人民的"责任和义务"，坚持自己的主张，华盛顿方面也就默认了。艾克尔伯格在整个菲律宾战役中都不走运，这次是他最后的表现机会了。战役的进展和效果都是不同凡响的，他用迅速的战斗胜利事实为自己正名，证明他确实了不起。在42天里，他总共实施了52次登陆作战，其中大多数进展顺利，但有一小部分——特别是宿务和棉兰老岛的战斗比较艰苦。棉兰老岛原是菲律宾战役的第一个进攻目标，结果成了最后一个被解放的岛屿。麦克阿瑟对艾克尔伯格指挥的战斗"感到十分满意"。

菲律宾日军向美军投降

麦克阿瑟向参谋长联席会议提出进一步南征的计划，建议由艾克尔伯格的第8集团军去攻取婆罗洲和爪哇。参谋长联席会议勉强同意了进攻婆罗洲，但不同意去攻打设防十分坚固的爪哇。进攻婆罗洲的任务后由澳大利亚军队去完成。到那时为止，他们一直在新几内亚和布干维尔忙于扫荡残敌。他们要求在战争中发挥更积极的作用。

5月1日和6月10日，澳大利亚将军布莱米指挥部队，分别在塔拉坝和文莱登陆。因日军正忙于本土防卫，已无暇顾及那里，因此战斗进展顺利，很快取得胜利。在南方作战行动已接近尾声的时候，麦克阿瑟开始进行了用艾克尔伯格所说的战场"大巡视"。6月3日，麦克阿瑟、艾克尔伯格和随行人员在马尼拉登上"博伊斯"号巡洋舰启程。他们在民都洛稍事逗留后，继续前往棉兰老岛，这大致是当年麦克阿瑟乘鱼雷快艇从科雷吉多尔出逃时走过的路线。6月5日，他在棉兰老岛登岸，巡视过去常去的老地方，特别是德尔蒙特乡间俱乐部，他和"巴丹帮"就是在那里等候 B-17 飞机把他们送往澳大利亚的。

麦克阿瑟一行接着抵达巴拉望，肯尼在那里与他们会合。"博伊斯"号于 6 月 8 日下午离开那里，与驶往婆罗洲文莱湾的进攻部队一同前进。

6 月 10 日，在澳大利亚人登陆后两个小时，麦克阿瑟、肯尼及随行人员也上了岸。听到附近一片射击声，肯尼感到很紧张。麦克阿瑟却镇定自若地继续往前走着，显得非常开心。过了一会儿，站在麦克阿瑟身边的一个摄影记者被敌人的狙击手击中了肩膀。肯尼怕出问题，坚决地把麦克阿瑟拉回到军舰上去了。

第二天，即 6 月 11 日，麦克阿瑟第二次登岸。在穿过了一块 800 多米的沼泽地后，他们爬进一辆吉普车向前开去，肯尼说这是"去寻找更多的麻烦"。他们到了丛林深处，被一位澳大利亚上校拦住了。麦克阿瑟向上校解释说："我看到前方 4 百多米处有你们的士兵，我要到那儿去看看。"那位上校没有被他的五星军衔吓住，回答说："那是我们的前沿突击队，就是这里，也是在敌人火力范围内了。"麦克阿瑟一边往前走一边说道："如果你看不见他们……你就不能打击他们。"那位上校转向惠特尼，咧开嘴笑了笑说："这是我生平头一回看到一位总司令要当尖兵。"后来，使大家如释重负的是，他觉得再没有什么可看的了，这才同大家一同返回"博伊斯"号。

7 月 1 日，澳大利亚军队在婆罗洲的巴厘巴板登陆后不久，麦克阿瑟同他的随行人员一起也在那登陆了。他们选择一个小山丘作为观察阵地，周围都是澳大利亚士兵，他们正趴在散兵坑里向敌人射击，那里距敌人阵地只有 200 米左右。突然，日军一挺机枪响起来，除了麦克阿瑟之外，大家全都卧倒在地上。他站在那里，毫无畏惧地把身体挺得笔直，手中拿着地图，好像没事似的。后来一个目击者说，麦克阿瑟"给人的印象是，日军造的子弹没有一发能把他打倒"。

过了一会儿，那挺机枪又扫射起来，打落了他们身旁树上的枝叶。麦克阿瑟转身对近旁的一位军官说："顺便说一句，我想最好派几个人干掉那挺机枪，免得它伤了什么人。"对于麦克阿瑟的"鲁莽"行为，美国的一家报纸发表题为《卧倒，将军，卧倒！》的文章，强烈呼吁麦克阿瑟将军——其实更多的是一种隐讳的批评，"下次再发生这样的情况，听到卧倒的命令后，可别再站着不动了"，以免带来毫无意义的牺牲。该文章以一种调侃式的语气讽刺老将军："您真以为危险是那么甜滋滋的，她的脸蛋是那么白皙，使您沉迷无法自拔吗？常识断定当时应该卧倒，您就必须卧倒。您不必使您的士兵信服您是一位勇士。您不必使我们这些纳税人和战争债券购买者信服。"

虽然遭受到批评，但我们从这一系列行动中还是能够发现麦克阿瑟将军大无畏的精神。在他看来，没有任何危险可以阻挡自己前进的步伐。为了实现自己的战略目标，即使再危险他也要义无反顾地去执行。他的这种视死如归的品格，也会感染身边的每一位助手。

当夜，"博伊斯"号再次起航，并于7月5日返抵马尼拉。这时，南菲律宾和婆罗洲的战役已经基本结束了。

至此，像麦克阿瑟一直期望的那样，菲律宾群岛加上婆罗洲，全部解放了。这对于他来说，是一次非同凡响的个人的胜利。他顶住华盛顿无休止的反对，发动了这次战役。在莱特战役和吕宋战役结束后，他事先未征得华盛顿的同意，不顾一切地扩大了作战范围。他赢得了菲律宾人民对他的感激之情。战后，菲律宾政府决定发行印有麦克阿瑟肖像的钱币和邮票，上面的铭文是"保护人—解放者"。如果金海军上将的战略占了上风，假如把菲律宾绕过去，情况可能就会大不一样了。为解放菲律宾，盟军付出的代价是高昂的。盟军总共伤亡6.2万多人，其中1.4万人阵亡。当然，日军的伤亡还要大得多，日军约有45万人死亡。

第六章

最后的胜利

冲绳战役：雪耻第二步

1945年初，正当麦克阿瑟进军马尼拉之际，华盛顿的决策者们已经开始集中精力讨论着最后击败日本的方案和时间安排，并一致认为进攻日本本土是迫使其投降的唯一手段。但是，在攻占硫磺岛和冲绳岛后，下一步如何打，意见分歧很大。参谋长联席会议为此争论不休，有的主张在中国上海附近的海岸登陆；有的主张对日本本土最南端的岛屿——九州实施直接进攻，然后在数月内进攻本州；还有人主张，由驻马里亚纳和冲绳的B-29轰炸机实施大规模空袭，在不进行登陆的情况下迫使日本人投降。

尽管对下一步的作战方案意见无法达成共识，但大家在以下这个问题上取得了完全一致的认识，那就是对日本本土实施登陆作战将会造成巨大的伤亡，据估计至少要损失50万人，而且需要长达一年半甚至更多的时间。这样，为尽快结束战争，减少伤亡，争取具有巨大军事实力的苏联参战，就是上上之策。因此，在1945年2月4日至11日举行的雅尔塔会议上，罗斯福总统不惜以牺牲中国的利益为代价,争得了苏联参加对日战争的承诺。斯大林同意在德国投降后的3个月内参加对日作战,罗斯福、丘吉尔答应斯大林提出的维持蒙古的现状,大连港必须国际化,苏联可租用旅顺港作为海军基地,苏联与中国共同经营中东铁路等条件。条件虽然苛刻,但罗斯福认为是值得的。苏联一旦出兵,就会对日本形成南北夹击的态势,从而可以减轻对美军的压力,加速战争结束的进程。

雅尔塔会议三巨头

战后,可能出于政治上的考虑,麦克阿瑟及其助手们曾一度宣称,他一贯反对让苏联人染指太平洋战争。在他看来,既然日本失败的命运已经注定,我们为什么还要作出让步,让他们去扩大在远东的势力和提高他们的威信呢?但是,后来的历史学家们却在研究这段历史时找到了相反的证据,说明麦克阿瑟"撒了谎"。有三位将领,包括后来出任美国海军部长的詹姆斯·福雷斯特尔将军,提供的书面材料都证明,麦克阿瑟不仅赞成而且坚持要求苏联人参战。当时，麦克阿瑟曾致电参谋长联席会议说，当盟国拟对日本实施登陆时，"如在我们发起攻击之前，苏军能从西伯利亚发动进攻并与日军进行大规模交战的话，那么我们的危险和损失将会大大减少"。无论对与错，对于苏军参战这一点，麦克阿瑟确实是态度坚决的，因为他的立足点在于尽可能减少美军的伤亡。

在雅尔塔会议上，美、英、苏"三巨头"最后商定的打败日本的作战计划要点是：苏军参战后，美军将首先在九州，然后在本州登陆。九州登陆的"奥林匹克行动"定于1945年9月1日开始。这次行动以麦克阿瑟治下克鲁格的第6集团军为主。本州登陆的"桂冠行动"定于1945年12月1日实施。这次行动同样是以麦克阿瑟治下艾克尔伯格的第8集团军为主。根据这一计划，自己在整个战役中的突出地位是不言而喻的，因此麦克阿瑟对这个计划是赞同的。

随着世界大战欧洲战场的结束和对日战争的节节胜利，华盛顿的决策者们加紧了对日本本土进攻的准备。由于麦克阿瑟和尼米兹谁都不想在随后的战斗中成为配角，华盛顿又遇到了那个令人头疼的老问题：到底该由谁来指挥这次战斗呢？如果维持先前的作战指挥体系，日本在尼米兹的管辖区内，但是进攻日本本土却要主要由陆军作战来完成；如果统一指挥，是尼米兹还是麦克阿瑟呢？对此难题，罗斯福总统曾在生前做出了一个妥协性的折中安排——不再设立统一指挥的最高司令部，麦克阿瑟和尼米兹谁都不担任总指挥，盟军将对日作战指挥权一分为三：在进攻日本的作战中，麦克阿瑟负责指挥太平洋战区所有的陆上部队和战术空军部队；尼米兹指挥包括金凯德的第7舰队在内的所有海军部队；一位名叫卡尔·斯帕茨的空军将领指挥以B-29超级"空中堡垒"式轰炸机为主力的战略空军力量，这些轰炸机的基地设在马里亚纳、冲绳和中国。像麦克阿瑟和尼米兹一样,斯帕茨直接向参谋长联席会议负责。结果显示,麦克阿瑟和尼米兹这两个老"冤家",谁也没当上总指挥,他们原本各自独立的指挥权实际上让参谋长联席会议给收了回去。4月3日,这种安排由参谋长联席会议以指令形式下达给麦克阿瑟和尼米兹,在附带的一项指示中,要求目前两人仍按照旧的指挥关系完成各自的战斗任务,如何过渡到新的体制,应逐渐进行,共同商讨。根据原来的划分,日本本土属于尼米兹负责的中太平洋战区,因此在接到参谋长联席会议的新指令后,总司令部认为,任命麦克阿瑟指挥所有的地面部队是他的一次胜利。

因盟军在莱特岛的进攻受挫,尼米兹不得不推迟对硫磺岛和冲绳岛发起进攻的时间。这两次作战都得到了由雷蒙德·斯普鲁恩斯海军上将指挥的快速航空母舰部队的有力支援。

美国海军上将、第5舰队司令雷蒙德·斯普鲁恩斯

数月来，日军一直在增援硫磺岛，并在山上构筑了复杂的防御阵地网。在这段时间内，尼米兹的飞机、水面舰只和潜艇一直在阻击日军的增援行动，并对该岛进行轰炸。到2月份，盟军进攻部队起航。2月16日，盟军对硫磺岛的炮火攻击开始，6艘战列舰、5艘巡洋舰和大批的驱逐舰对该岛进行了3天猛烈的炮击。2月19日这一天，在再次进行猛烈轰击后，海军陆战队随即向海滩发起猛攻。由于日军的防御工事十分坚固，所有的炮击都只造成了微小的破坏。登陆部队一上岸，立即遭到日军的顽强抵抗。尼米兹原以为他的部队会很轻松地拿下这个面积不过20平方公里的小岛，但事实证明，这场战役是海军陆战队有史以来进行的最艰苦的战斗。登陆当天，美军就有2400人阵亡。在向岛上推进过程中，美军不得不在岩缝和山洞中与日军展开惨烈的肉搏战。原计划5天就结束的战役，结果战斗持续了整整一个多月。直到3月26日，岛上的2万余日军才被消灭，被俘的只有200人。陆战队和海军遭受了骇人听闻的损失：伤亡2.6万人，其中7000人阵亡。神风特攻队"自杀飞机"撞击了5艘舰只，其中包括不走运的"萨拉托加"号快速航空母舰和"俾斯麦海"号小型航空母舰，后者随后沉入了海底。虽然如此，这一战役还是值得的，因为硫磺岛距日本较近，可为B-29轰炸机去日本进行护航的战斗机提供一个最佳基地。它不仅使盟军获得了轰炸日本本土的重要基地，还打开了直接攻击日本本土的通道。

硫磺岛战役的胜利极大地增强了盟军的制胜信心。下一步，盟军的进攻矛头指向冲绳岛。麦克阿瑟对于冲绳战役可以说是下足了功夫，精心为这次战役制定了海、陆、空的攻击计划。经过对登陆地区整整6天的连续轰炸之后，1945年4月1日，美军两个陆战师和两个步兵师共5万人兵力在冲绳岛登陆。日军在冲绳岛驻有10余万部队，主要集中于该岛地势险要的南半部，形成了以首里为中心的坚固筑垒阵地。战斗打响后，18万美军登陆部队未遇多大抵抗即顺利登陆，但在向纵深推进过程中，遭到的抵抗也日益增强，战斗愈发激烈。

一架日本神风自杀式战斗机，被美国军舰炮火击中

日本海军为粉碎美军在冲绳的登陆行动，曾进行了一次拼死的反击，一次自杀式的攻击。4月6日，日军实施"天号"作战计划，以中国台湾为基地的日军轰炸机和"神风特攻队"的"自杀飞机"向在冲绳海域的美国海军发动了最猛烈的攻击。他们击沉了美军26艘舰只，击伤368艘，其中一些已无法修复。在这次攻击中，美国海军遭受到的严重损失甚至超过了珍珠港灾难。同一天，日本海军派出包括巨型"大和"号超级战列舰、"矢矧"号轻型巡洋舰和8艘驱逐舰在内的舰队驶出濑户内海，准备实施自杀式攻击。它们的燃油只够进行一次单程航行，按照这个疯狂的计划，这些舰只在冲绳的登陆区内冲岸搁浅，然后向美舰射击，直至弹药耗尽或被击毁。但洛克伍德的两

艘潜艇"线鱼"号和"铲鲟"号在得到"卡斯特"密码破译人员的警报后，很快就发现了这支舰队，并向上级报告了它的位置。翌日，4月7日，在一次出色的交战中，斯普鲁恩斯的第5舰队舰载飞机击沉了"大和"号、"矢矧"号及两艘驱逐舰，还重创了另外两艘驱逐舰。日军后来不得不将其炸沉。剩下的4艘驱逐舰逃回了濑户内海。4月18日，美军占领冲绳北部，但对南部的进攻却接连受挫，双方陷入拉锯战。

到5月底，冲绳战役终于打破僵局。巴克纳中将指挥盟军第10集团军从东、西两翼迂回，对日军主要防御阵地形成包围态势。在此期间，哈尔西替下斯普鲁恩斯，指挥第3舰队摆脱了对冲绳岛的被动防御，于6月初对日本九州进行了空袭。不幸的是，哈尔西再次遭遇台风，导致"匹兹堡"号巡洋舰被打掉舰首，其他32艘舰只也受到程度不同的破坏，142架飞机被摧毁。这次台风差点儿导致哈尔西被解除职务。

冲绳岛战役中，一名美海军陆战队士兵用汤姆森冲锋枪向日军射击

6月22日，冲绳战役宣告结束。在这场长达83天的血战中，日军约有9万人被击毙，1万人被俘，另有10万平民被打死。美军伤亡6.5万人，其中阵亡1.3万人。400多艘舰船或被击沉或被击伤。美军在这次战役中的损失超过了太平洋战争中的历次战役。虽然在冲绳战役中美军损失巨大，但夺取冲绳的战略意义却异常重大，它使美军赢得了进攻日本本土的立足点，并可加强对日本的战略轰炸和海上封锁。最为重要的是，它迫使日本不得不直面失败，最终只能采取早日投降的对策。因此，就这一点而言，冲绳战役在很大程度上加速了世界大战的进程，为早日结束对日战争赢得了时间。

致命的炸弹

盟军对日本本土的打击早在1942年4月就已经开始。首次执行轰炸任务的美军16架B-25轰炸机是从太平洋上"大黄蜂"号航空母舰上起飞的。这些飞机飞到东京上空后,匆匆忙忙地扔下几颗炸弹就飞走了。他们原来准备到中国的机场降落,但由于油料耗尽,机组人员只得弃机跳伞,有些人被当地的中国农民救起。此后,盟军虽然不断发动对日本本土的空袭行动,但往往收效甚微,并未能给日本造成致命性的打击。1944年秋天,在盟军攻占了塞班岛和关岛以后,从这些岛屿上起飞的B-29轰炸机才开始对日本本土构成了巨大威胁。起初,这些袭击大都收效甚微。从关岛飞到东京,往返航程是4800公里,为了完成这一飞行,不得不将载弹量限制在3吨,仅相当于最大载弹量的三分之一。在护航战斗机驻扎到硫磺岛之前,B-29为了保护自己,不得不在8000多米的高空投弹,命中率不高。

B-25型轰炸机

到了1944年底，日本国内失败情绪越来越严重。为了鼓舞士气，在新年到来之际，东京的一些地区贴出了题为"新年快乐"的告示。通告说："在形势可能更加严峻的情况下，让我们满怀必胜的信心和决战到底的精神庆贺新年，今年我们要结束战争。"可是，新的一年对于他们来说，并无快乐可言。1945年是从盟军猛烈空袭东京开始的。

为了彻底摧毁日本的战争潜力和瓦解日本人的抵抗意志，为进攻日本本土创造有利条件，盟军从年初开始就加强了对日本的空中轰炸和海上封锁。2月底，盟军改变了轰炸战术，指挥官决定在夜间低空投掷新式燃烧弹烧毁日本的城市。在2月25日、26日两天夜间，盟军首次试投，关岛夜空的宁静被轰鸣的轰炸机起飞声彻底打破，一颗绿色信号弹划过了夜空。美军第20航空队用了这种炸弹，约200架B-29轰炸机投掷的燃烧弹，烧毁了5平方公里的东京市区。3月9日夜在柯蒂斯·李梅将军的指挥下,出动334架B-29轰炸机飞入天际,携带近2000吨燃烧弹,对东京实施了第一次低空大规模"火攻"行动。东京顿时成为一片火海,当时东京正刮着强劲的烈风,使得大火迅速蔓延。火舌像毒蛇一样肆意扑向大街小巷,整个东京被火势吞没了。此次空袭行动取得了巨大的成功,东京四分之一的市区被烧毁,城市商业中心大约百分之六十被毁坏,8万多人被炸死或烧死,100万人无家可归。在此后的10天里,李梅将军又出动了1595架次轰炸机,对东京、大阪、名古屋、神户、横滨和川崎等城市投放燃烧弹近1万吨,被称为"火攻闪击战"。这种致命性的"火攻"规模越来越大,整个日本国土都在燃烧,在颤抖,在流血,更在挣扎。这些轰炸使日本很多城市遭受灭顶之灾,轻者被毁逾半,重者全部成为焦土。轰炸给日本平民造成了深重的灾难,数十万人被炸死,上千万人流离失所。然而,这一系列的轰炸和"火攻"仅仅只是一个警告而已,它在向日本人传递着这样一个信息:"要么投降,要么毁灭!"日本正面临着一场空前的浩劫。

美国海军舰载机对日本东京发动空袭

其实，对于进攻日本本土的问题，美国政府早有打算。菲律宾战役接近尾声时，麦克阿瑟和他的司令部就开始考虑这个可能。那时，从盟军缴获的各种文件中可以看出日本已经濒临绝境。但是，已经完全疯狂的日本军方仍然决心顽抗到底，直到彻底毁灭。根据这些信息，麦克阿瑟判断，和日本人的最后一战不可避免。4月中旬，马歇尔写信给麦克阿瑟，征询他关于今后的战略问题。麦克阿瑟极力建议华盛顿直接进攻日本本土，首先占领九州，进而夺取四国，掩护对本州的主攻。

1945年7月5日，麦克阿瑟收到了一份马歇尔发来的"绝密"电文。当时，肯尼的陆基飞机和哈尔西的舰载机也加入到对日本本土的轰炸行列。马歇尔在电文中通知麦克阿瑟，说肯尼的轰炸机在任何情况下都不得轰炸日本的京都、小仓、新舄和广岛4个城市。马歇尔没有解释原因。然而，麦克阿瑟不相信"奥林匹克计划"会被付诸实施。当克鲁格的第6集团军参谋部研究九州南部的航拍照片，以确定用哪个师在哪个海滩上登陆时，麦克阿瑟告诉萨瑟兰："迪克，不要在'奥林匹克计划'或'桂冠计划'上花太多的时间。如果你能设法拖延时间，那就拖下去好了，因为我们从来就不需要进攻日本。"

尽管当时他还不知道研制原子弹的事，但他已经能确信这一点。肯尼也对原子弹的研制一无所知。7月26日，托马斯·F.法雷尔准将到达马尼拉向麦克阿瑟简要地汇报了"曼哈顿计划"，并解释了为什么参谋长联席会议要留下上述四座日本城市。法雷尔告诉他，这种原子弹爆炸时估计与2万吨TNT相当，美国已经准备投放两颗原子弹，任务将由位于马里亚纳群岛提尼安岛上的B-29主要基地执行。新近被授权指挥太平洋战略空军部队的卡尔·斯帕茨将军7月31日到达马尼拉，向麦克阿瑟出示了投放原子弹的命令。史汀生设法将日本文化中心京都从预定要轰炸的城市名单中撤销了，由长崎取而代之。

斯帕茨说，一切都准备就绪。

在此期间，美国国内的决策者们正在设法寻求不必进攻日本本土，又能迫使日本无条件投降的途径。从冲绳战役的经验推断，如发动对日本本土的攻势，盟军伤亡可能超过100万，结束战争的时间也将被延后。常规轰炸和海上封锁虽然给日本带来了一些麻烦，但还不足以令日本人接受无条件投降。一些人认为，尽快使用即将研制成功的原子弹是个好办法。6月1日，新任总统杜鲁门收到由陆军部长史汀生领导的临时委员会报告，建议尽快使用原子弹，以加快战争的结束。在6月18日总统召开的一次会议上，杜鲁门接受了进攻九州的计划，并初次讨论到使用原子弹的可能性。史汀生和马歇尔都主张使用原子弹，轰炸一个能突显其威力的目标。陆军助理部长麦克洛伊则强调，应事先给日本人以适当的警告，再给它一次宣布投降的机会。

杜鲁门（中间）继任美国总统后，在国会发表第一次演说

丘吉尔（左一）、杜鲁门（左二）与斯大林（左三）在波茨坦会议上

7月16日，波茨坦会议召开，美、苏、中、英四国领导人会晤。就在这一天，美国第一颗原子弹试验成功，极大地提高了美国人实现以夺取日本本土为目标的信心。可以说，7月16日这一天，是决定日本命运的关键一天。杜鲁门得知这一消息时，顿时神采飞扬。丘吉尔在得知这一消息后，也异常兴奋，认为进攻日本本土已无必要。7月24日，杜鲁门告诉斯大林，美国已拥有了能尽快结束战争的威力巨大的炸弹。杜鲁门的用意一方面是炫耀，另一方面是暗示苏联已无参战的必要。斯大林平淡地表示很高兴，并说苏联仍将于8月份对日宣战。

作为对日本的最后警告，7月26日，中、美、英三国发表《波茨坦公告》，促令"日本政府立即宣布其所有武装部队无条件投降"。"公告"说，若不立即投降，日本将遭彻底毁灭。

东乡外相在获悉这一公告后，认为这并非盟国给日本的无条件投降的命令，建议要慎重应对，不予评价；但日本军部却要求公开拒绝。作为一种妥协，铃木首相于7月28日召开的记者招待会上称："我认为，《波茨坦公告》只不过是《开罗宣言》的翻版，因此政府不予重视，我们对之'默杀'（不予评论的意思）。"美国人把"默杀"理解为"置之不理"、"拒绝接受"。

杜鲁门得知这个消息后，只说了一句话："现在没有选择余地了。"

原子弹的成功研制使美国人欢欣鼓舞。美国政府已经等得不耐烦了，他们急于在苏联参战之前结束这场战争，不给苏联人任何机会。7月24日，杜鲁门批准了给战略空军司令斯帕茨将军的命令："1945年8月3日后，一俟天气条件允许目视轰炸，第20航空队第509混合大队，即对下列目标之一投掷第一颗特种炸弹：广岛、小仓、新舄和长崎。"

8月6日美国在日本广岛投下第一颗被称为"小男孩"的2万吨TNT当量的原子弹，在顷刻间造成了巨大的灾难。广岛大部分市区化为一片焦土，10多万人直接被炸死，被炸现场惨不忍睹。

16个小时后，即8月7日，杜鲁门总统发表了特别声明："16小时前，一架美国飞机在日本重要基地广岛投下了一颗炸弹。它不是普通炸弹，而是一颗原子弹，它的威力超过2万吨TNT炸药……我们将彻底摧毁日本的作战能力。请记住，日本政府必须接受7月26日的《波茨坦公告》，否则，遭到彻底灭亡的只能是日本人民。"

美国总统杜鲁门在新闻发布会上宣读敦促日本投降书

然而,日本政府仍然执迷不悟,继续坚持死拼到底的顽固立场。难道他们真的已经丧心病狂,毫不顾惜自己的人民正在遭受着灭顶之灾吗?

8月8日,苏联对日宣战。当晚,强大的苏军在华西列夫斯基元帅的指挥下,迅速开进中国东北同日本关东军交战。

8月9日,第二颗原子弹投在长崎,炸死4万人,炸伤6万人。

对于投掷原子弹,麦克阿瑟的态度是暧昧的。一方面他承认原子弹在迫使日本加速投降上起了至关重要的作用,但另一方面他又强调,从军事角度看,为了迫使日本投降,使用这种炸弹"是完全不必要的"。从当时的局势看,麦克阿瑟的这个看法很可能是正确的,因为在那时,日本无疑已到了彻底崩溃的边缘。但是投放这种炸弹对于即将进攻日本本土岛屿的每一名步兵、水兵和飞行员来说,无疑是个大喜讯。

第二颗原子弹在长崎爆炸后,巨大的蘑菇云冲天而起

相关链接:

"小男孩"显神威

原子弹,又称裂变弹(英语:Atomic bomb),是利用核反应的光热辐射、冲击波和感生放射性造成杀伤和破坏作用,以及造成大面积放射性污染,阻止对方军事行动以达到战略目的的大杀伤力武器。原子弹由美国最先研制成功,并在第二次世界大战中首次使用,于1945年8月6日和9日在日本广岛和长崎分别投下绰号"小男孩"和"胖子"两颗当量为2万吨TNT的原子弹。

1945年8月,美国投到日本广岛的那颗原子弹(代号叫"小男孩")采用的是枪式结构，弹重约4100公斤，直径约71厘米，长约305厘米。核装药为铀235，爆炸威力约为14000吨TNT当量。在枪式结构中，每块核装药不能太大，最多只能接近于临界质量，而决不能等于或超过临界质量。因此当两块核装药合拢时，总质量最多只能比临界质量多出近一倍。这就使得原子弹的爆炸威力受到了限制。

另外在枪式结构中，两块核装药虽然高速合拢，但在合拢过程中所经历的时间仍然显得过长，以至于在两块核装药尚未充分合拢以前，就由自发裂变所释放的中子引起爆炸。这种"过早点火"造成低效率爆炸，使核装药的利用率很低。一公斤铀235（或钚239）全部裂变，大约能释放18000吨TNT当量的能量，一颗原子弹的核装药一般为15~25公斤铀235（或6~8公斤钚239），以此计算，"小男孩"的核装药利用率还不到百分之五。

铀在正常压力下的密度约为19克/厘米。在高压下，铀可被压缩到更高的密度。研究表明，对于一定的裂变物质，密度越高，临界质量越小。根据这一特性，在发展枪式结构的同时，还发展了一种内爆式结构。在枪式结构中，原子弹是在正常密度下用突然增加裂变物质数量的方法来达到超临界，而内爆式结构原子弹则是利用突然增加压力，从而增加密度的方法达到超临界。

在内爆式结构中，将高爆速的烈性炸药制成球形装置，将小于临界质量的核装料制成小球，置于炸药中。通过电雷管同步点火，使炸药各点同时起爆，产生强大的向心聚焦压缩波（又称内爆波），使外围的核装药同时向中心合拢，使其密度大大增加，也就是使其大大超临界。再利用一个可控的中子源，等到压缩波效应最大时，才把它"点燃"。这样就实现了自持链式反应，导致极猛烈的爆炸。内爆式结构优于枪式结构的地方，在于压缩波效应所需的时间远较枪式结构合拢的时间短促，因而"过早点火"的概率大为减小。这样，内爆式结构就可以使用自发裂变概率较大的裂变物质，如钚 239 作核装药，同时使其利用效率大为增强。

日本无条件投降

1945年8月9日晚，裕仁天皇为连日来争论不休的最高御前会议作了决断：事实已经证明，战争不能再继续下去了，继续战争将意味着大和民族的毁灭。旷日持久的流血和暴行已超出帝国和人民的忍受限度。尽管《波茨坦公告》的条件是不能容忍的，但是现在到了我们不能容忍也得容忍的时候了。残酷的现实告诉日本决策者，任何幻想都是脱离实际的，出路只有一个，那就是无条件投降。

8月15日中午12点，日本全国广播电台按时播出天皇讲话的录音。在讲话中，天皇宣布："朕已命政府通知美国、英国和苏联政府，帝国接受联合宣言的条款……继续战斗下去，不仅将导致日本民族的最后灭亡，也将导致人类文明的灭绝……"

同一天，杜鲁门总统宣布停止敌对行动，放假两天进行庆祝。"整个东半球都为战争的胜利结束而欢欣鼓舞"。这一天，整个太平洋地区的所有盟国和被侵略国家都沉浸在一片欢腾与喜悦之中。

　　战争终于结束了。尽管日本人中的很多顽固分子，尤其是那些军国主义者，不愿意以这样的方式投降，但是，延长战争时间只能给日本民众带来更大的灾难。日本人到底还是失败了，他们低下了自己的头颅，屈服于美国人的原子弹，屈服于苏联的百万雄师。虽然他们极度不甘心，尽管他们还企图与敌人同归于尽，但他们最终不得不投降。这是大势所趋，是历史的必然。当然，对于日本人民来说，这个选择无疑是正确的。

盟军最高统帅：梦寐以求的荣耀

8月15日，也就是日本宣布无条件投降的这一天，杜鲁门总统给麦克阿瑟发来电报，任命他为驻日盟军总司令，把接受日本投降的任务交给了他。在电报中，杜鲁门说道："根据美、中、英、苏四国政府之间的协定，将军阁下被指派为同盟国的最高司令官。您的任务是要求并接受日本天皇、日本政府以及日本帝国统帅部的正式官方代表们签署的投降文件。"

担任盟军最高统帅，这是麦克阿瑟自战争爆发以来一直在热切期望、努力争取并不断谋求的目标。他曾经理所应当地认为这一职务非他莫属，但华盛顿的决策者们却并不支持他的要求。原本"应该"属于他的太平洋战场，后来被华盛顿一分为二，他不得不与一向被他轻视的年轻将军平起平坐。为此，他愤怒过，甚至还曾想到过辞职。但是，后来战争的发展，尤其是巴丹失守让他必须完成那个比生命更重要的承诺——"我还会回来的！"现在，尽管这一职务来得实在太晚了，已经没有了什么现实的军事价值，但它毕竟了却了他的一个心愿。这也算是一种心灵上的慰藉吧！因此，在得知消息后，麦克阿瑟立即致电杜鲁门："我对您如此慷慨地给予我的信任深表感谢。战争的结局撼动了整个东半球及太平洋。我将尽可能地利用这一形势，遵循您为世界和平制定的具有极大建设性的路线。"

兴奋之下，麦克阿瑟决定，要筹办一个盛大的、极富纪念意义的仪式，让全世界都看到，日本人是怎样低下那不可一世的头颅的！麦克阿瑟特别强调："我绝对不会像艾森豪威尔将军那样，在一个阴暗的房间让德国人去投降！"在当年5月欧战结束的时候，德国的投降仪式极其简单，不讲排场。麦克阿瑟认为艾森豪威尔接受德国人投降太低调，有失美国作为胜利者的尊严，因此他说："我不，绝不！"

在得知总统任命麦克阿瑟主持投降仪式的消息后，美国海军却不大高兴！因为海军认为，整个太平洋战争期间，更多的是海军在作战。现在战争取得胜利之时，总统却让一个陆军将领走到台前，站在中央，摘取胜利的果实，似乎给人一种感觉，整个太平洋战场的作战中，麦克阿瑟是战胜日本的统帅。所以，海军不高兴！基于此，海军向杜鲁门总统建议，即便投降仪式由陆军军官麦克阿瑟主持，那么仪式应该在海军军舰上举行。海军提出的建议，这是第一个。第二个建议，如果麦克阿瑟是代表盟军签字，接受日本人投降，代表盟军受降，那么，海军应该代表美国政府。杜鲁门总统在权衡利弊后，决定接受海军的建议，同意在海军密苏里号战列舰上举行受降仪式。麦克阿瑟受命后立即采取行动，为完成受降任务而紧张地开展各项准备工作。作为第一步，麦克阿瑟首先为自己的部下执行受降使命设定了一个基本原则：局势还不稳定，和平尚未最后实现，盟军要时刻保持警惕，不得恐吓或刺激日本人，也不要有意贬低日本天皇，以免激怒疯狂的日本军人。第二步，麦克阿瑟要求英、法、荷等国军队在接受日本的正式投降前，不得进军他们的前殖民地。随后，麦克阿瑟致电东京，要求日本政府及早委派一个由高级军方人员组成的代表团到马尼拉来，商讨投降书内容和美军进占日本的有关事宜。此时，日本国内政局不稳，铃木内阁已经垮台，天皇责成其叔父东久迩宫组成看守内阁，并派出3位皇室成员到海外驻军司令部做说服工作，敦促日军指挥官停止抵抗，执行投降的命令。

由日军总参谋部次长河边虎四郎中将为首的16人代表团于8月19日离开了东京，分乘两架涂成白色、带有绿十字标记的飞机赶往马尼拉。按照麦克阿瑟的命令，该飞机的无线电识别信号是"巴丹"。因此，当日机飞临九州岛上空遇到十几架美军战机时，立即发出"巴丹"信号，美机立即回答："我们是巴丹的卫士，请跟我们来。"这两架飞机被引航到伊江岛，然后机上人员换乘一架美军飞机飞赴马尼拉。该代表团于当天晚上抵达马尼拉尼科尔斯机场，受到麦克阿瑟情报部长威洛比和记者们的迎接。随后他们被护送到总司令部，沿途有许多菲律宾人向他们扔杂物，并叫喊："八格牙鲁！"（即日语"混蛋"的意思。）

麦克阿瑟没有亲自去迎接，而是让萨瑟兰去。日本代表们在前厅放下佩刀后，萨瑟兰以冷冰冰的礼仪迎接他们，拒绝同他们握手。在司令部会议厅里，双方代表落座后，萨瑟兰语气冷漠地宣读了第1号总命令，指定各地日军应向谁投降，并告诉他们，正式投降仪式将于9月初在东京湾的一艘军舰上举行。日本代表还被命令在地图上标明其所有部队、舰只、基地和军事设施的位置。随后，双方就美军乘飞机登陆日本本土的计划进行了详细的讨论。按照麦克阿瑟提出的方案，第一批美军将于8月23日在位于横滨以西32公里处的厚木机场着陆；但日方认为厚木不安全，因为那里曾是"神风特攻队"的训练基地，许多"神风"队员就住在附近，很有可能会遇到麻烦。但在麦克阿瑟的一再坚持下，日方只得答应。麦克阿瑟责成日方在美军着陆前撤走该地区的所有部队，拆除所有飞机上的螺旋桨，并提供到横滨的交通工具以及在新大饭店安排住宿。最后，在日方要求下，美方同意将美军着陆时间推迟到8月26日。

在有关投降书内容的谈判中，萨瑟兰交给日方一份由美方起草的、将由天皇宣读的投降诏书，河边虎四郎请翻译念给他听。当翻译刚刚念到第一句话"我，日本天皇裕仁"，河边的脸色就阴沉起来。在日本，天皇从来不用"我"，而是用只有他专用的词"朕"。美方翻译马希比尔注意到日本代表的情绪变化，他是一个日本通，深知给天皇写那样不加虚饰的词句，对日本人来说是莫大的侮辱。因此，在日本代表离开前，马希比尔对河边安慰道："我可以肯定，最高统帅并不是有意要在你们国民心目中贬低天皇，而只是例行公事罢了。"他还告诉河边，不要拘泥于美方起草的文件措辞，日本可以自行"按照诏书的正式格式"进行书写。日本外务省代表冈崎解释道："这是至关重要的。我真的无法向尊敬的阁下解释这有多么重要。"

当一切达成协议后，日本代表团返回了东京。马希比尔把上述谈话的内容向麦克阿瑟和萨瑟兰作了汇报。麦克阿瑟听后，很热情地搂着他的肩膀说："马希比尔，你处理得太正确了。事实上，我确实无意要在他（即日本天皇）的人民心目中贬低他。"麦克阿瑟非常清楚，他可以利用日本人对天皇的无限崇敬心理为自己完成受降任务服务，更顺利地实现占领日本的目标。他甚至问及，到东京后不知道天皇会不会来拜会他："如果他来，那将是日本天皇第一次（降尊纡贵）主动拜会别人，是不是？"

马希比尔回答说："会的，将军，他会来的。我确信他会那样做的。"

麦克阿瑟挑选艾克尔伯格的驻冲绳的第8集团军作为美军在日本登陆的先头部队，并准备亲自随先头部队一起乘飞机前往厚木。总司令部的助手们坚决反对麦克阿瑟这样做，称他是在拿自己的生命开玩笑，认为这近乎一场赌博，风险实在太大。但是，麦克阿瑟就是喜欢冒险，因此他固执己见，执意前往。多年来，在远东任职使他十分了解东方人的性格特点，他知道自己在做什么。麦克阿瑟执意随同第一批美军一起出发的决定使艾克尔伯格十分担心，最后，艾克尔伯格请求他给予自己两天的准备时间，以确保控制形势。艾克尔伯格后来写道："实际上他只给了我两个小时。"

因受台风影响，美军先头部队着陆时间推迟到了。第一批美军在查尔斯·坦奇上校率领下，乘坐45架运输机于8月28日才在厚木机场着陆，受到日军大本营情报部长有末精三中将的迎接。

与此同时，所有前去参加日本投降仪式的大人物都陆续来到东京。8月28日，哈尔西率领着由258艘舰只组成的第3舰队，开进东京湾。他的旗舰4.5万吨级的"密苏里"号已被指定作为举行日本投降仪式的场所。29日下午，尼米兹乘一架水上飞机从关岛飞来，在"南达科他"号战列舰上升起了他的将旗。在同一天，麦克阿瑟和总司令部的一些高级将领在马尼拉登上"巴丹"号专机，飞往冲绳。肯尼和艾克尔伯格正在那里检查空运准备情况。

8月30日，天气开始晴朗起来。艾克尔伯格于早上6点30分乘飞机离开冲绳。随后，他率领第11空降师大部队开始在厚木机场着陆，很快接管了机场。麦克阿瑟在艾克尔伯格出发两小时后从冲绳起飞，他心情激动异常，手里握着他的硕大烟斗，在机舱内走来走去，同助手惠特尼讨论着日本未来的命运。麦克阿瑟告诉惠特尼："其实很简单，我们将利用日本政府这个工具来实现占领。"随后，他谈到了对日本战后的改造问题：必须首先摧毁日本的军事力量，然后建立一个代议制政府机构，释放政治犯，解放农民，开展自由劳工运动，鼓励自由经济，打击财阀，废除警察镇压制度，建立一个自由而负责的新闻制度。他还滔滔不绝地谈到，在日本要分散统治权力，赋予妇女选举权等。这时，惠特尼插话说："将军，如果那样做的话，日本男人会不高兴的。"麦克阿瑟斩钉截铁地回答："我不管。我要使日本军方名誉扫地。妇女不要战争。"说着说着，麦克阿瑟睡着了。是啊，他实在是太疲惫了。

对于艾克尔伯格而言，这一路上都是不踏实的。后来他说自己整个行程中心里始终都很忐忑，麦克阿瑟就在后面不远的地方，在厚木的美军人数还不多，什么情况都有可能发生。艾克尔伯格的责任是确保这一喜气洋洋的时刻不会变成一场悲剧。

30分钟后，即当天下午2点钟，经过5个小时的飞行，"巴丹"号来到了日本美丽的富士山上空。惠特尼叫醒麦克阿瑟，让他看富士山。"啊，富士山，真美呀！"麦克阿瑟惊叹道。接着，飞机开始降低飞行高度，向厚木机场盘旋而下。从空中俯瞰，可以看到数不清的防空炮位，惠特尼联想到日军在战争中的所作所为，联想到他们经常给敌人布下种种可怕的陷阱，不禁屏住呼吸，越发地担心起来。飞机飞得这样低，倘若有哪个疯狂的日本兵此时开动高射炮，是不可能打不中目标的。惠特尼后来写道："难道'死亡'这个在战场上横行的怪物，不知多少次放过了麦克阿瑟，只是为了到最后胜利的时刻才置他于死地吗？我屏住了呼吸，注视着这里的一切。"

事后证明，惠特尼的担心完全没有必要，什么事也没发生。心情紧张而谨小慎微的艾克尔伯格控制了那里的一切。2点19分，当麦克阿瑟的飞机降落在厚木机场时，军乐队立即演奏起迎宾曲欢迎。麦克阿瑟口中衔着玉米芯烟斗第一个步出机舱，在舱门口停了数秒钟，抽了几口烟，环顾了一下四周，然后像演员迈步走向舞台中央一样，昂首走下舷梯。艾克尔伯格和几名官员走上前来，迎接他们的总司令，并向他敬军礼。在和艾克尔伯格握手时，麦克阿瑟用平静的语气低声说道:"噢!鲍勃,从墨尔本到东京真是路途遥远啊。看来,这条路总算走到了尽头。"

不久,肯尼乘另一架飞机也赶到了,他的参谋人员像往常一样身上带着手枪。麦克阿瑟叫他们把枪放到飞机上,什么武器也不带。肯尼后来回忆说,"这是一个很不错的主意,收到了良好的效果。看到我们走在他们的国土上而不带武器,日本人很受用,他们对此印象深刻。对他们来说,一切都很明白,他们已经彻底失败了。"尽管如此,还是有全副武装的"20名高大英俊的美国士兵"爬进一辆卡车,加入车队,负责麦克阿瑟的保卫工作。日本人安排了一支据说是他们最好的,但实际上已经破旧不堪的老式汽车组成的车队接他们去横滨,麦克阿瑟坐上了一辆老掉牙的"搞不清是哪个年代"的林肯牌汽车。负责开道的是一辆红色消防车,它在发动时发出了一阵刺耳的爆炸声,使不少在场的人惊得跳了起来。

从厚木机场到横滨市区只有30多公里的路程,但这短短的路程却让艾克尔伯格等人提心吊胆,坐立不安,生怕发生意外。沿路的两旁站着3万多名全副武装的日军警卫队,他们全都背朝着车队,令美方人员感到奇怪。有人说,他们这样做是按照警卫天皇的规格来向麦克阿瑟和美军表示敬意的,还有人说,这是为了确保不致发生任何不服从天皇停战圣谕的日本人进行袭击的事件。但不管是出于什么目的,惠特尼等人始终心存疑虑:"这场面是否真的是为了表达尊敬和提供保护,这里面有没有某种处心积虑、神秘莫测和别有用心的动机?"由于日本人提供的汽车实在太破,导致车队的行进速度奇慢,途中还不断抛锚,因此32公里的路程竟然走了整整两个小时之久。后来,艾克尔伯格说他在这两个小时里连口大气都不敢出。

日本人安排麦克阿瑟一行在新大饭店下榻,这里是在盟军大轰炸中少数几幢未遭破坏的建筑物之一。饭店经理把他们引进各自的房间，并为他们准备了一顿带有牛排的晚餐。吃饭时，惠特尼觉得难以控制自己的冲动，很想一把夺去总司令手中的饭碗，查一下食物里是否下了毒药。当他将自己的这种焦虑告诉麦克阿瑟时，老将军不以为意地笑道："没有人能长生不死！放心吧，没什么可以担心的！"

当天晚上，麦克阿瑟对聚集在他房间里的助手们说："弟兄们，我们正在经历军事史上最大的一次冒险。我们现在站在了敌人的国土，只带那么一点军队，却要看管住19个全副武装的师，还有7000万战争疯子。只要我们走错一步，随之而来的悲剧就会上演。"在其后的两天里，他一直在新大饭店中避而不出。美国步兵和陆战队乘飞机和舰船大批开进日本。

麦克阿瑟当时的举动的确够冒险的。当时，战争才刚刚结束不到半个月，日本国内尚有300万武装部队未放下武器。许多日本人受到谣言的蛊惑，说获胜的美国人为了报复，会大肆践踏日本，到处奸淫抢掠，结果弄得日本社会惶惶不可终日，意外事件随时有可能发生。数年后，针对这次冒险行动，丘吉尔这样写道："在这场战争期间所有惊人的勇敢行动中，我认为麦克阿瑟亲自在厚木机场着陆是最伟大的壮举。"日本学者数尾川合则认为，此次不同寻常的大冒险"显示了他本人的冷静和勇气，甚至在更大程度上是信任日本人的良好姿态。它是彻底解除日本人恐惧的最成功的一场心理战。这是一种信任日本人良好意愿的姿态。从那时起，可能存在过的对美国人进行疯狂攻击的任何危险都随着日本人的一片赞誉和感激而消失了"。当时在日本本岛约有35万名盟军战俘，许多人被释放后，在各地流浪。美军进占日本后，用大约两周时间，把他们找回来，办完手续后，陆续被送回国。

麦克阿瑟的厚木着陆"大冒险"，使日本民众解除了对于美军的恐惧。麦克阿瑟的沉稳与冷静使得他在此后的数年治理日本期间得到了无数的赞誉和敬仰。

日本投降了，被关押的盟军战俘相继获得了自由。在这些战俘中，职务最高和最有名的分别是放弃科雷吉多尔而投降的乔纳森·温赖特和在新加坡投降的阿瑟·珀西瓦尔两位将军。他们都被监禁在中国的沈阳。两位将军应麦克阿瑟的特别邀请，于8月31日抵达东京，准备参加9月2日在"密苏里"号上举行的受降仪式。

当天晚上7点，麦克阿瑟正在用晚餐。他的副官跑进来告诉他，温赖特将军到了。麦克阿瑟马上起身，冲出大厅，去迎接正在向他走来的那个骨瘦如柴、面黄肌瘦的人。在门厅口，麦克阿瑟面对着温赖特，看着面前这个曾经熟悉无比的"陌生人"，几乎不敢相认。温赖特拄着拐杖，步履艰难，他双眼深陷，两颊凹进，头发雪白，皮肤看上去像旧皮革面一样黯淡无光。不等温赖特行礼，麦克阿瑟一把抓住他的手，半拥半抱地搂住他肩膀。看着麦克阿瑟，温赖特用尽全力挤出微笑来，想说什么却哽咽着什么也说不出来。麦克阿瑟后来回忆说："他面容憔悴而苍老。他瘦骨嶙峋，身上穿的军服满是褶子。他拄着一根手杖，步履艰难地行走着。他眼窝深陷，脸颊凹进，头发雪白。皮肤看起来像旧皮鞋面。我拥抱他时，他尽力做出微笑的样子，但当他试图说话时，他的声音哽咽了。三年来，他一直为放弃科雷吉多尔而感到耻辱。他认为再也不会让他指挥军队了。这使我大为震动。'怎么，吉姆'我说，'只要你愿意，你原来的军队还是你的。'"记者威廉·邓恩也对当时的场景进行了详细的记述："麦克阿瑟将军冲出办公室……不等进行诸如敬礼这样正式礼节，麦克阿瑟一把抓住他的手……我从未见过麦克阿瑟将军表现出这样的激动之情。"

人们将脱离牢狱之苦的乔纳森·温赖特视为凯旋的英雄

麦克阿瑟通知参谋人员转告尼米兹，希望能在"密苏里"号上悬挂他的将旗。但是，根据传统，历来舰只的主桅上只升挂最高海军军官的将旗。最后，在尼米兹和麦克阿瑟达成共识的情况下，决定把麦克阿瑟的红色将旗和尼米兹的蓝色将旗并排升挂到"密苏里"号主桅上。把两面将旗同时升到同一根主桅上，这是绝无仅有的事情。

别出心裁的签字

9月2日，星期天。天空阴云密布，凉意袭人。这天早上，"密苏里"号的水兵们在旗杆上升起一面曾在1941年12月7日开战那一天飘扬在国会大厦上空的美国国旗。7点半左右，各国记者乘坐一艘驱逐舰到来；8点刚过，"尼古拉斯"号驱逐舰把盟军陆海军高级军官送上"密苏里"号。几分钟后，尼米兹及其一行也到了现场。主桅上升起了他的蓝色将旗，扩音器里响起《海军进行曲》。8点43分，麦克阿瑟及其随行人员乘坐"布坎南"号驱逐舰最后到达。随即，麦克阿瑟红色的将旗在乐声中冉冉上升，升至尼米兹将旗的高度并排悬挂。两面将旗随风招展，显得格外壮观、醒目。这时，整个"密苏里"号上任何能立住脚的地方都站满了人，有的水兵和记者甚至爬到桅杆、烟囱和炮塔上。各国代表穿着整齐笔挺的制服，佩戴着五颜六色的勋章和绶带，把甲板映衬得喜气洋洋。

上舰后，麦克阿瑟与在此迎候他的尼米兹、哈尔西握手致意，并被引至哈尔西的舱中休息。哈尔西拿出咖啡来招待他,麦克阿瑟说:"不,谢谢。等仪式完了以后,我再喝吧!"

8点56分,由新任外相重光葵、陆军参谋总长梅津美治郎等11名外务省和陆、海军的官员组成的日本代表团乘美国的驱逐舰到达,上到甲板后,被指定安排站在盟军高级将领们的对面,这一刻将是他们最难熬的。这也正代表着战败国的屈辱。那里站着数十名盟军高级军官,他们根据军衔高低站成里外三排,中间摆着一张铺有绿毡布的水兵大餐桌,桌上放着两份用英、日两种文字印制的投降书和一个笔架。日本人站得笔直,一言不发,表情阴沉。

参加投降仪式的日本官员登上停泊在东京湾内的美国战列舰密苏里号

具有历史性的时刻到来了。9时许,随着一声"全体立正!",舰上立即肃静下来。扩音器里传出一位牧师的祈祷声和美国国歌《星条旗永不落》。在乐声中,麦克阿瑟、尼米兹、哈尔西、温赖特和珀西瓦尔从舰舱中走上甲板。

麦克阿瑟神情肃穆庄重，气宇轩昂地来到桌子对面的一排扩音器前，并让温赖特和珀西瓦尔作为荣誉代表站在他身后。

麦克阿瑟首先作了简短的致辞，然后宣布受降仪式开始。麦克阿瑟在致辞中说道：

我们，各主要参战国的代表们，今天汇聚一堂，来签署一项庄严的协定，以保世界和平。我们胜败双方的责任是实现更崇高的尊严，只有这种尊严才有利于我们行将为之奋斗的目标，使我们全体人民毫无保留地忠实履行我们即将在这里正式承担的责任。在这个庄严的时刻，我们将告别充满血腥杀戮的旧世界，迎来一个十分美好的新世界。在这个新世界中，我们将致力于维护人类的尊严，实现人类追求自由、宽容和正义的最美好愿望。这是我真诚的希望，实际上也是全人类的希望。

讲话完毕后，麦克阿瑟直视着重光葵和梅津美治郎，命令日本代表在投降书上签字："我现在请日本天皇、日本政府及日本军队总司令的代表在指定的位置签署投降文书。"

两份投降文书摊放在桌上，一份英文版，用墨绿色真皮封面装订；一份日文版，用廉价的黑色帆布封面装订。重光葵第一个一瘸一拐地走上来，慌慌张张地摘下帽子、手套，结果把手杖也掉在地上，他右手颤抖地拿着笔，迟疑不决地似乎不知该在哪里签字。麦克阿瑟转过身去说道："萨瑟兰，告诉他在哪里签名。"在萨瑟兰的指点下，重光葵满脸悲伤地代表天皇和日本政府在投降书上签了字。接着，代表日军大本营的梅津美治郎昂首挺胸地来到桌前，连坐也没坐就弯着身子草草地签了字。战争至此正式结束了。他们希望尽快结束这场仪式。这两个曾经耀武扬威、杀气腾腾的军国主义分子这一刻却神情沮丧，狼狈不堪。

一阵鼓乐声中，麦克阿瑟迈着矫健的步伐走向签字桌边，大声宣布："同盟国最高统帅现在代表各交战国签字。"作为一名自视甚高的将军，虽然麦克阿瑟的一生争议颇多，但在他作为将军的履历中，最得意的一笔，就是他主持了受降仪式，第二次世界大战最终是在他手里结束的。他转身邀请温赖特和帕西瓦尔陪同签字，两人出列，向麦克阿瑟敬礼后，站到他的身后。签字的这一刻在他脑海中曾经无数次预演过，作为盟军最高统帅，这一刻他将享受无上的辉煌与荣耀。在这一历史性时刻，麦克阿瑟做了一件令无数人瞠目的事情，他居然拿出了6支笔用来签字。坐在桌边签署英文版的投降文书，他用一支钢笔写下了"道格拉斯"，用另一支写下了"麦克"，用第三支写下了"阿瑟"。然后，他在签署日文版文书时又如法炮制地表演了同样的拼字小把戏。麦克阿瑟共用了6支笔签署他的名字，他这样做的目的是想把这些在历史上扮演过重要角色的笔分别赠送给在他的生命里具有特殊影响的人和机构——一支赠给温赖特，一支赠给帕西瓦尔，一支赠予西点军校，一支赠予杜鲁门总统，一支赠予美国政府档案馆，还有一支小小的红色钢笔，笔杆上镌刻着一个镏金的名字"琼"，准备送给他的妻子。

这段麦克阿瑟用6支笔签署投降书的佳话至今仍在全世界广为流传。

麦克阿瑟签完字之后，尼米兹代表美国政府签字。随后，中国、英国、苏联、澳大利亚、加拿大、法国、荷兰和新西兰等国的代表，也先后签了字。待有关人员签完字以后，麦克阿瑟最后说道："现在，世界已恢复了和平，让我们为上帝保佑和平永存而祈祷吧。仪式到此结束。"

美国太平舰队总司令尼米兹上将在日本投降书上签字，其身后从左至右站的是陆军上将麦克阿瑟、海军上将威廉·哈尔西和海军上将弗雷斯特·谢尔曼

整个仪式只用了十多分钟的时间。

日本代表拿到一份日文文件副本，呆板地鞠了一躬，然后离开。

恰在这时，阴云散开，阳光从云层中照射着大地。约有2000架盟军的飞机以密集的队形从"密苏里"号上空掠过，形成一幅雄伟壮观的画卷。

当轰鸣声消失后，麦克阿瑟走到另一个扩音器前，向全世界发表了一番意味深长的演讲：

今天，枪炮声终于停止了。一场大灾难结束了！我们赢得一场伟大的胜利。世间不会再有死亡，我们可以在阳光下自由自在地到处行走。全世界一片安宁和平，神圣的使命已经完成。我们体验了失败的痛苦和胜利的喜悦，从中领悟到绝不能走回头路。我们必须在和平中维护在战争中赢得的东西。

在演说中，麦克阿瑟还谈道：要拯救肉体，就必须先拯救灵魂；他的任务就是要消除日本的战争潜力，尽快把日本人民从被奴役的境遇中解放出来，把日本民族的才智转移到建设上来，使其"活力向纵的方面而不是向横的方面发展"。他最后说："一个新的解放了的世界前景已来到太平洋地区。今天，自由处于攻势，民主政治正在前进。今天，在亚洲也同在欧洲一样，那些摆脱了枷锁的人正在体验自由的充分乐趣。"

麦克阿瑟讲这番话的目的是要使日本人相信，他不是他们的征服者和压迫者，而是他们的保护者和救世主，他的使命是要带给他们和平、新生、光明、民主、自由、进步和尊严，而不是相反。此后很长的一段时期内，麦克阿瑟都在为这一目标努力着。

不过，那已经是后来的事了。